项目批准号：10YJCZH166

教育部人文社会科学研究项目（青年项目）
最终成果

西藏自治区教育厅、西藏民族大学资助出版

西藏乡镇政权改革发展研究

王彦智◎著

RESEARCH ON THE REFORM AND DEVELOPMENT OF TOWNSHIP GOVERNMENT IN TIBET

中国社会科学出版社

图书在版编目(CIP)数据

西藏乡镇政权改革发展研究 / 王彦智著. —北京：中国社会科学出版社，2016.5

ISBN 978-7-5161-8850-7

Ⅰ.①西… Ⅱ.①王… Ⅲ.①乡镇-地方政府-政治体制改革-研究-西藏 Ⅳ.①D625.75

中国版本图书馆 CIP 数据核字(2016)第 213333 号

出 版 人 赵剑英
责任编辑 任 明
责任校对 石春梅
责任印制 何 艳

出　　版 中国社会科学出版社
社　　址 北京鼓楼西大街甲 158 号
邮　　编 100720
网　　址 http：//www.csspw.cn
发 行 部 010-84083685
门 市 部 010-84029450
经　　销 新华书店及其他书店

印刷装订 北京市兴怀印刷厂
版　　次 2016 年 5 月第 1 版
印　　次 2016 年 5 月第 1 次印刷

开　　本 710×1000 1/16
印　　张 18.5
插　　页 2
字　　数 304 千字
定　　价 68.00 元

目　录

第一篇 乡镇制度

第二篇　西藏乡镇政权的创建与发展

第三篇 西藏乡镇政权的行政环境

第四篇 西藏乡镇政权的改革发展

绪　论

西藏古为羌、戎地，唐宋时期为吐蕃地，元时为宣政院所辖“乌斯”、“藏”、“纳里速古鲁孙”等三路宣慰使司地，管理前后藏和阿里地区。明朝设置“乌斯藏”、“朵甘”两都指挥使司和俄力思军民元帅府，分别管理卫、藏、阿里和昌都地区。清朝时分前藏、后藏、喀木、阿里4部，总称西藏，同时为了强化中央政府对西藏的管理，朝廷派员勘定西藏与四川、云南、青海等省省界，将康定、理塘、巴塘等地划归四川管理，将中甸、阿敦子、维西等地划归云南管理。至此，西藏区划基本固定，除民国年间一度将昌都、察隅等以东地方划归西康省管理外，其行政区划一直延续至今。1951年和平解放，1956年成立了西藏自治区筹备委员会，1965年9月西藏自治区正式成立。

西藏自治区位于我国大陆西南部，地处北纬26°52′—36°32′，东经78°24′—99°06′，西北、东北、北部与新疆维吾尔自治区和青海省交界，东隔金沙江与四川省相连，东南与我国云南省和缅甸联邦共和国相接，南与印度、尼泊尔、不丹等国毗邻，西与克什米尔接壤，边境线长约4000公里。全区东西长约1900公里，南北宽约1000公里。面积122.84万平方公里，约占我国国土面积的1/8，仅次于新疆，为我国的第二大省区①。西藏地处青藏高原的主体部分，东部和南部为海拔2000—4000米的高山谷地，西部和北部为海拔4000—5500米的大山环绕的雪地草原，中部为拉萨河、年楚河、雅鲁藏布江冲积而形成的河谷低地。区域内山脉连绵，雪峰重叠，江河纵横，湖泊棋布，东南边缘森林茂密，西部、北部地区草原相接，中部河谷地带良田广布②。截至2015年，西藏自治区共辖7个

---

① 《西藏百科全书》编委会：《西藏百科全书》，西藏人民出版社2009年版，第1页。

② 《西藏自治区志·政务志》编纂委员会：《西藏自治区志·政务志》，中国藏学出版社2007年版，（总序）第1页。

地市，其中，4 个地级市——拉萨市、日喀则市、昌都市和林芝市，3 个地区——山南地区、那曲地区和阿里地区；辖 74 个县级行政单位，其中 4 个市辖区——拉萨市的城关区、日喀则市的桑珠孜区、昌都市的卡若区和林芝市的巴宜区，70 个县[①]；辖 702 个乡镇行政单位，其中 140 个镇，552 个乡（含 9 个民族乡），10 个街道办事处，209 个居民委员会，5255 个村民委员会[②]。全区常住人口 3002166 人，其中，藏族人口为 2716893 人，占 90.48%，汉族人口为 245263 人，占 8.17%，其他少数民族人口为 40514 人，占 1.35%[③]。

西藏真正步入现代文明社会始于 1949 年中华人民共和国成立以后，历经 1951 年的和平解放、1959 年的民主改革、1965 年的自治区成立和 1978 年后的改革开放等关键节点和重要发展阶段，实现了由封建农奴制度到社会主义制度、由封闭贫穷落后到开放富裕文明的两大“历史性跨越”[④]。改革开放后，中央先后于 1980、1984、1994、2001、2010、2015 年召开了六次西藏工作座谈会，专门研究西藏工作，进一步明确西藏工作在党和国家工作大局中的重要地位，强化全党全国对这个大局的认知，根据国家的发展形势和需要与西藏经济社会发展的实际情况，研究和制定每一段时期内做好西藏工作的指导思想、目标要求和重大举措。当前，西藏自治区党委和政府正是按照中央第六次西藏工作座谈会上所确定的——“必须坚持中国共产党领导，坚持社会主义制度，坚持民族区域自治制

① 西藏原有 1 个地级市 6 个地区，下辖 71 个县、1 个县级市（日喀则市）、1 个市辖区（拉萨城关区）。2012 年 11 月 15 日，经国务院批准，原尼玛县双湖特别行政区正式设立为双湖县。双湖县位于藏北羌塘草原，因地处康如湖和惹角湖而得名。1976 年设立双湖办事处，1993 年设立双湖特别行政区。新成立的双湖县将尼玛县的措折罗玛镇、协德乡、雅曲乡、嘎措乡、措折强玛乡、多玛乡、巴岭乡划归双湖县管辖。详见尕玛多吉：《世界海拔最高的县——西藏双湖县成立》，《光明日报》2013 年 1 月 27 日第 3 版。2014 年 6 月 26 日、10 月 20 日，国务院分别批复撤销西藏日喀则和昌都地区，设立地级市，原县级日喀则市改为桑珠孜区，原昌都县行政区域改为卡若区。详见尕玛多吉：《西藏日喀则、昌都完成撤地设市》，《光明日报》2014 年 12 月 19 日第 3 版。2015 年 4 月，国务院批复，撤销林芝地区设立林芝地级市，原林芝县改为巴宜区。详见王守宝、文涛：《国务院批复西藏设立第四个地级市》，《人民日报》2015 年 4 月 4 日第 4 版。

② 西藏自治区统计局：《西藏统计年鉴》（2013），中国统计出版社 2013 年版，第 11 页。

③ 西藏自治区统计局：《西藏自治区 2010 年第六次全国人口普查主要数据公报》，《西藏日报》2011 年 5 月 4 日第 3 版。

④ 国务院新闻办公室：《西藏发展道路的历史选择》，《人民日报》2015 年 4 月 16 日第 14—16 版。

度；必须坚持治国必治边、治边先稳藏的战略思想，坚持依法治藏、富民兴藏、长期建藏、凝聚人心、夯实基础的重要原则；必须牢牢把握西藏社会的主要矛盾和特殊矛盾，把改善民生、凝聚人心作为经济社会发展的出发点和落脚点，坚持对达赖集团斗争的方针政策不动摇；必须全面正确贯彻党的民族政策和宗教政策，加强民族团结，不断增进各族群众对伟大祖国、中华民族、中华文化、中国共产党、中国特色社会主义的认同；必须把中央关心、全国支援同西藏各族干部群众艰苦奋斗紧密结合起来，在统筹国内、国际两个大局中做好西藏工作；必须加强各级党组织和干部人才队伍建设，巩固党在西藏的执政基础。”① ——党的治藏方略，团结和带领全区各族人民群众，为确保国家安全和长治久安，确保经济社会持续健康发展，确保各族人民物质文化生活水平不断提高，确保生态环境良好的战略目标而不懈奋斗。

一　研究西藏乡镇政权的缘起

和平解放六十多年来，西藏自治区在经济建设、政治建设、文化建设、社会建设、生态文明建设和党的建设等各项事业均取得了重大成就，这是西藏各族人民在各级党委和政府的领导下团结奋斗的伟大成果，是中国实行共同团结奋斗、共同繁荣发展的民族政策的生动体现。对西藏社会主义现代化建设的伟大进程和辉煌成就，新闻媒体均进行了大量的报道分析，科研工作者也从不同层面对各领域的建设与发展进行了研究。但通过对媒体的报道分析和学术界研究成果的研读及实地调查研究，有三方面的事情不能不引起我们的重视。

首先，如上所述，针对西藏的发展进步，以《西藏日报》、中国西藏网、《人民日报》、《光明日报》为核心的新闻媒体给予了大量的跟踪报道，学术界也进行了大量的研究，不断使藏学研究成为一门显学。但现有成果绝不能遮盖大量需要我们开拓或仍需深入探讨的问题。综观现有的媒体报道分析，我们不难发现，媒体的报道分析侧重于党和国家及西藏自治区党委和政府大政方针政策的宣传宣讲，侧重于各级领导人的讲话，侧重

① 新华社：《依法治藏富民兴藏长期建藏，加快西藏全面建成小康社会步伐》，《人民日报》2015 年 8 月 26 日第 1 版。

于经济社会发展和环境保护等方面的具体数据与辉煌成就。

同样，综观学术界的现有研究成果我们亦会发现，学术界的研究的确取得了巨大的进展，但是，大量的成果集中在对西藏近现代历史的研究上，《西藏地方近代史》（西藏人民出版社，2003 年）和《西藏地方史通述》（西藏人民出版社，2007 年）即是代表性成果；集中在经济的研究上，《西藏经济体制改革和对外开放 30 周年回顾与展望》（西藏人民出版社，2008 年）和《西藏经济发展研究》（中央民族大学出版社，2010 年）即是代表性成果；集中在宗教和文化的研究上，《西藏的文明》（中国藏学出版社，1999 年）和《西藏佛教发展史略》（中国藏学出版社，2002 年）即是代表性成果；集中在社会的研究上，《西藏封建农奴制社会形态》（中国藏学出版社，1995 年）和《西藏社会发展研究》（中国藏学出版社，1997 年）即是代表性成果。政治领域的研究也显示出勃勃生机，出版了大量的成果，但主要集中在对中央治藏历史的研究上，如《和平解放西藏》（西藏人民出版社，1995 年）和《西藏的民主改革》（西藏人民出版社，1995 年）及《辉煌的二十世纪新中国大记录・西藏卷》（红旗出版社，1999 年）等；集中在对中央治藏方略的研究上，如《历代中央的治藏方略》（中国藏学出版社，2005 年）、《经略西藏——新中国西藏工作 60 年》（人民出版社，2009 年）和《当代中国的西藏政策与治理》（人民出版社，2011 年）等；集中在对重大政治事件的研究上，如《西藏平叛纪实》（西藏人民出版社，1993 年）和《透视“3・14”——中国藏学研究中心学者深度分析拉萨“3・14”暴力事件》（中国藏学出版社，2009 年）等；集中在对政治人物的研究上，《中央驻藏代表张经武》（中国藏学出版社，2001 年）和《事实与真相——十四世达赖喇嘛丹增嘉措其人其事》（中国藏学出版社，2003 年）等；集中在对政治思想的研究上，《周恩来与西藏》（中国藏学出版社，1998 年）、《西藏的脚步》（中共中央党校出版社，1999 年）和《毛泽东西藏工作文选》（中国藏学出版社、中央文献出版社，2001 年）等。当然，对西藏民族区域自治制度的研究也不断深入，已有《西藏的民族区域自治》（中国藏学出版社，1991 年）和《民族区域自治政策在西藏的成功实践》（社会科学文献出版社，2011 年）等著作面世。

换言之，不论是新闻媒体的报道还是学术界的研究，都鲜有专门研究西藏基层政权的建设和发展问题，当前，笔者所能查阅到的唯一一部专门研究西藏地方政权建设和发展的著作是2010年由孙宏年和倪邦贵主编的中国藏学出版社出版的《西藏基层政权建设研究》，但该著作研究的重点是西藏基层政权建立与发展的历史回顾和代表性县乡的调研。可以说，对西藏乡镇政权建设、改革、发展问题的研究还须进一步开拓和深化。

其次，乡镇政权在国家各领域各层面的建设和发展中发挥着不可替代的重要作用，对西藏顺利实现“四个确保”战略目标具有重要的意义。众所周知，乡镇政权在中国这样一个幅员辽阔而人口众多的发展中国家的现代化进程中具有重要的地位和作用，它不仅是整个国家政权体系的基础和有机组成部分，也是普通公民体认国家的存在与形象，以及我党执政能力的根基。在现代化建设中，乡镇政权作为国家和省区市大政方针政策的具体执行者，肩负着推动地方经济、社会、文化发展和环境保护的重任，肩负着具体落实中央正确的极具人文色彩的大政方针政策，给当地的广大民众带来实惠，从而使基层广大人民群众体察、体验到国家的存在、发展与主人翁感，体察到中国最广大人民群众利益的代表者——中国共产党的性质与执政能力等重大使命。从政权合法性的视角言之，随着经济社会的发展进步，基层政权乃至整个政权体系的合法性基础已不能单纯依靠历史功绩、领导人魅力、意识形态甚至是民族主义等这样超验性的观念来提供和维持，法理型合法性和绩效型合法性日益成为政权合法性最重要的来源。对西藏这样一个特殊的边疆民族省区而言，乡镇政权还承担着维护稳定、培养民族干部、保护民族语言文化和生态环境等大量的特殊任务，在特殊时期这些特殊任务，尤其是维护稳定往往是压倒一切的核心工作。正如有同仁所指出的，“由于西藏独特的政治经济条件，乡镇机构设置又具有其独特性。如基于安全和稳定的考量，‘维稳’工作始终是西藏各级政府的首要工作，‘反对分裂、维护稳定、促进发展’成为乡镇党委的工作重心，一般都由乡镇党委书记亲手抓，并成立专门的工作组，由乡镇主要领导组成，村级单位的一项重要使命就是辅助乡镇政府的维稳工作”。[①] 也就是说，西藏乡镇处于推动当地经济社会的发展、维护民族团结、反对分裂的最前沿，也是培养一支政治上跟党走、群众中有威望、工作上有实绩的高素质少数民族干部的基层阵地。

概言之，一方面，西藏基层社会自和平解放，特别是改革开放以来取

① 傅景亮：《西藏乡镇建设反思》，《南风窗》2009年第18期。

得的举世瞩目的社会主义现代化建设成就，是与乡镇政权认真贯彻落实党和国家及西藏自治区党委和政府的大政方针政策，充分利用国家和各省市的无私援助，创造性地开展工作密不可分的。另一方面，西藏乡镇政权的特点决定了，它是否廉洁高效、运转协调、行为规范，按照党和国家的各项要求，全心全意地为当地各族群众服务，直接关系到当地经济社会的发展，关系到各族人民群众对伟大祖国的认同、对中华民族的认同、对中华文化的认同、对中国共产党的认同、对中国特色社会主义道路的认同，关系到党和政府在各族群众中的形象，关系到党和国家治国理政思想的贯彻落实及社会主义核心价值观的践行，归根结底直接关系到西藏“四个确保”战略目标的实现。因此，可以肯定地说，不论是从乡镇政权在国家各领域各层面的建设中所发挥的作用而言，还是从西藏乡镇政权在西藏实现“四个确保”战略目标过程中的地位而论，忽视西藏乡镇政权的建设、改革和发展问题的研究是不应该也是不可能的。

最后，更为重要的是，通过实地调研我们就会发现，一方面，与内地的各乡镇一样，西藏乡镇长期在党政关系不规范、责权利不统一、行政效能低下三大核心问题的困扰下运作。实事求是地说，西藏基层的发展长期滞后，除了客观的自然环境、政治环境、经济环境、社会及人文环境的限制外，也与乡镇政权的行政能力直接相关。毕竟，一个被历史经验所反复证明了的不争的事实是，无论是多么优越的环境和优惠的政策，在政权的效能不高的情况下，当地也是不可能实现良性发展的。因为，发展的环境需要政权和人来不断改变和调适，发展的条件需要政权和人来有效地利用和创造。“一个有效的政府对于提供物品和服务——以及规则和机构——是必不可少的，这些物品和服务可以使市场繁荣，使人民过上更健康、更快乐的生活。没有一个有效的政府，不论是经济的还是社会的可持续发展都是不可能实现的。”① 另一方面，西藏乡镇政权的维稳任务长期在高位上运行，每年三月份的敏感时期，各级地方政权都如临大敌而进入二级甚至是一级戒备状态。在此情势下，各级地方政权都会将批评的矛头对准达赖集团和以美国为首的西方国家这一幕后支持者。但马克思主义的哲学观和方法论及我党实事求是的思想路线无不忠告我们，达赖集团的分裂行径

① 世界银行：《1997 年世界发展报告：变革世界中的政府》，中国财政经济出版社 1997 年版，第 1 页。

和西方国家操控达赖集团作乱西藏的图谋频频以小规模的骚乱形式体现出来，甚至会发生2008年“3·14”暴力事件这样大规模的骚乱之事实，我们不能不说，西藏各级政权，尤其是县乡基层政权的行政能力不高，社会管理方式方法传统而手段有限，还远未达到以《中华人民共和国宪法》（以下简称《宪法》）和《中华人民共和国地方各级人民代表大会和地方各级人民政府组织法》（以下简称《组织法》）为核心的法律法规所规定的要求，远未达到党和政府及各族民众的殷切期望，从而为达赖集团的分裂图谋提供了可乘之机才是内因。

因此，我们需要从理论层面上系统性地研究西藏乡镇政权建立与发展的历史，研究其特殊的行政环境，研究它所承载的特殊职责与使命以及在改革和发展过程中面临的各种问题，也需要通过与内地乡镇改革创新的对比分析探寻西藏乡镇政权改革发展的新思路，从而为西藏乡镇政权的改革发展奠定坚实的理论基础。

二　研究的目的与意义

本书的研究目的是：首先，通过对历史资料的搜集和整理，系统性地研究在极其特殊的行政环境下，西藏乡镇政权建立、改革和发展的历史进程与伟大成就，从乡镇政权建设层面向世人充分展示在中国共产党的领导下，西藏实现社会制度的历史性跨越和以藏族为主体的少数民族人民当家做主的伟大历史进程。

其次，以马克思主义农村发展理论为指导，借鉴地方治理理论、国家与社会关系理论、新公共管理与新公共服务理论，运用“中国特色、西藏特点”命题，全面深入地研究西藏乡镇政权的行政环境、机构设置情况、改革发展的动力与内外制约因素。在此基础上，探寻西藏乡镇政权改革发展的新思维、价值取向、具体目标及未来发展的可行性路径选择，从而使其切实肩负起法律法规所赋予的权责，肩负起党和各族人民群众的殷切期待，进而为西藏基层社会实现“四个确保”战略目标提供有效的制度供给，并希望为西藏自治区党委和政府谋划乡镇政权建设之决策提供参考。

再次，通过对西藏乡镇政权的研究，拓展和深化藏学研究并为学术界进一步深入研究西藏各级地方政权的发展奠定较为翔实的资料基础。

最后，当然，也希望能够为促进民族政治学、行政学学科的建设，充实和丰富西藏高校公共管理学科和民族学学科的教学内容服务。

这应当是具有重要的理论意义和实践价值及特殊政治意涵的。

三 研究现状述评

如前所述，新闻媒体和学术界较少关注西藏基层地方政权的建设、改革和发展问题，并不是这一问题不重要，主要是因为西藏的自然环境极为艰苦，交通不便，调查研究费用高昂且非常困难。更因为“西藏问题”的特殊性和敏感性，各级政权建设、运行、施政方面的资料是不公开的，实地调研过程中，绝大多数实质性的问题和资料因属于国家机密而不能获得，从而给研究带来了根本性的困难。当然，也由于西藏各级地方政权长期以维稳为首要责任，陈全国书记在西藏第八次党代会上所作的政治报告中再次提出了未来五年，西藏各级政权要“以维护社会稳定为硬任务和第一责任，努力实现长治久安”的战略部署①。这就必然将社会各界的关注焦点指引到以维稳为核心的各项具体事务上，淡化了人们对维稳主体自身改革发展这一长远问题的思考。但这并不是说关于西藏乡镇政权建设、改革和发展问题的研究还没有起步，恰恰相反，现有的研究成果为本项研究提供了诸多极具价值的资料和创新性思路。

在此，需要特别说明的是，迄今为止，国外对西藏有关的研究主要集中在传统藏学意义上的历史、文化和重大历史事件及人物的研究上，在西藏乡镇政权建设的研究方面，笔者从未发现国外相关文献，故，本项研究仅就国内的现有文献作简要综述。

（一）基层政权的一般性研究为西藏乡镇政权的研究提供了有价值的思路

20世纪90年代以来，随着改革开放的深入推进，特别是社会主义市场经济体制的确立和不断完善，基层政权机构改革的问题日渐被提上议事日程并逐步成为学术界研究的热点，每年都有大量的学术论文发表，硕

① 陈全国：《坚定不移走有中国特色西藏特点发展路子为实现跨越式发展和长治久安而团结奋斗》，西藏人民出版社2011年版，第2—5页。

士、博士论文的数量极为可观，单就以乡镇为专门研究对象的学术著作也可谓不胜枚举。如张凤坡和马占林的《乡镇行政管理》（辽宁人民出版社，1990 年）、张厚安的《中国乡镇政权建设》（四川人民出版社，1992 年）、陈瑞莲和邹庆环的《乡镇行政管理》（中山大学出版社，1994 年）、王振耀等人的《乡镇政权与村委会建设》（中国社会科学出版社，1996 年）、赵辰昕的《乡政府管理》（中国广播电视出版社，1998 年）、张全在和贺晨的《镇政府管理》（中国广播电视出版社，1998 年）、马戎等人的《中国乡镇组织变迁研究》（华夏出版社，2000 年）、王中汝的《政治发展视野中的乡镇政权改革研究》（吉林人民出版社，2003 年）、金太军等人的《乡镇机构改革挑战与对策》（广东人民出版社，2005 年）、侯保疆的《中国乡镇管理研究》（中国社会科学出版社，2005 年）、陆道平的《乡镇治理模式研究》（社会科学文献出版社，2006 年）、董海军的《塘镇：乡镇社会的利益博弈与协调》（社会科学文献出版社，2008 年）、许才明的《乡镇政府管理改革研究》（江西人民出版社，2009 年）、赵树凯的《乡镇治理与政府制度化》（商务印书馆，2010 年）等。近年来，有学者开始专注于某个特定乡镇的研究并注重实地的调查分析。狄金华的《被困的治理：河镇的复合治理与农户策略（1980—2009）》（生活·读书·新知三联书店，2015 年）即是代表性的成果。

虽然现有成果绝大多数是研究全国性的基层政权建设问题，很少涉及少数民族地方政权的改革发展，但是，学术前辈和同仁们已经深入地研究了我国乡镇的历史变迁、新中国乡镇管理体制改革发展的历程、乡镇管理体制改革的模式、乡镇改革的未来发展方向等问题。这都为我们研究西藏乡镇政权的建设、改革和发展问题提供了诸多极具价值的思路，并提供了方法论上的启迪。

（二）民族地区基层政权建设的研究成果为西藏乡镇政权的研究开阔了视野

与上述问题相联系，自 20 世纪 90 年代以来，民族地方基层政权的改革发展问题愈益引起学术界的重视，关于民族地区地方政府管理体制改革的研究成果也不断面世。童吉渝主编的《云南民族自治政府行政管理职能研究》（云南教育出版社，1997 年）、张瑞才的《民族自治地方行政生态研究》（云南大学出版社，1997 年）、那金华的《民族自治地方行政环境与行政运行》(云南民族出版社，1999 年)、周平的《中国少数民族政治分析》(云南大学出版社，2000 年)、沈林的《中国的民族乡》(民族出版社，2001 年)、曾宪义的《民族地区现代化进程中的民主法制建设》(民族出版社，2002 年)、匡自明的《中国少数民族地区农村基层政权建设研究》(云南大学出版社，2002 年)、铁木尔等人主编的《中国民族乡统计分析》(民族出版社，2002 年)、李春林等人的《中国民族自治地方行政管理》(内蒙古人民出版社，2004 年)、周平等人的《中国民族自治地方政府》(人民出版社，2007 年)、方盛举的《中国民族自治地方政府发展论纲》(人民出版社，2007 年)、李俊清等人的《民族乡政府管理》(人民出版社，2009 年)、荣仕星的《中国民族地区公共政策研究》(人民出版社，2009 年) 等即是当前代表性的研究成果。

虽然这些现有成果均不是专门研究西藏基层政权建设的且主要集中在对行政改革的研究上，但是，由于民族地区基层政权的地位、权能、发展环境等方面的相似性，这些研究成果对我们研究西藏基层政权的建设、改革和发展问题具有非常重要的价值，特别是通过比较分析能够极大地开阔我们的研究视野。

(三) 西藏历史的研究成果为西藏乡镇政权的研究提供了较翔实的史料

虽然专门研究西藏基层政权问题的成果很少，但并不能说这一至关重要的问题从未涉及，而是有机融入西藏地方史、西藏自治区简介、政治制度、行政区划、中央治藏方略，甚至是有关宗教的研究之中。关于西藏历史方面的著作，陈庆英和高淑芬主编的《西藏通史》(中州古籍出版社，2003 年)、恰白·次旦平措等人编译的《西藏通史——松宝石串》(西藏古籍出版社，2004 年)、罗广武和何宗英编著的《西藏地方史通述》(西藏人民出版社，2007 年) 等，都对西藏历史上的基层行政设置及新中国成立后基层政权的建设有所涉及；关于西藏自治区的简介方面，如《西藏自治区概况》(西藏人民出版社，1984 年)、丹增和张向明主编的《当代中国的西藏》(当代中国出版社，1991 年) 等，都对西藏历史上的封建农奴制度和基层行政单位有所介绍；关于西藏政治制度和行政区划的研究方面，多杰才旦主编的《西藏封建农奴制社会形态》(中国藏学出版社，2005 年)、王献军的《西藏政教合一制研究》(兰州大学出版社，2004

年)、达瓦玉珍的《西藏帕竹地方政权的组织形式研究》(中央民族大学硕士论文,2007 年)、东嘎·洛桑赤列的《论西藏政教合一制度》(西藏人民出版社,2008 年)、格吉巴·旦增多吉的《原西藏地方政府机构》(卓玛译,载《西藏研究》1989 年第 2 期)、格桑达吉和喜饶尼玛的《西藏地区历史地理沿革述略》(载《中国边疆史地研究》1994 年第 4 期)、李凤珍的《清代西藏宗本(营官)与官吏品级》(载《西藏研究》2000 年第 3 期)、房建昌的《明代西藏行政区划考》(载《西藏民族学院学报》2001 年第 4 期)、陈立明的《原西藏地方政权对墨脱及其以南地区的统辖与治理》(载《西藏研究》2006 年第 2 期)等著作和论文,对西藏历史上的基层行政建制及其演变、官员的配备和品级等具体问题进行了研究。

这无疑为我们专门研究西藏乡镇政权提供了较为翔实的历史资料。

(四)系列《志书》的出版为西藏乡镇政权的研究提供了直接的权威性资料

编修地方志是中华民族的优良传统,我国已有几千年的修志史,以达到“崇厚风俗,表彰人才”及“存史、资治、教化”的目的。1996 年 11 月,西藏自治区召开了第一次地方志工作会议,会议决定编修包括《政务志》、《民政志》等 72 部“区志”,主要目的是宣传中国共产党艰苦创业的历史,反映社会主义建设的伟大成就和沉痛教训,为发展经济、改革开放和稳定局势服务。各地市、各县根据这一会议精神,也立即着手编修各地市志和县志。迄今为止,7 个地市的志书都已出版,绝大多数的县志也已出版发行。

综观现已出版社的各志书,《政务志》和《民政志》为代表的区志均以历史为主线,从总体上简要介绍了西藏自治区级、地市级、县宗级和乡镇级区划变动情况,特别是《民政志》还专门辟出章节较为详细地记述了西藏和平解放以来基层政权和群众自治组织建设的伟大历程。各地市志和县志也从各地的“政区建置”、“政党群团”、“政权”、“政务”四个层面简要记述了 2000 年以前当地的政区建置、政党群团、基层政权建设的总体情况与各时期各地市和各县的施政总览。

众所周知,志书是根据档案资料,经过各级相关组织严格审查后公开出版的历史资料整理和汇编,这就为我们研究西藏乡镇政权建设的历史提供了直接的权威性的资料。

（五）西藏基层政权建设的专门成果为西藏乡镇政权的研究奠定了前期基础

除了上述关于我国基层政权的总体研究、关于民族地区地方政府发展问题的研究、关于西藏地方史的研究和西藏系列性志书都对我们研究西藏基层政权建设具有重要的价值外，也有一小部分专门研究西藏基层政权建设的成果。主要包括：西藏自治区民政厅的《人民民主政权在斗争中巩固和发展》（载《西藏日报》1989 年 4 月 29 日）、何良平的《农牧区基层政权的建设与发展》（载中共西藏自治区委党史研究室编著的《中国新时期农村的变革（西藏卷）》，中共党史出版社，1997 年）、扎西多布杰的《西藏基层行政决策体制存在的问题及对策分析》（载《西藏发展论坛》2008 年第 5 期）、刘治运的《西藏乡镇管理体制改革的路径分析》（载《西藏发展论坛》2009 年第 1 期）、傅景亮的《西藏乡镇建设反思》（载《南风窗》2009 年第 18 期）、孙宏年等主编的《西藏基层政权建设研究》（中国藏学出版社，2010 年）。

特别是《人民民主政权在斗争中巩固和发展》和《农牧区基层政权的建设与发展》较为详细地记述了 1995 年以前西藏基层政权建设的基本情况；《西藏乡镇建设反思》、《西藏基层行政决策体制存在的问题及对策分析》和《西藏乡镇管理体制改革的路径分析》三篇论文从西藏乡镇政权建立与发展的影响因素、行政管理或公共政策的效能等方面进行了分析，并提出了西藏乡镇的治理应逐步从政府主导型向社会主导型转变的改革创新建言。《西藏基层政权建设研究》是迄今为止关于西藏基层政权建设唯一的一部著作。该著作在简要回顾 1951 年以前西藏的基层政权情况和 1951 年以来的建设和发展基础上，以调研案例的形式逐一总结了山南地区乃东县和林芝地区林芝县的基层政权建设状况，并以“西藏基层政权的相关问题与思考”为结语，从西藏基层政权设置与影响因素等五个方面进行了思考。

的确，尽管现有的专门成果很少且将焦点集中在对历史的回顾和现状的叙述上，但已属难能可贵，它们不仅成为我们进一步研究的可靠基础，也降低了我们对这一敏感问题研究的一些疑虑。

笔者的研究正是在学术前辈和同仁们现有成果基础上的进一步深化！

四 理论指导、理论借鉴与理论基础

不论是内地还是西藏，乡镇都是我国政权体系的根基和行政管理的末端，是直接管理乡村社会、直接服务广大人民群众的一级政权组织。就像内地可以根据乡镇的生产生活方式划分为农业乡镇、工商业乡镇和二者兼有的乡镇一样，西藏的乡镇也可以据此划分为农业乡镇、牧业乡镇和半农半牧业乡镇三种主要的类型。无论怎样划分，但凡所言乡镇，一方面，乡镇的改革发展状况与广大基层民众的生产生活及整个基层社会的发展进步密切相关，另一方面，乡镇的改革发展主要服务于“三农问题”，这就使它的改革指导思想、原则目标和具体措施均与中央政府和中层政府不尽相同。同时，西藏作为我国一个特殊的边疆民族省区，其乡镇政权的改革发展既要体现出一般性和现代性，又要体现出特殊性和民族性。综合考量，本项研究以马克思主义农村发展理论为指导，借鉴地方治理理论、国家与社会关系理论、新公共管理与新公共服务理论，以“中国特色、西藏特点”命题的政治内涵为理论范式，研究西藏乡镇政权的改革发展问题。

（一）马克思主义农村发展理论

马克思主义农村发展理论，既包括马克思、恩格斯、列宁、斯大林等经典作家关于农业、农村和农民问题的基本观点，也包括毛泽东等党和国家领导人运用马克思主义的理论和方法创造性地同我国国情相结合而诞生的理论和思想。

马克思和恩格斯都曾运用辩证唯物主义和历史唯物主义，根据资本主义产生和发展的历程研究了英、美、法、德等西方国家的农业现代化道路。在《工资、价格和利润》、《资本论》和《经济学手稿》等著作中把影响农业劳动生产率提高的因素归纳为三类：第一类是劳动者的天赋、技能、体力和智力等个人因素，以及与此相联系的普及教育和职业培训以提高劳动者的生产技能和平均熟练程度，增加劳动的强度等；第二类是劳动的自然条件，如土地的肥沃程度、气候和光照条件等，它们决定了劳动的自然生产率；第三类是劳动的社会条件改进，具体包括大规模的生产，资本的集中，劳动的联合、分工，机器的应用，生产方法的改良，科学的发展水平和它在工艺上应用的程度，交通运输工具、水利灌溉设施等农业基础设施的增加和改良，产权和交易的法律保障等，它们影响着劳动的社会生产率。“他们的上述思想具有公共政策的含义，为制定农业政策指明了努力的方向。”① 马克思和恩格斯同时指出，从人类的城市化和现代化历史进程就可以发现，当生产力及由此引起的分工发展到一定程度时，必然会引起工商业劳动与农业劳动的分离，相应地，必然引起“城乡的分离和城乡利益的对立”。② 在马克思看来，城乡对立是人类文明史的必经阶段并伴随着人类现代化和城市化的进程而加剧，而资本主义社会不但不能消除这种对立，反而不得不使它日益尖锐化。当然，城市化与工业化在破坏农村传统生活方式，加剧城乡对立的同时，也在直接或间接地、自觉或不自觉地带动农村经济社会的发展，推动农村城市化和城乡融合的历史进程。马克思和恩格斯认为：“消灭城乡对立不是空想，正如消除资本家和雇佣工人间的对立不是空想一样，消灭这种对立日益成为工业生产和农业生产的实际需要。”③ 概而言之，马克思主义农村发展理论认为，城乡分离及对立是人类一定历史阶段的产物，在未来的社会主义社会和共产主义社会，随着私有制的废除，城乡差别和对立也将因此而消失，城乡最终实现融合。

列宁根据俄国的国情，进一步指出，粮食问题是一切问题的基础，没有粮食就没有国家政权，没有粮食，社会主义的政策不过是一种愿望而已。他还从社会主义建设的高度认识到巩固工农联盟的重要性，探讨了解决农民问题的社会主义建设道路，即制定新经济政策，在农村发展商品经济，鼓励农民进一步发展农业生产力，组织自愿结合的合作社等。斯大林在早期也强调过农业的基础地位和提高农业劳动生产率的重要性，认为农民经济是工业的市场，正像工业是农民经济的市场一样。农民对于我们不仅是市场，而且是工人阶级的同盟者④。

---

① 何增科：《马克思、恩格斯关于农业和农民问题的基本观点述要》，《马克思主义与现实》2005 年第 5 期。

② 中共中央马克思恩格斯列宁斯大林著作编译局：《马克思恩格斯全集（第三卷）》，人民出版社 1995 年版，第 24 页。

③ 中共中央马克思恩格斯列宁斯大林著作编译局：《马克思恩格斯全集（第十八卷）》，人民出版社 1995 年版，第 313 页。

④ 邢艳琦：《列宁、斯大林关于农业和农民问题的基本观点述要》，《马克思主义与现实》2005 年第 5 期。

如果说马恩等经典作家的论述具有普遍性意义的话，则中国化的马克思主义即是在马克思主义理论和方法指导下紧密结合中国的实际国情，对我国这样一个农业大国之历史和现实的回答。我国的“三农问题”既是一个现实问题，也是一个历史问题。众所周知，鸦片战争后面对“数千年未有之大变局”，传统的重农抑商政策被重商主义所代替并在洋务运动和戊戌变法的历史进程中被反复强调。但是，到20世纪初，在中国的农村日益走向衰败，实现中华民族独立和富强的梦想久久不能实现的情况下，包括国民党在内的各派政治力量和社会各界重新开始思考中国的国情和“三农问题”的地位，尤其是中国共产党选择了农村包围城市的革命道路获得了占人口绝对多数的广大农民群众的广泛支持并最终获得成功，建立了中华人民共和国。20世纪50年代，以毛泽东为代表的中国共产党人已经将“三农问题”提升到国家发展战略层面，在党和国家完成了土地改革后就迅速开始农业的社会主义改造，希望通过农业合作化解决个体农业落后、分散和效率低下等问题，把个体农业改造成社会主义性质的集体经济，在广大农村建立起社会主义制度。改革开放后，随着承包责任制的推进，农村的整体发展及农业和工商业关系的失调与城乡差距的拉大，“三农问题”的重要性与日俱增，解决“三农问题”成为全社会的共识。从1982年起，中央已发布了17个“中央一号文件”，对农村改革和农业发展作出战略部署。通过对17个“中央一号文件”的研读，我们不难发现，中国化的马克思主义农村发展理论的目标追求是走出一条“中国特色的农业现代化道路”。正如2014年中央一号文件所指出的：“要始终把改革作为根本动力，立足国情农情，顺应时代要求，坚持家庭经营为基础与多种经营形式共同发展，传统精耕细作与现代物质技术装备相辅相成，实现高产高效与资源生态永续利用协调兼顾，加强政府支持保护与发挥市场配置资源决定性作用功能互补。要以解决好地怎么种为导向加快构建新型农业经营体系，以解决好地少水缺的资源环境约束为导向深入推进农业发展方式转变，以满足吃得好吃得安全为导向大力发展优质安全农产品，努力走出一条生产技术先进、经营规模适度、市场竞争力强、生态环境可持续的中国特色新型农业现代化道路。”并从完善国家粮食安全体系、强化农业支持保护制度、建立农业可持续发展长效机制、深化农村土地制度改革、构建新型农业经营体系、加快农业金融制度创新、健全城乡一体化体制机制、改善城乡治理机制八个方面实现上述目标①。

换言之，中国化的马克思主义农村发展理论不盲从西方式的“取代农村”的城市化道路，而是积极探索中国特色的农业现代化道路，注重农村发展的生态方向和人文关怀，最终实现全国的共同富裕。

（二）地方治理理论

一提及地方治理，人们首先就会想到20世纪发端于西方的治理理论，事实上，治理是一个久已存在并在我国广泛实践的概念。众所周知，中国是一个幅员辽阔的人口大国，从古到今，如何对占人口绝大多数的乡村社会进行有效治理，始终是国家治理中的大难题，在漫长的历史演进过程中，也形成了我国自身的一些地方治理特色。学术界普遍认为，我国古代的地方治理尽管各朝各代存在不小的差别，但总体上是“国权不下县，县下惟宗族，宗族兼自治，自治靠伦理，伦理靠乡绅”。20世纪初，马克斯·韦伯就提出了传统中国“有限官僚制”的观点，认为中央权威一旦到基层，其有效性便“大大地减弱乃至消失”。② 费孝通先生也认为，皇权统治在人民生活中，“实际上是松弛和微弱的，是挂名的，是无为的”。③ 对此观点，历史学者提出了质疑。秦晖教授通过历史考察后认为，在汉唐时期，国家权力对县以下的活动和控制是十分突出的，乡村社会只是极端“非宗族化”的社会，而且，“在我国历史上大部分时期，血缘共同体（所谓家族或宗族）并不能提供——或者说不被允许提供有效的乡村‘自治’资源，更谈不上以这些资源抗衡皇权”。④ 中国传统基层社会的治理经验，不论是正面的还是反面的，都能够为我国今天的地方治理创新提供历史资源。

同时，20世纪二三十年代，由梁漱溟、晏阳初等知识分子通过发起“乡村建设运动”而形成了农村治理的观念，对当前基层社会的治理也有

---

① 新华社：《关于全面深化农村改革加快推进农业现代化的若干意见》，《光明日报》2014年1月20日第3版。

② ［德］马克斯·韦伯：《儒教与道教》，洪天富译，江苏人民出版社1993年版，第110页。

③ 费孝通：《乡土中国生育制度》，北京大学出版社1998年版，第63页。

④ 秦晖：《传统中华帝国的乡村基层控制：汉唐间的乡村组织》，载黄宗智主编：《中国乡村研究（第1辑）》，商务印书馆2003年版，第30页。

一定的启示作用。晏阳初认为，“对于民族的衰老，要培养它的新生命；对于民族的堕落，要振拔它的新人格；对于民族的涣散，要促成它的新团结新组织。所以说中国的农村运动承担着民族再造的使命。”① 在此认识指导下，晏阳初把中国农村的基本问题归结为“愚、弱、贫、私”四个方面，相应地通过开展文艺教育、生计教育、卫生教育和公民教育来解决。梁漱溟则强调中国的特殊性和文化的历史传承性，认为近代以来乡村败坏的原因是向西方学习，因此，解决的路子当然是“认取自家精神，寻取自家的路走”，必须从建设新社会组织结构入手，创造一种以理性和伦理为基础的新团体组织，由此来推动经济、政治和社会的全面发展和进步②。

当前，社会各界所谈的治理始于1989年世界银行提出的“治理危机”后经济学、政治学、社会学和管理学界的理论构造。治理最具权威的定义来自全球治理委员会，该委员会将治理视为“各种公共的或者私人的个人和机构管理共同事务的诸多方式的总和。治理是使相互冲突的或者不同的利益得以调和并采取联合行动的持续过程。治理既包含有权迫使人们服从的正式制度与规则，也包含各种人们同意或者认为符合其利益的非正式制度安排”。③ 也就是说，治理理念要求改变过去政府统治的层级指挥结构，强调政策网络、政府过程和协同治理。地方治理是以当代治理理念和思维为基础，将治理思想贯穿地方政治与行政改革和地方公共事务管理模式再造的发展过程。在国内，对治理理论和实践有深入研究的中国人民大学的孙柏瑛教授认为，地方治理可以被定义为：“在一定的贴近公民生活的层次复合的地理空间内，依托于政府组织、民营组织、社会组织和民间公民组织等多种组织化的网络体系，应对地方的公共问题，共同完成和实现公共服务和社会事务管理的改革与发展过程。”④

在理解地方治理理论时常常被人误以为是弱化政府，事实上，地方治

① 宋恩荣：《晏阳初全集（第一卷）》，湖南教育出版社1989年版，第294页。

② 中国文化书院学术委员会：《梁漱溟全集（第五卷）》，山东人民出版社1989年版，第112页。

③ Commission on Global Governance. Our Global Neighbourhood：the Report of the Commission on Global Governance. Oxford University Press，1995，p. 2.

④ 孙柏瑛：《当代地方治理——面向21世纪的挑战》，中国人民大学出版社2004年版，第33页。

理理论强调的是改造政府，让处于基层的科层制官僚获得更多的治理权力，进一步凸显他们的重要作用；强调的是一种跨部门的协同治理方式，按照基层民众的现实需求形成公共政策；强调的是地方政府作用和价值的不可代替性。正如戴维·威尔逊和克利斯·盖恩所指出的那样：地方政府的作用和价值表现为："一是地方政府可以代表和反映当地居民的意志和需要；二是强调了不同地方的差异性；三是鼓励创新和相互学习；四是较迅速有效地回应当地居民的需要，提高行政效率；五是增强公民意识和参与意识；六是为公民的政治教育和训练提供场所；七是有利于分散权力。"①

简言之，一方面，当代地方治理理论是对18世纪经典民主理论的再挖掘和进一步发展。众所周知，约翰·密尔在《代议制政府》这一不朽之作中曾对英国悠久的乡镇自治和人民陪审制度等公民参与的形式给予了高度评价，认为这样的实际参与使公民的知识和美德均得到了良好的熏陶。托克维尔也高度赞赏了美国乡镇自治在培养民众政治知识和促进公民性成长中的重要作用。为此，英国政治学家詹姆斯·布莱斯总结道："地方自治实在是全国民治之最好的训练"，"民主制度最好的学校及其成功的保证，就是实行地方自治"，因为"自治的制度总能够养成人民自由的精神，及为公共目的合作的习惯"。② 另一方面，我们可以将其归纳为两方面的核心内容，即提供服务和促进自由。正如英国政治学家夏普（L. J. Sharpe）所说的那样，"设置地方政府的理由，在于地方政府是提供某些服务的有效和便利方式；在于人们倾向于认为，中央政府需要一种品质，这样的品质可以通过地方自治的形式得到很好的培养"。③

（三）国家与社会关系理论

国家与社会的关系是研究乡镇改革创新的重要视角而日益受到学术界乃至国家决策层的重视。如果把国家与社会的关系置于地方治理的角度

---

① David Wilson and Chris Game, Local Government in Britain, London: Penguin Books Ltd, 2000, pp. 5—8.

② ［英］詹姆斯·布莱斯：《现代民治政体》，张慰慈等译，吉林人民出版社2001年版，第80、130、134页。

③ Sharpe, L. J. , Theories and values of local government, Political Studies, 1970. Vol. 18, No 2, pp. 153—174.

看，研究我国基层社会中国家权力的国家政权建设理论与和谐社会理论，对我们认识和研究乡镇政权与社会的关系具有较好的借鉴意义。

国家政权建设理论运用国家与社会二元分析框架研究乡村权力结构及其历史变迁，认为中国的历史变迁过程实质上是国家对基层社会控制力不断强化的过程，这一过程的强化对基层社会的现代化具有重要作用的同时，也随着基层社会的发展进步而出现诸多弊端，需要全面深化改革。

学术界认为，到20世纪90年代后期，经过多年的改革发展，我国乡镇的自主能力不断增强，基层民主建设不断取得成就，党和国家从1998年开始不断强调乡镇政府职能的转变，尝试将过去政府大包大揽的部分权力转交给社会。2006年开始的农业综合改革更是为乡村社会的发展提供了广阔的空间，最终，必然会推进从“强政府、弱社会”模式向“小政府、大社会”模式的转变。在这种“小政府、大社会”的关系模式下，国家在通过政权建设实现对乡村社会全面治理的过程中，其首要目标即是充分激发基层社会的积极性、主动性和创造性，为基层社会的持续发展进步与和谐社会建设提供有效的公共服务，最终将乡镇建设成为服务型的乡镇。十八届三中全会通过的《中共中央关于全面深化改革若干重大问题的决定》中，再次强调：正确处理政府和社会关系，加快实施政社分开，推进社会组织明确权责、依法自治、发挥作用。适合由社会组织提供的公共服务和解决的事项，交由社会组织承担。

和谐社会理论是我党的重要理论创新成果。2005年2月，时任总书记的胡锦涛同志在省部级主要领导干部专题研讨班上发表重要讲话，第一次全面阐述了构建社会主义和谐社会的时代背景、重大意义、科学内涵、基本特征、重要原则、主要任务等。中共十六届六中全会通过的《中共中央关于构建社会主义和谐社会若干重大问题的决定》，全面系统地阐述了构建社会主义和谐社会的一系列重大理论与实践问题，标志着党社会主义和谐社会理论的成熟。和谐社会理论因党和国家都有权威性的阐述，学术界的研究更可谓汗牛充栋，笔者在此不再赘述。需要强调的是，由于乡镇是国家与基层民众的中介，直接承担着推动地方“五位一体”社会主义现代化建设重任，承担着党和国家大政方针政策的正确落实，承担着社会矛盾的管控调处，当前，我国社会不和谐的现象也主要集中在基层。因此，乡镇政权迫切需要根据和谐社会的理念进行改革创新。

（四）新公共管理理论与新公共服务理论

新公共管理理论的诞生和改革实践是对西方经典行政管理模式下政府的规模较大、效能较低的回应。公共管理学家彼得斯在《政府未来的治理模式》一书中，对西方各国政府于20世纪八九十年代围绕管理职能、管理方式、运行机制、自身管理等方面开展的行政改革运动作了梳理，提出了当代西方行政改革及公共管理实践中正在出现的以新公共管理为导向的四种治理模式，即市场化政府模式、参与型政府模式、灵活性政府模式、解除规制政府模式。他认为“四种基本的理念支撑了过去数十年中所推行的行政改革运动”。① 按照戴维·奥斯本和特德·盖布勒两位新公共管理代表人物的概括，新公共管理主要有十个方面的特征和内容，即起催化作用的政府：掌舵而不是划桨；社区拥有的政府：授权而不是服务；竞争型政府：把竞争机制注入提供服务中去；有使命感的政府：改变照章办事的组织；讲究效果的政府：按效果而不是投入拨款；受顾客驱使的政府：满足顾客的需要而不是官僚政治的需要；有事业心的政府：有收益而不浪费；有预见的政府：预防而不是治疗；分权的政府：从等级制到参与和协作；以市场为导向的政府：通过市场力量进行变革②。

“20世纪最后20年人们见证了新公共管理运动的波澜壮阔，也亲历了政府职能退却、市场作用增强的深刻试验，尽管新公共管理为导向的政府变革给西方国家带来了新的气象，但实践中微观层面显现的问题，折射出宏观层面上效率与公平、自主与监督、分权和专业化与协调的关系问题依然突出和亟待解决。”③ 鉴于新公共管理的缺陷，步入21世纪后，以美国的罗伯特·B. 哈登特为代表的一批公共行政学学者创立了新公共服务理论。该理论与以往传统行政理论将政府置于中心位置，致力于改革和完善政府本身不同，而是将公民置于整个治理体系的中心，强调公共管理的本质是服务，政府及其公务员的首要任务是帮助公民明确表达并实现其公

① E. Ferlie, L. Ashburner, L. Fitzgerald and A. Pittigrew, The New Management in Action. Oxford University Press, 1996, pp. 15—20.

② ［美］戴维·奥斯本、特德·盖布勒：《改革政府：企业家精神如何改革公共部门》，周敦仁等译，上海译文出版社1996年版，第24—25页。

③ 石杰琳：《反思与超越：从新公共管理到新公共服务》，《郑州大学学报》2011年第5期。

共利益。新公共服务理论推崇公共服务精神，旨在提升公共服务的尊严与价值，重视公民社会与公民身份，重视政府与社区、公民之间的对话沟通与合作共治①。新公共服务理论的基本内涵是：政府应是服务而非掌舵，追求公共利益，符合公共需要和利益的政策需要集体努力和协作实现，重视公民与政府之间及公民与公民之间的信任和协作，政府及其公务员责任的多重性，重视公民权和公共服务等②。

不论是新公共管理理论还是新公共服务理论，都存在着理论不够严密，论证不充分，特别是存在着明显的理想主义色彩等问题。对此，已有不少学者提出批评③。但不可否认的是，作为一种新形势下诞生的理论范式，在指导西方国家行政改革的实践中，它在一定程度上改善了西方国家的公共管理水平，促进了经济社会的平稳有序发展，对我国乡镇管理体制的改革创新具有重要的借鉴价值。

首先，公民本位的政治价值与我国倡导的以人为本和为人民服务的理念不谋而合。不论是新公共管理理论还是新公共服务理论，都非常重视公民在公共管理中的主体价值，其认为，作为国家主人的公民应该从传统的管理客体这一被动角色中解放出来，成为公共治理过程的积极参与者，并通过这样的过程，既可以使公民很好地了解公共政策的制定情况，也可以逐渐培育他们的公民意识。新中国成立以来就大力倡导包括乡镇在内的各级政府全心全意为人民服务的本色，党的十七大后又鲜明地提出以人为本的政治理念，要求各级政府树立起强烈的服务意识和责任意识，但时至今日，我国服务型政府建设与党和人民的期待仍存在很大的差距，其中重要的原因之一即是政府对公民权利的尊重不够，公民参与公共管理活动的广度和深度不够，维护公共利益的意识和能力不强。

其次，新公共管理理论和新公共服务理论认为官员不应当是具有私利的管理者，而是公民雇佣代表公民行使管理权的业务专家。“作为公民代

---

① ［美］罗伯特·B. 丹哈特、珍妮特·V. 丹哈特：《新公共服务——服务而不是掌舵》，《中国行政管理》2002 年第 10 期。

② Robert B. Denhardt Janet Vinzant Denhardt，The New Public Service：Serving Rather than Steering，Public Adminisrtation Review，2000，Vol 60，pp. 549—559.

③ 鞠连和：《论新公共管理理论的价值与局限》，《社会科学战线》2009 年第 10 期。王丽莉：《新公共管理理论的内在矛盾》，《南京社会科学》2004 年第 11 期。周义程：《新公共服务理论的贫困》，《中国行政管理》2004 年第 12 期。

表，官员绝不能放弃为实现群众整体福利的身份和责任，依靠自身的专业、信息和技术优势为公民提供管理知识教育服务；倾听公民建议，作出及时的服务回应；扩散政策信息，克服公民与政府之间政务信息不对称状况。我国的服务型政府建设，就是要将各级政府建设成为民主政府、责任政府、法治政府和效能政府，广大公务人员特别是领导干部必须明确自己的职责，不仅要为公众提供优质高效的公共服务，而且要善于倾听公众的意见和建议，并作出及时、积极和有效的回应，尤其是要积极倡导公民参与政策过程，建立健全惠及全民、公平公正、水平适度的公共服务体系，实现基本公共服务均等化。”①

再次，新公共管理和新公共服务倡导公共服务提供的竞争性，有助于我们更科学地进行乡镇政府职能的分解，这一理念已写入《中共中央关于全面深化改革若干重大问题的决定》中。在传统的乡镇管理中，公共服务是为政府独家提供的，最终的结果就是公共服务缺失或者是质量不高，效率低下，而且政府背负上了沉重的债务。在乡镇政权的改革创新中，我们可以借鉴新公共管理和新公共服务的做法，在加强对提供公共服务的宏观调控的同时，将竞争机制引入公共服务领域，开放一些公共服务的市场，在一定范围内允许和鼓励私营部门进入提供公共服务的领域，通过公共调节，与企业和民间组织签订供给合同、授权、补助等方式间接提供公共产品，充分发挥市场机制在资源配置中的作用，从而形成公共服务供给的竞争机制、提高公共服务的有效供给、产生更好的经济效益和社会效益。

最后，新公共管理和新公共服务倡导的协商式治理机制，有利于乡镇职能的界定和转变。新公共管理理论和新公共服务理论大力倡导政府和公民之间共同拥有公共事务的治理权威，这种公民实质参与式的公共治理，本质上是公共管理权的社会回归，是政府对公民理性意志和利益诉求的回应过程。在此过程中，有利于乡镇合理界定自己的权责范围，加快促进政企分开、政社分开、政事分开，使企业成为独立的市场主体，使公民和社会组织成为独立的自治主体。“政府的作用应该严格限定在公共领域，即主要担当弥补市场失灵的角色，主要提供私人和社会无力或不愿提供的，

① 唐晓阳、王巍：《新公共服务理论及其对我国建设服务型政府的启示》，《岭南学刊》2009 年第 1 期。

却又与公共利益相关的非排他性服务。政府的主要职责应放在保护产权、维护社会秩序和公共安全等公共服务上，切实把政府工作的重点转变到经济调节、社会管理、公共服务和市场监管上来，实现政府从全能型向有限型政府转变。”①

（五）“中国特色、西藏特点”命题

近年来，“中国特色、西藏特点”成为中央治藏方略和西藏经济社会发展战略的关键词，为社会各界所广泛使用。西藏自治区主要领导和学术界也从不同层面解析其内涵。但是，迄今为止，对其内涵的解读仅限于经济和社会层面。笔者认为，事实上，“中国特色、西藏特点”是一个广涵的概念，具有明确的政治意涵，对研究西藏乡镇政权的改革发展具有直接的指导意义。

1. “中国特色、西藏特点”命题的提出。自 1951 年和平解放以来，西藏的民主改革及其经济社会发展走过了一个极具特色和特点的社会主义革命、建设和改革的不平凡里程，只是在大多数时间中并未提出“中国特色、西藏特点”这一命题而已。根据笔者对资料的搜集和整理，这一概念的提出过程大体如下：

2006 年 10 月，时任自治区书记的张庆黎同志在西藏自治区第七次党代会上所作的报告中，根据“西藏进入了历史上发展和稳定的最好时期”这一现实情况和判断，围绕实现西藏“跨越式发展和长治久安”的主旨，提出了“一产上水平、二产抓重点、三产大发展”的经济发展战略，并指出，这一战略“就是从实际出发，突出重点，重点突破，体现特色，特色增效，推进产业结构优化升级，促进区域经济协调发展，努力把我区经济发展推向快车道”。② 2007 年 12 月 16 日至 17 日，西藏自治区经济工作会议在拉萨召开。会议提出 2008 年西藏自治区经济工作的总体要求是：“努力走出一条有中国特色、西藏特点的发展路子。”张庆黎书记在讲话中，从发展道路、发展战略、发展重点、发展

① 侯玉兰：《新公共服务理论与建设服务型政府》，《国家行政学院学报》2005 年第 4 期。

② 张庆黎：《以科学发展观统领各项工作为确保经济社会跨越式发展和长治久安而奋斗——张庆黎同志在自治区第七次党代会上的报告摘登》，《西藏日报》2006 年 10 月 19 日第 1 版。

目的等几个方面，初步阐述了“中国特色、西藏特点”的内涵[①]。至此，“中国特色、西藏特点”被正式提了出来，并在历年的经济工作会议中重点强调。

2010年1月18日至22日，中央第五次西藏工作座谈会在北京召开。胡锦涛总书记在讲话中重点阐述了西藏要坚持走有中国特色、西藏特点的发展路子和“一个中心”、“两件大事”、“四个确保”、“五个西藏”[②]。换言之，“中国特色、西藏特点”的提法得到了中央的认同，并成为西藏各级政府文件和新闻媒体界的关键词。此后，胡锦涛同志在全国人大会议期间，三次参加西藏代表团审议时，均谈到了“坚持走有中国特色、西藏特点的发展路子”的问题[③]。2011年7月20日，习近平同志在庆祝西藏和平解放六十周大会上的讲话中也指出：“只要我们坚持中国共产党领导，坚持社会主义制度，坚持民族区域自治制度，坚持走有中国特色、西藏特点的发展路子，西藏必将迎来更加繁荣、更加进步、更加美好的明天。”[④] 2011年11月12日，陈全国书记在中共西藏第八次代表大会上作了题为“坚定不移走有中国特色西藏特点发展路子为实现跨越式发展和长治久安而团结奋斗”的政治报告。

2. “中国特色、西藏特点”命题的内涵研究综述。“中国特色、西藏特点”提出后，西藏自治区政府、新闻媒体和学术界均对这一命题从不同侧面进行了解析。

最早对这一命题进行阐述的是西藏自治区政府。如前所述，张庆黎书记在西藏自治区2007年的经济工作会议上，不仅明确提出了“中国特色、西藏特点”这一命题，并且对这一命题作了初步的解析。认为，“这条路子，是中国特色社会主义道路和中国特色社会主义理论体系在西藏的具体

---

① 张庆黎：《全区经济工作会议讲话》，《西藏政报》2007年第24期。

② 所谓“一个中心”，即以经济建设为中心；“两件大事”，即稳定与发展；“四个确保”，即确保经济社会跨越式发展，确保国家安全和西藏长治久安，确保各族人民物质文化生活水平不断提高，确保生态环境良好；“五个西藏”，即团结、民主、富裕、文明、和谐的社会主义新西藏。详见新华社：《中共中央国务院召开第五次西藏工作座谈会》，《光明日报》2010年1月23日第1版。

③ 中共西藏自治区委员会、西藏自治区人民政府：《改革开放在西藏的伟大实践和辉煌成就》，《求是》2008年第17期。

④ 习近平：《在庆祝西藏和平解放60周年大会上的讲话》，《光明日报》2011年7月20日第3版。

运用，是西藏与全国一道实现全面建设小康社会目标、建设社会主义现代化的必由之路，……这条路子的深刻内涵至少包括发展道路、发展战略、发展重点、发展目的等几个方面”。2008 年 3 月，他在参加十一届全国人大一次会议西藏代表团分组审议时，进一步指出：“我们一定要努力走出一条中国特色、西藏特点的发展路子。在指导思想上，就是要全面贯彻落实党的十七大精神，高举中国特色社会主义伟大旗帜，坚持以邓小平理论和‘三个代表’重要思想为指导，深入贯彻落实科学发展观，始终坚持‘一个中心、两件大事、三个确保’的指导思想；在发展道路上，始终坚持生产发展、生活富裕、生态良好的文明发展道路；在发展战略上，大力实施‘一产上水平、二产抓重点、三产大发展’的经济发展战略，突出培育一批符合科学发展观要求、具有西藏特色的优势产业；在发展目的上，切实做到发展为了人民，发展依靠人民，发展成果由人民共享；在发展举措上，深化改革开放，狠抓安居乐业，强化项目落实，着力改善民生，加强环境保护，维护社会稳定，夯实基层基础，努力实现西藏经济社会发展的新跨越。”①

2008 年 3 月 11 日，时任西藏自治区人民政府主席的向巴平措做客新华网，在回答主持人提出的“你认为什么是中国特色、西藏特点的发展道路”这一问题时作出了与张庆黎书记大体相同的解释，并特别强调，“西藏是具有很大特殊性的地方，要尽力结合西藏的实际，走出一条符合西藏实际的道路。……如果照搬照抄内地的成功经验，不结合西藏的实际，恐怕我们还要走很多的弯路”。② 2009 年，向巴平措主席发表了《打造中国特色西藏特点的发展模式》一文，再次以具体数据阐述了“中国特色、西藏特点”的主旨和重要意义③。此后，西藏自治区领导在不同场合对这一命题的内涵作出了相似的阐释。

在西藏自治区政府和主要领导对这一命题进行阐述的同时，以《西藏日报》为主的媒体也对此进行了分析评论。2007 年西藏经济工作会议召开后，《西藏日报》社即刊发了评论员文章，认为“中国特色、西藏特

① 高玉洁：《努力走出一条中国特色西藏特点的发展路子》，《西藏日报》2008 年 3 月 8 日第 1 版。

② 新华社：《专访向巴平措：如何走好有中国特色、西藏特点的发展道路》，新华网，http：//news. xinhuanet. com/misc/2008 - 03/11/content_ 7763724. htm.

③ 向巴平措：《打造中国特色西藏特点的发展模式》，《新西部》2009 年第 10 期。

点的发展路子内涵深刻”，是“完全符合西藏发展阶段性特征、充分把握全区各族人民新期待的历史选择。”① 2008年10月，《西藏日报》社再次发表了《坚持中国特色、西藏特点的发展路子》的评论员文章。文章指出：“坚持有中国特色、西藏特点的发展路子，是以胡锦涛同志为总书记的党中央对西藏工作提出的更新更高的要求，也是西藏过去发展经验的总结，是西藏未来发展的必然选择。……这条发展路子是中国特色道路和中国特色社会主义理论体系在西藏科学的、具体的运用”，“也是我们与达赖集团作斗争的政治基础”。②

可见，西藏自治区政府和新闻媒体对“中国特色、西藏特点”这一命题的解析主要是从实然的视角阐述的，而学术界的解析更侧重于应然层面，而且，研究的广度与深度呈现不断深化的态势。根据笔者对现有资料的整理，学术界对这一命题的研究主要集中在以下几方面。首先，探讨了“中国特色、西藏特点”这一命题的哲学依据。2008年2月，何茂云率先在《西藏日报》上发表了《中国特色西藏特点发展路子的哲学依据》一文。文章认为，这一命题的首要哲学依据是矛盾的普遍性与特殊性的关系，“探索西藏特点的发展路子必须放在中国特色社会主义道路的大局中去认识，这样才能保证西藏特点发展路子的正确方向”。此其一。其二，是实事求是。“中国特色”和“西藏特点”的提出都是依据我国的国情和西藏的特殊区情提出来的，也只有坚持实事求是的思想路线，立足国情和区情，才能不断发展进步。其三，是具体问题具体分析③。西藏自治区党校的牛治富教授认为，“中国特色、西藏特点的发展路子是一个既有区别又有联系的统一整体”，“中国特色”是“西藏特点”的前提。所谓“中国特色”就是中国特色社会主义旗帜，“西藏特点”就是西藏所处的历史方位及经济社会特征④。总之，“走有中国特色、西藏特点发展路子实际

① 《西藏日报》社：《高举旗帜科学发展努力走出一条有中国特色西藏特点的发展路子》，《西藏日报》2007年12月19日第1版。

② 《西藏日报》社：《坚持有中国特色、西藏特点的发展路子——二论开展深入学习实践科学发展观活动》，《西藏日报》2008年10月11日第1版。

③ 何茂云：《中国特色西藏特点发展路子的哲学依据》，《西藏日报》2008年2月23日第2版。

④ 牛治富：《关于中国特色西藏特点发展路子内涵的思考》，《西藏日报》2008年2月23日第2版。

上是一个多民族国家民族关系异质同构平衡发展的互动模式”。① 其次，探讨了“中国特色、西藏特点”这一命题提出的背景。认为，“新西藏的经济社会建立在起点很低的层次上，国家为西藏经济社会的发展给予了大量的扶持，在过去一个自然经济广覆、社会层次极不发育的边疆少数民族地区，经过多年发展仍然还是很不发达，是一个非典型二元经济结构特征十分突出的区域；西藏又是一个人口稀少，农牧区人口占很大比重，丰裕的自然资源禀赋短期难以利用，环境承载能力本身就十分脆弱的高原区域；西藏还是一个经历过近千年封建农奴制，文明进步的基础极其薄弱，宗教文化传统十分浓厚的地区；西藏也是一个商品经济极不发达，安于自给但长期不能自足，由计划经济体制向市场经济体制转型，在实行改革开放以后经济迅速发展的地区；更为重要的是，西藏同时是一个地处祖国西南边陲，长期面临境内外敌对势力、分裂主义分子渗透破坏，固边稳边、防止分裂任务十分繁重的地区”。② 这一命题正是在这一历史背景和新的历史起点基础上提出的。再次，探讨了“中国特色、西藏特点”这一命题的理论基础和实践框架及其基本特征。认为，中央的治藏方略和思想、民族区域自治理论和可持续发展理论构成了这一命题的理论基础；坚持党的领导、坚持中国特色社会主义道路和西藏的跨越式发展、坚持西藏是祖国不可分割的一部分构成了这一命题的实践框架。在这一命题的指导下，西藏未来的发展呈现出五方面的基本特征，即具有中国特色社会主义的发展道路特征，从基本稳定到长治久安稳定发展的道路特征，中央关怀全国支援实现跨越式发展的共享型经济发展特征，以农民、民生、民族经济的“三民”为重点的协调发展道路特征，以生态建设为重点的可持续发展的发展道路特征③。复次，探讨了研究“中国特色、西藏特点”这一命题的理论视角问题。认为，对“中国特色、西藏特点发展路子”的研究有两种理论视角，一种是从“发展理念”层面上的研究，主要研究发展本质论、发展动力论、发展主体论、发展价值论、发展代价论。另一种是从

① 杜莉：《走有中国特色西藏特点发展路子的几点思考》，《西藏日报》2009年9月29日第6版。

② 孙勇：《对走中国特色西藏特点发展路子命题内涵的思考》，《西藏日报》2009年8月26日第3版。

③ 倪邦贵等：《中国特色西藏特点的科学发展道路特征分析》，《民族学刊》2011年第2期。

“发展运行”层面上对社会发展的一种相对化、相对直接的发展问题所开展的研究。属于这个层次的发展范畴主要有发展战略论、发展模式论、转型发展论、非均衡发展论、协调发展论、可持续发展论、发展条件论。具体而言，“中国特色、西藏特点发展路子是以科学发展观为核心的中国特色社会主义道路和中国特色社会主义理论体系在西藏的具体运用，是力求符合西藏实际、充分把握西藏发展阶段特征的历史选择。这条路子的内涵包括发展道路、发展战略、发展重点、发展目的等方面的内容”。[①] 当然，更多的人将这一命题的理论视角设定在科学发展观上，并从科学发展观的四个要素角度进行阐述[②]。最后，探讨了“中国特色、西藏特点”这一命题的重大意义。认为，中国特色西藏特点发展路子是新时期西藏工作指导思想的丰富，是中央治藏方略的深化，是十六大以来中央关于西藏发展各项方针政策的理论凝结[③]。据此，也提出了走“中国特色、西藏特点”发展路子需要处理好的几个难题，诸如经济“总量”与“人均”的关系、基础设施落后、生态承载压力加大、经济增长要素比例关系失当、城乡二元经济结构的存在、人力资源积累弱等具体问题[④]。

综上可见，不论是西藏自治区政府和以《西藏日报》社为主的媒体，还是学术界对“中国特色、西藏特点”这一命题的解析，其焦点都集中在经济层面，而且是围绕着发展道路、发展战略、发展重点、发展目的等几个方面展开的。依据笔者查找的资料，当前，只有两篇文章谈到了这一命题的政治内涵问题，实属难能可贵。一是西藏自治区社会科学院的孙勇教授在阐述这一命题的内涵时，提出了“中国特色、西藏特点”这一命题的基本内涵应包括“稳边固本、民生为重、地域特色、可持续发展”四个方面。文章特别指出，西藏历史上长期是黑暗的封建农奴制、政教合

① 牛治富、杜莉：《学习实践科学发展观坚持走有中国特色西藏特点的发展路子》，《资治文摘》2009 年第 1 期。

② 罗布：《论科学发展观与中国特色西藏特点的发展路子》，《西藏大学学报》2009 年第 1 期；王朝晟：《走中国特色西藏特点的发展路子是西藏发展的正确抉择》，《西藏日报》2009 年 11 月 21 日第 3 版。

③ 牛治富、杜莉：《学习实践科学发展观坚持走有中国特色西藏特点的发展路子》，《资治文摘》2009 年第 1 期。

④ 李亚娟、杜莉：《中国特色西藏特点发展路子的探讨》，《西藏日报》2008 年 8 月 17 日第 2 版；牛治富、杜莉：《学习实践科学发展观坚持走有中国特色西藏特点的发展路子》，《资治文摘》2009 年第 1 期。

一制的区域，又曾经遭受帝国主义的侵略。和平解放以来，党对西藏的发展一直将稳边固本作为最为重要的内容，现代经济在西藏的发端就是肇始于稳边固本。“西藏特点的发展路子，在全面发展本身定义之中也是要首先保证政治的内容。”① 二是西藏自治区党校的牛治富教授在总结其他学者对“中国特色、西藏特点”的内涵理解时提醒研究者，在从哲学层面和从党的十七大提出的“一条大道五条具体道路”角度来分析的同时，研究中国特色、西藏特点的城镇化道路和政治发展道路，是一个“研究西藏特点发展路子的具体思路，很有价值”。②

笔者认为，孙勇和牛治富两位教授的观点极具启发价值，对本书研究这一命题的政治内涵提供了灵感。

3. “中国特色、西藏特点”命题的政治内涵。承上所述，正如孙勇和牛治富两位教授所言，“中国特色、西藏特点”这一命题具有深刻的政治内涵，对我们深入总结新中国成立以来西藏的政治发展历程，研究西藏乡镇政权的建立、改革与发展问题具有很强的指导作用。综观西藏地方发展史和历代中央治藏方略，特别是新中国成立后西藏“五位一体”的社会主义现代化建设事业及其当前所面临的主要矛盾和特殊矛盾，笔者认为，“中国特色、西藏特点”命题的政治内涵主要包括以下四方面的内容。

首先，统一的多民族国家的独特发展。“中华民族作为一个自觉的民族实体，是近百年来中国和西方列强对抗中出现的，但作为一个自在的民族实体则是几千年的历史过程中形成的。”③ 在我国几千年的历史发展进程中，既是中华民族的形成与发展壮大的过程，当然也是中国统一多民族国家的形成与确立的过程。“多元一体”的国家发展演进历史是任何人都无法否认的事实。“多元一体”的理论与事实内涵丰富，西藏民族大学的顾祖成教授将其总结为四个主要方面：一是中华民族从起源到形成是多元一体的，中国作为统一的多民族国家，从孕育和形成到发展和确立，也是多元一体的历史演进；二是在历史造就的中华民族共同体中，存在着一个

① 孙勇：《对走中国特色西藏特点发展路子命题内涵的思考》，《西藏日报》2009年8月26日第3版。

② 牛治富、杜莉：《学习实践科学发展观坚持走有中国特色西藏特点的发展路子》，《资治文摘》2009年第1期。

③ 费孝通等：《中华民族多元一体格局》，中央民族大学出版社1989年版，第1页。

凝聚中心，即是以儒学为核心融合了佛、道等炎黄传统文化为精神纽带的汉族；三是各民族间存在着你中有我、我中有你的血肉联系，最终凝聚成为一个不可分割的统一的多民族国家；四是中华民族和中国多民族的统一国家是个历史范畴，它的历史演进过程不能随意人为割断①。可以说，一部中国史，就是一部中国各民族诞育、发展、交融直至统一为一个多民族国家的伟大历史，因此，“我们绝不能把中国看成汉族的中国，我们中国是各族人民共同的中国”，各民族人民都为中华民族及民族国家的构建与发展做出了自己的独特贡献②。

中国的疆域，大体上可以分为黄河、长江和珠江流域的内地农业区，长城以外的游牧区和青藏高原及周边的西部农牧区。以青藏高原为核心并为藏族世代聚居的青藏高原，平均海拔在4000米以上，被称为“世界屋脊”。藏北细石器文化遗址，藏东卡若文化遗址、拉萨和墨竹工卡的新石器文化遗存等考古发现，证明了在远古时代这片土地就有人类活动且呈现出原始文明的多元交融并不断吸收内地先进文化的明晰痕迹。正如有学者所指出的：“西藏有些原始文化因素与甘青地区的考古发现的确有不少相似之处，……不过，当我们进一步追溯其根源时，却发现西藏的原始文化中有些因素明显是中原文化的影响，甘、青地区不过是中原文化向西传播的通道而已。”③ 到6世纪前后，青藏高原上林立的小邦在长期的交融和争夺中，形成了吐蕃、苏毗以及西部的羊同（即象雄）三大部落联盟。最后，吐蕃部落的松赞干布一统高原，建立了强盛一时的吐蕃王朝。应该说，吐蕃王朝的建立是中国统一多民族国家历史演进过程中具有重要意义的大事件。这一事件不仅使“青藏高原各部落统一在吐蕃王朝的旗帜下，逐渐产生了共同文化上的心理素质，而融合为蕃族，以此为基础，逐渐形成了后来的藏族”④，而且为西藏最终纳入中央政权的直接管辖，中华大地内许多局部的统一最终凝结成一统的中国创造了必要的前提。对此，顾祖成教授精准地总结到：“统一的吐蕃王朝的建立标志着西藏地方在中国统一多民族国家形成发展的格局中，由远古文化多元分散发展进入区域性

① 顾祖成编著：《明清治藏史要》，西藏人民出版社、齐鲁书社1999年版，第3页。

② 谭其骧：《长水粹编》，河北教育出版社2000年版，第18页。

③ 格勒：《略论藏族古代文化与中华民族文化的历史渊源关系》，《中国藏学》2002年第4期。

④ 侯石柱：《西藏考古大纲》，西藏人民出版社1991年版，第54页。

的多元统一，建立起了与中原政权并存的区域政权的历史发展阶段。在这一发展阶段，西藏地方与中原的关系及各族间的分散联系为区域政权的统一交往与发展所替代，文化上的交流影响为政治、经济、文化全方位的密切关系的发展所替代，从而将西藏地方纳入全国大一统的历史进程推进到了一个新的发展阶段，为元代西藏纳入中央政权的直接治理，中国统一多民族国家的历史演进进入确立时期奠定了基础。"①

元朝虽为我国历史上由少数民族建立的中原王朝，但正是元朝最终完成了全国性的大一统，尤其是使西藏正式纳入中央政权的直接管理，在中国的历史发展上具有标示性的意义，使我国统一多民族国家进入确立阶段的新的历史发展时期。因此说，"少数民族特别是蒙古族、满族对我们的贡献太大了。……没有蒙古的话，怎么能形成这样大的统一?"② 西藏地方正式纳入元朝的统一管理之中始于1247年阔端与萨迦班智达在凉州的会见，"正是从这一年起，我们可以确定萨迦—蒙古关系的日期，这一事件将使西藏此后一百年的命运具体化"③。此后，蒙古统治者们通过武力结束了西藏地方的分裂割据历史，通过建立帝师制度、设置了宣政院和万户府等地方一级的行政机构、清查户口等政治手段，并在西藏建立了元朝皇帝统一的守卫军队及设立驿站等。从此以后，西藏地方正式成为中国皇帝的管辖地区。

明朝对西藏的统治是在充分利用了元朝近百年统治的良好基础展开的。明太祖即位后即派遣使臣到西藏告谕明王朝的建立，也派遣陕西行省官员前往各部落，诏谕元朝旧封官员前来受职。从1371年起，又陆续设置了乌斯藏、朵甘指挥使司以及宣慰使司、安抚使司、招讨使司、万户府、千户所等行政机构，完善了明朝中央在西藏地区的行政建制，依照明朝制度建立起军政统治秩序。在行政管理上是通过两个系统进行的：一是推行行都武卫制度，以行使地方行政管理的职能；二是册封王、法王等宗教首领，分别管理所属区域的事务④。

清初，满族统治者利用藏传佛教与西藏建立起了直接联系，进而到

① 顾祖成编著：《明清治藏史要》，西藏人民出版社、齐鲁书社1999年版，第13页。

② 谭其骧：《长水粹编》，河北教育出版社2000年版，第17—18页。

③ ［意］伯戴克：《元代西藏史研究》，张云译，云南人民出版社2002年版，第8页。

④ 罗广武、何宗英等：《西藏地方史通述（上卷）》，西藏人民出版社2007年版，第375、380页。

1653 年，对五世达赖和固始汗的册封，正式确立起了清朝对西藏的统属关系。这样，既保持了元明王朝“因俗而治”的政策连贯性，又实行了利用和限制相结合的方针，不断强化中央对西藏地方的直接管理。1727 年，雍正皇帝在西藏设立了驻藏大臣制度，加强了朝廷对西藏的统治。1728 年，又将康区东部的康定、理塘、巴塘等地划归四川管理，将康区南部的中甸、维西、德钦等地划归云南管理，也将日喀则以西一直到阿里划归班禅直接管理①。同时，雍正在位期间，大规模地推行“改土归流”政策，废除了原来由少数民族头人担任土司的世袭制度，设立了州县，由朝廷派官统治。清末，虽然中央政权在西藏的权力与权威双双衰微，西方列强加紧侵略西藏并支持西藏地方的一些反动分子进行分裂祖国的罪行，但终因各族人民的反对而未能得逞，西藏是中国领土不可分割的一部分这一立场和事实没有改变。

1911 年，革命派推翻了清王朝，建立了中华民国。1912 年 3 月 11 日，中华民国第一部宪法《中华民国临时约法》明确规定中央对西藏的主权，宣布“西藏是中华民国领土的一部分”，提出“合汉、满、蒙、回、藏诸族为一人，实行五族共和”。7 月 17 日，民国政府设蒙藏事务局，隶属行政院，管理蒙藏事务。1929 年，南京国民政府设立蒙藏委员会，行使对西藏的行政管辖，而后国民政府在拉萨设立蒙藏委员会驻藏办事处，作为中央政府在西藏地方的常设机构。“历史事实表明，虽然民国期间军阀混战，内乱频仍，但中央政府仍在十分艰难的条件下维护了国家在西藏的主权。十四世达赖喇嘛丹增嘉措就是经当时国民政府批准免于金瓶掣签继位的。国际上没有一个国家和政府承认过西藏独立。”② 在中国共产党领导的反帝反封建革命斗争中，更是使藏族人民反帝爱国斗争不断高涨，反帝爱国力量不断成长，强有力地增进了西藏地方和祖国内地的关系。最终，1951 年 5 月签订了“十七条协议”，西藏得以和平解放，1965 年成立了自治区。至此，经过西藏各族人民艰苦奋斗，西藏实现了由封建农奴制度到社会主义制度、由封闭贫穷落后到开放富裕文明的两大“历史性跨越”。

简言之，西藏地方自古以来就是中国的一部分，在漫长的历史进程

---

① 王辅仁、索文清：《藏族史要》，四川民族出版社 1981 年版，第 116 页。

② 国务院新闻办：《西藏和平解放 60 周年》，《光明日报》2011 年 7 月 12 日第 6 版。

中，西藏地方与祖国内地在人类文明演进、经济社会发展进步和政治统一进程等各方面密切地联系在一起。西藏地方的统一是中国统一多民族国家发展进程中具有重要意义的一步，为元朝最终完成这一进程奠定了坚实的基础。从此，西藏地方不仅置于中央政权的直接管理之下，而且在反帝反封建斗争中与祖国内地各族人民凝聚成命运共同体，最终在共产党的领导下实现了两大历史性的跨越。改革开放后，西藏走上了与全国一道快速发展的轨道，西藏各族人民正为建设团结、民主、富裕、文明、和谐的社会主义新西藏而努力奋斗。应该说，这是在统一多民族国家的历史演进中，中华各民族相互长期接触和友好交往的牢固基础上才能够产生的并在实践中不断巩固着这一历史进程。

这是我们认识西藏地方政治发展和地方政府改革创新的总前提。

其次，旧西藏的特质与新西藏的跨越。西藏自古以来就是中国不可分割的重要组成部分，这是谁都无法否认的历史事实。但由于西藏在地形地貌、气候特征和海拔高度等各方面与内地的差异性，特别是在历史发展过程中的特性使其呈现出鲜明的“西藏特点”。

如前所述，尽管西藏很早前就有人类活动，但直到公元 6 世纪才逐渐形成了吐蕃、苏毗和象雄三大部落联盟，最终，松赞干布进行了一系列的征服、团结其他部落邦国的活动，实现了西藏地区的统一。633 年，松赞干布把都城从山南琼结县迁至拉萨，建立起了奴隶制的吐蕃王朝，并通过全面的改革和实行开放政策，使吐蕃民族获得快速发展，日趋强大[①]。但“吐蕃政体与高度集权的君主专政政体是有区别的，它是一种王权之下的贵族专政政体。在这种政体下王室与贵族势力的争权和贵族间的倾轧便成为吐蕃政权实体摆脱不了的影子”。[②] 最终，吐蕃王朝在僧俗斗争、王室内讧、奴隶起义和属部反抗中走向瓦解。这些斗争，“不仅给奴隶制以毁灭性的打击，促进了封建农奴制经济的发展，也摧毁了吐蕃王朝，形成了以吐蕃王室后裔为主的，分裂割据的众多封建领主政权”。[③]

西藏的封建领主土地所有制是从公元 10 世纪到 13 世纪逐步发展形成的，标志性的实例即是“谿卡”这一名词的出现和实践。同时，西藏社

---

① 陈炳应、卢冬：《古代民族》，敦煌文艺出版社 2004 年版，第 117—118 页。

② 王尧、陈践译注：《敦煌本吐蕃历史文书》，民族出版社 1992 年版，第 178 页。

③ 白寿彝：《中国通史（第十一册）》，上海人民出版社 1999 年版，第 458 页。

会的封建化过程，又是与佛教的复兴同时并进的，佛教的重新发展也成为促进社会封建化的一个重要社会原因。对此，著名藏学家多杰才旦教授分析道："世俗的封建主为了维护和扩充势力需要佛教这样的精神力量，宗教首领则需要地方势力的支持，二者相互为用，结合在一起便形成了具有一定势力范围的教派。……这些教派既是在宗教上各树一旗，又是在社会上割据一地的僧俗封建领主集团。原有的自由农民在封建割据集团的战争过程中，或被豪强领主剥夺了土地，或在宗教诱骗或战乱逼迫下为求生存，不能不依附于附近领主，投靠了僧俗封建主，因而失去了经济自主权和完整的人身权利，成为依附于领主的农奴。"① 当西藏地方封建割据势力出现后，"这些实力集团的首领们，不仅是一般地利用、扶植喇嘛教，而且往往更直接地给自己穿上一件喇嘛教僧人的外衣，以致形成僧俗一体、政教不分的局面"。② 元朝统一西藏后，蒙古统治者充分利用宗教服务于政治统治。元王朝对西藏的施政和西藏政教领袖对元王朝的归顺，由此开始了"由佛教的上层人物充当西藏地方的政教之主的政教合一制度"③。明清两代延续了这一治藏思路，从而使西藏政教合一的封建农奴制社会一直延续到西藏民主改革。

在西藏政教合一的封建农奴制度下，没有任何证据证明西藏是一个乌托邦式的理想的世外桃源，"是一个不知怎样幸存下来进入二十世纪下半叶的中世纪社会"④。在这样的制度下，经济部门仅为农牧业和简单的手工业，没有工业、建筑业和运输业；商品交换极不发达，在农牧区还主要是物物交换，城镇和边境地区才有以货币为媒介的商品交流；在经济制度上，全部耕地、牧场、森林、山川、河流、河滩以及大部分牲畜，都由约占人口5%的官家、贵族、寺庙上层僧侣三大领主及其代理人占有。占西藏人口90%左右的"差巴"、"堆穷"是农奴，他们没有生产资料和人身自由，靠耕种份地维持生计。另有约5%的"朗生"是世代奴隶，被当成"会说话的工具"。农奴世世代代依附领主，被束缚在庄园的土地上；在

① 多杰才旦主编：《西藏封建农奴制社会形态》，中国藏学出版社1995年版，第58—59页。

② 王辅仁、索文清：《藏族史要》，四川民族出版社1981年版，第63页。

③ 东嘎·洛桑赤列：《论西藏的政教合一制度》，西藏人民出版社2008年版，第54页。

④ ［加］谭·戈伦夫：《现代西藏的诞生》，伍昆明等译，中国藏学出版社1990年版，第34页。

政治上实行严格的等级制度，上等人为数极少的大贵族、大活佛和高级官员；中等人是一般僧俗官员、下级军官以及三大领主的代理人；下等人是占西藏总人口95%的农奴和奴隶，并用残酷的刑罚维护政教合一的封建农奴制度。正是在这一制度的残酷压迫和剥削下，严重窒息了社会的生机和活力，使得西藏长期处于停滞状态。“直到20世纪中叶，西藏社会仍然处于极度封闭落后的状态，现代工商业和现代科技、教育、文化、卫生事业几乎是空白，农业生产长期采用原始的耕作方式，牧业生产基本采取自然游牧方式，农牧品种单一退化，劳动工具得不到改进，生产力水平和整个社会的发展水平极其低下。”① 就是在这样封闭落后的背景下，1959年3月中央人民政府被迫解散了西藏原地方政府，由西藏自治区筹备委员会行使西藏地方政府职权，并依积极稳妥的方针开始社会主义改造，至1965年9月西藏自治区正式成立。在这6年多的时间里，自治区筹备委员会共召开7次全委会或全委扩大会议，39次常委会，约100次正副主任委员办公会。除第7次全委扩大会议受到“左”的干扰，出现偏差外，其余绝大多数会议都是在党的正确路线指引下，事先进行认真调研和准备，以求真务实和民主团结的精神召开的。因此，“经过这些会议通过和颁布的一系列政策法令和地方法规，同西藏的地区和民族特点相结合，符合西藏最广大人民的根本利益，受到广大人民群众的拥护”，最终实现了西藏从政教合一的封建农奴制社会向人民民主社会的飞跃②。

换言之，西藏社会是在没有经历现代文明的洗礼，没有做好现代文明社会准备的情况下直接由政教合一的封建农奴制社会过渡到社会主义社会的，尽管经过了60多年的社会主义现代化建设，西藏社会发生了翻天覆地的变化，但旧社会既有的影响、习惯，特别是藏传佛教文化已经深深地扎根于民间，“使得社会上各个阶层的人从生到死都无时无地不受到佛教的价值观念的影响”③。这就决定了我们在谋划西藏改革发展问题时，绝不能完全依据内地的标准审视西藏，必须顾及旧西藏的特质与深远影响，考虑到西藏是在没有做好准备的情况下跨入社会主义社会的事实。

再次，从传统到现代的转型。从传统到现代的转型是任何一个民族和

① 国务院新闻办：《西藏民主改革50年》，《光明日报》2009年3月3日第7版。

② 伍昆明主编：《西藏近三百年政治史》，鹭江出版社2006年版，第616页。

③ 多杰才旦主编：《西藏封建农奴制社会形态》，中国藏学出版社1995年版，第724页。

国家都要面临的理论问题，也是一个需要在实现现代化的过程中不断思考和调适的现实问题。能否正确认识传统与现代的关系，特别是能否在现代化过程中自觉地结合本民族的实际情况尽快完成对传统的整合与转型，事关一个民族和国家能否适时抓住机遇勇赶现代化潮流的大问题，否则就会不可避免地产生失落感和自卑感，进而出现抵制现代化的不正确言行。西藏自治区是一个以藏族为主体的少数民族边疆地区，由于长期处于政教合一的封建农奴制社会形态之下，社会的发育和建设相当落后，又是在没有做好必要准备的情况下进入社会主义社会的，因此，以宗教文化为主体的传统文化相当深厚。面对社会主义现代化建设事业的稳步推进，现代化的观念和生活方式正在取代传统的以藏传佛教为主的生活观和生活方式已是不争的事实。面对这样的情境，不论是地方政府还是普通民众都仍然存在着盲目固守旧有的传统而故步自封的问题，达赖集团力图将自己的分裂本质遮盖在维护民族传统、宗教和道德的伪装中，这就不可避免地致使西藏出现了明显的“转型阵痛”现象。如前所述，西藏是在没有任何现代化的基础上步入社会主义社会的，是在党和国家大量优惠政策的扶植下，在中央、各省市及中央企业的支援下开启了社会主义现代化建设的征程的。尽管经过了几十年的现代化建设，各领域的建设取得了举世瞩目的伟大成就，但由于历史的起点低，积淀薄，时至今日，西藏仍然是我国最为落后的省区之一。具体来讲，在政治领域，虽然建立起了社会主义制度和民族区域自治制度但行政的方式方法和手段仍然是非常传统的，带有明显的传统色彩。加之长期处在反分裂斗争的前线，改革开放后历次政府的改革创新屡屡被延缓甚至发生反复现象；在经济领域，虽然已经建立起了现代化的工商业体系但占80%以上的农牧区仍然处于自然和半自然经济状态中，整个经济运行过程中的管理仍带有明显的计划经济体制遗迹，现代市场经济所需要的生长环境还很不健全，广大农牧民还远没有树立起现代经济观念；在社会领域，社会自组织的发育还处于起步阶段，政府的社会管理方法和手段仍然主要是直接的管控；在思想文化领域，广大农牧民文化素质低下，思想观念中的惰性思想严重、重宗教幻想而轻现实利益、重宗教伦理而轻科学文化等现象比比皆是。如此等等现象和事实，严重阻碍着西藏社会的现代化进程。更为重要的是，在笔者的调研中发现，在大多数人的思想文化素质较低的情况下，在达赖集团的蛊惑下，不少民众甚至包括一些知识分子将传统向现代的转型视为是“汉化”，相应地将固守传统看作守卫民族纯洁性必需的手段，出现了人类学家称为“非理性反差”的情况。在此情境下，西藏社会从传统向现代的转型一定会遇到不小的困难，这一过程将会是长期的。

概言之，西藏在长期靠天吃饭的自然经济、封闭半封闭的社会自然环境和政教合一的封建农奴制社会形态，以及以宗教神学为观念核心的传统文化的规制下，整个社会和民族的心理习惯本身就出现了严重的封闭性和凝固性。在反动势力别有用心的蛊惑下，这种封闭性和凝固性迟迟不能消融，无时无刻不在对西藏现实社会发生着消极影响，严重制约着这个社会的发展进步。事实上，从传统向现代的转型是人类社会发展进步的一般规律，藏民族的传统文化也是在吸收了其他民族文化的基础上发展起来的并在其历史发展中经历了多次的整合、转型和流变才具有了今天的种种特性。历史的经验表明，固守所谓的传统是守不住的，只有秉承海纳百川，有容乃大的胸怀，主动去把现代化融入自己的文化，在现代化中有自己的一份，才能形成民族现代化的个性和特色，否则就有可能失去优秀的传统。这是任何一个走向现代化社会的必然的调适过程，也是在全国“四个全面”改革创新和西藏实现“四个确保”战略目标背景下西藏乡镇政权改革发展中必须认真思考的重大问题。

最后，稳边固土的治国考量。如果说，旧西藏的特质及其深远影响与社会主义新西藏的诞生是客观因素的话，从元以来西藏正式纳入中央政权的直接治理之下的七百多年中，综观历代中央的治藏方略我们不难发现，尽管历代中央治藏方略在特定的时空背景下各有侧重，但稳边固土应该是首要的和不变的考量因素。

元朝在统一国家的历史进程中，抛开历史的基础单就以战略地位言之，可以说，包括以卫藏为中心的整个青藏高原在内的藏区，在其统一进程中具有重要的战略地位。众所周知，青藏高原地区，地势险峻，路途遥远，在军事上具有居高临下的战略优势。更为重要的是，青藏高原位于中亚、南亚和东亚三大地形板块的交汇处，具有交通枢纽的作用。如果让青藏高原这一辽阔的区域处于中央的治理之外，对于元王朝西部的安全显然是极为不利的。同时，在灭了西夏地方政权以后，元王朝在西北屯有重兵，从青藏高原藏区的东南方向南下，一则可进入四川、云南等重镇，二则从西南方向对南宋政权形成包抄之势，为最终完成统一的多民族国家伟大历史进程并不断巩固之，均具有重要的战略意义。因此，元王朝在完成了统一多民族国家这一历史任务后，通过设立帝师制度、派驻军队等，又逐步建立起了属于中央直接管辖的“宣慰使司都元帅府”和“万户（包括一些重要千户）”两级地方行政机构，且处于基层机构的“万户”和“千户”首领或得到皇帝的诏命，或由皇帝直接封授才是合法有效的[①]。

1368年，朱元璋在南京称帝建立了明朝。明朝建立伊始就对西北、西南的广大藏区十分重视。如前所述，除了按照明朝制度建立起军政统治秩序外，为了更好地治理西藏，稳定祖国的西南边陲，明王朝取消了帝师制度，代之以法王为最高僧职。法王与帝师相比，享有的地位和权威都大为减弱，且几大法王并存，实现了“分其势而杀其力”的政治意图。同时，通过朝贡与赏赐及茶马互市等经济往来不断加大中央与西藏地方的关系，从经济上怀柔和安抚各派势力[②]，促进了西藏地方与祖国内地的经济联系和交流，从更深层次巩固着统一多民族国家的疆域。

清王朝的治藏向更深层次推进。达赖和班禅两大活佛系统的册封巩固了中央在西藏地方的政治地位，驻藏大臣制度的设立使中央权力直接深入西藏地方，行政区划的调整厘定了西藏与四川和云南的边界，并防止和克服了少数上层僧俗分子擅权和分裂活动。特别是《钦定藏内善后章程》的颁布实施，使得凡西藏的官吏任免、行政、财政、军事、涉外事务等大权均归驻藏大臣，大大加强了清王朝中央政府对西藏地方的统治，密切了西藏同祖国各地以及中央政府的关系。除此之外，清王朝还在西藏设立军台驿站。因西藏地处边陲，距内地遥远，交通不便，因此，为加强西藏与内地的联系，确保消息迅速传递及公文及时往来，经康熙、雍正、乾隆三代皇帝的经营，在唐、宋、元、明旧道基础上，辟治道路，安驿设台，形成了由四川、青海、云南入藏的三条大道，并派官兵驻守巡查[③]。

民国时期，尽管中央权威衰微，国家面临内忧外患的严峻形势，西藏面临以英、俄为首的帝国主义势力的侵扰，西藏地方的一些分裂分子试图将西藏从祖国分裂出去，但1912年1月，孙中山就任中华民国临时大总统时即宣布“五族共和”的思想和政策，奠定了整个民国政府治藏方略的基石；北洋政府时期，不仅挫败了1914年英帝国主义策划的旨在分裂

① 谢铁群编著：《历代中央政府的治藏方略》，中国藏学出版社2005年版，第48—51页。

② 黄伟：《历代中央政府治藏方略的演变与传承》，《国家行政学院学报》2012年第4期。

③ 马汝珩、马大正主编：《清代的边疆政策》，中国社会科学出版社1994年版，第421页。

中国的“西姆拉会议”，而且始终没有承认非法的“麦克马洪线”；1928年，国民政府在行政院之下设立了蒙藏委员会，专司蒙藏事务。1940年2月特派吴忠信代表中央政府到拉萨主持十四世达赖的坐床典礼，随后在拉萨设立蒙藏委员会驻藏办事处①。

新中国成立后，1951年5月，中央政府即同西藏地方政府的代表签订了“十七条协议”，1959年3月，中央政府在平叛的过程中一举推翻了农奴制度，并最终在1965年成立了西藏自治区。在少数民族聚居的地方实行民族区域自治，是中国政府解决民族问题的基本政策，也是中国特色的四大民主制度之一，它体现了政治因素与经济因素、民族因素与地区因素的结合，既有利于巩固国家的统一和主权，也有利于少数民族当家做主权利的实现和民族地区经济社会的发展。1980年至2015年，中央共召开了6次西藏工作座谈会，不断加大全国对西藏的援助力度，不断加大边疆建设的力度，从而使西藏的发展进步紧紧与祖国内地联系在一起。

综上所述，西藏是一个少数民族聚居的边疆地区，有4000多公里的边境线，与5个国家和地区接壤，又与祖国的4个省区相连，在统一多民族国家的构建与发展过程中具有重要的战略意义。从元王朝将西藏地方正式纳入中央政府的直接管辖以来，历代中央在治藏方面可谓励精图治。诚然，元、明、清三代主要采用尊崇佛法，因俗而治的理念与“羁縻互用，刚柔相济”的政策，一些学者认为存在着实施分而治之，人为制造地区间矛盾与冲突，宗教上不能一视同仁影响其他教派发展，重视并支持宗教发展忽视社会的全面进步，实行民族歧视政策伤害了藏区民众的感情等失误②，但正是经过了元、明、清三代王朝和民国政府的有效治藏，才使得西藏地方与祖国的联系发展到政治、经济、社会、文化全方位的联系之中，在帝国主义侵略西藏以前，旧西藏的地方政府及广大人民群众心系祖国的情怀从未改变。步入近代以后，虽在帝国主义的唆使下，旧西藏的一些上层确曾发生过立场动摇，如十三世达赖曾派代表参加“西姆拉会议”和在英国的指使下两次发动对西康的进攻等，但1929年8月，西藏代表奉十三世达赖之命在太原会见新任蒙藏委员会委员长阎锡山，9月10日，

① 张羽新：《民国治藏要略》，《中国藏学》2000年第4期。

② 星全成：《元明清中央政府治藏失误及其对藏区社会的影响》，《青海民族研究》2010年第4期。

蒋介石在南京会见西藏代表时，西藏代表棍却仲尼明确向蒋介石申明"达赖不亲英人，不背中央"，在与蒙藏委员会官员会谈时更一再表示，"达赖愿输诚中央"，"将来行政系统、军政、外交归中央办理，并派遣驻藏长官，藏人有充分自治权"等①。最终促成了1931年在南京设立西藏办事处。这些事实充分说明，西藏政教人士和广大民众是心向中央，维护祖国统一的，我们很难想象在没有元、明、清及民国政府有效治理所奠定的良好基础下，在较短的时间内，顺利完成西藏的和平解放与民主改革。更为重要的是，我们不能用今天的眼光去审视历史。在中外的旧制度下，能够建立起运转有效的政府，总体上能够维护国家的团结统一就是有效的。正因为如此，在总结历代中央治藏经验特别是新中国治藏成功经验的基础上，2013年3月，习近平总书记在参加十二届全国人大一次会议西藏代表团审议时提出了"治国必治边，治边先稳藏"的战略思想，2013年8月，俞正声主席在考察西藏时提出了"长期建藏，依法治藏，争取人心，夯实基础"的指导思想。

这些事实都充分说明，不论是元、明、清及民国时期确保国家主权和领土的完整，还是新时期贯彻落实中央第六次西藏工作座谈会上确定的党的治藏方略，坚持"四个坚定不移"，坚持"依法治藏、富民兴藏、长期建藏、凝聚人心、夯实基础"的重要原则，都是要首先保证稳边固土的政治内容。

五　核心概念说明

为了行文的方便和避免造成研究中术语使用的混乱，更为了不至于引起不必要的误解，现就本项研究中频繁使用的几个核心概念作简要的界定。

（一）"西藏"的概念

正如孙宏年和倪邦贵两位教授在《西藏基层政权建设研究》一书中所指出的那样，对于"西藏"的概念和范围，特别是在汉语、藏语和英

① 祝启源：《中华民国时期西藏地方与中央政府关系研究》，中国藏学出版社2009年版，第112页。

语中的不同概念及其变化过程，吐蕃时期辖境的变迁，宋、元、明、清、中华民国时期西藏区域的变迁，以及如何从中华民国时期西藏的辖区发展到今天西藏自治区的范围等，学术界已有很多研究成果，如王贵等人的《西藏历史地位辩》（民族出版社，2003 年）、陈庆英等人的《西藏通史》（中州古籍出版社，2003 年）等论著中都有相关论述，较好地解决了这一问题[①]。在此，笔者不再赘述。

本书中所指西藏，就是指西藏自治区，只是在陈述西藏自治区成立以前的基层行政建制时，参考的资料主要是《西藏自治区志·政务志》和《西藏自治区志·民政志》两本权威性工具书，且统一用“旧西藏”这样的表述。

（二）政府与政权

在政治学的研究中，“政府”有广义和狭义之分，在实际使用中往往要根据上下文来判断[②]。笔者始终认为，我国基层政府经过多次的改革仍旧成效不彰，其中的原因很多，但核心的问题是没有从整个国家政权建设的高度，统筹谋划包括党委、人大、政府、政协及以工青妇为核心的人民团体在内的各层级政府的综合改革，未能将县乡作为一个系统协同推进改革创新所致。基于此种考量，本书中，凡是使用“政府”这一术语的，是在狭义上使用的，也就是行政学中所讲的政府，单指各层级中的行政机关人民政府。凡是使用“政权”这一术语时，是指包括了党委、人大、政府、政协、司法等权力机关在内的广义的政府。

（三）地方政府与基层政权

在规范的政治学话语体系中，很少使用“基层政权”或“地方政权”这样的表述，通常用“地方政府”或“基层政府”来指称。

“地方政府”一词在不同的国家、不同学者的研究中被使用时，它所指称的对象，所包括的范围及其内涵，存在着明显的差异。《大不列颠百科全书》在“政治制度”词条中，将“政府”按层级分为三种，即国家

---

① 孙宏年、倪邦贵：《西藏基层政权建设研究》，中国藏学出版社 2010 年版，第 1 页。

② 邓正来主编：《布莱克维尔政治学百科全书》，中国政法大学出版社 1992 年版，第 295 页。

政府、区域政府和地方政府。其认为，地方政府是指对所在地域进行直接治理的政府，即“当地政府”、“本地政府”，在中国学术界，通常称之为基层地方政府①。《国际社会百科全书》认为，“地方政府大致可定义为：在全国政府或地区政府的一小块领土上，拥有决定和管理有限范围公共政策的公共组织。在金字塔式的政府结构中，地方政府处于最底层，顶端是全国政府，中间政府（州、地区、省）占据中间一层”。②《布莱克维尔政治学百科全书》将“地方政府”界定为“权力或管辖范围被限定在国家的部分地区内的一种政治机构。它具有如下特点：长期的历史发展，在国家政治结构中处于隶属地位，具有地方参与权，税收权和诸多职责”。③在综合各种工具书的基础上，龙朝双和谢昕主编的《地方政府学》这一被各高校行政管理专业广泛采用的教材中，将“地方政府”界定为“是中央管辖下，由中央政府设置的治理国家部分地域的政府”。④另一本由徐勇和高秉雄主编的《地方政府学》教材中，认为“地方政府是由中央为治理国家一部分地域或部分地域某些社会事务而设置的政府单位”。⑤

具体到我国，因县、乡两级没有立法权，主要职责是服务城乡群众，故此，在研究中，我们认为县、乡两级，从行政管理改革意义上讲被称为“地方政府”，从政权建设意义上讲被称为“基层政权”。

六 研究方法、研究思路与内容及创新之处

（一）研究方法

方法论是观点、命题据此得出和据以论证的视角、方法、手段、程序等的抽象，是支持实体理论的基石。在学术研究中，没有一定的科学方法的指导是不可能从事科学研究的。本项研究采用的研究方法，主要包括历史研究、文献分析、归纳与演绎、对比分析、实地调研和案例分析等

① 转引自徐勇、高秉雄主编：《地方政府学》，高等教育出版社2005年版，第1页。

② 转引自龙朝双、谢昕主编：《地方政府学》，中国地质大学出版社2001年版，第1页。

③ 邓正来主编：《布莱克维尔政治学百科全书》，中国政法大学出版社1992年版，第421页。

④ 龙朝双、谢昕主编：《地方政府学》，中国地质大学出版社2001年版，第4页。

⑤ 徐勇、高秉雄主编：《地方政府学》，高等教育出版社2005年版，第4页。

方法。

1. 历史研究是本项研究首先使用的研究方法。运用该研究方法，不仅能够有效地探寻西藏乡镇政权建立与发展的历程、历次改革的基本脉络等基础性问题，而且，正如劳伦斯·纽曼所指出的，“通过检验历史事件或不同的文化情境，研究者不仅能够产生新的概念，并且能够拓展自己的观点”。[①] 从而为本项研究的深入奠定较好的历史史料基础，并提供历史留给我们的启示。

2. 文献分析法主要是从乡镇有关的法律政策、官方文件、新闻媒体、书籍和期刊等材料中，收集与整理乡镇政权改革建设的文献资料，梳理乡镇政权改革创新的现状、思路及各种纷争性的观点，从而为本项研究创造可深入发挥的空间，并进一步明确研究的主要创新之处。

3. 归纳与演绎是本项研究使用最频繁的研究方法。通过该方法的使用，深入探讨“中国特色、西藏特点”这一命题的政治内涵并以此为理论范式，研究西藏乡镇政权独特的行政环境，应有的改革发展思维、价值取向和具体目标，并据此认真思考西藏乡镇政权未来发展的可行性路径等。

4. 对比分析也是本项研究大量使用的研究方法之一，通过对比内地及民族地区与西藏乡镇政权改革发展的研究，进一步明晰“西藏特点”的具体内涵，并为本项研究提供研究思路等方面的启迪。

5. 实地调研是本项研究大力弘扬的研究方法。通过在西藏基层走访、召开座谈会、个别访谈等获得可靠的第一手资料。

6. 案例分析法也是本项研究使用的研究方法之一。

（二）研究思路与研究内容

1. 本书的研究思路如下：首先，在认真研读我国乡镇政权相关的现有文献，特别是西藏的历史和中央治藏方略等文献的基础上，初步拟定研究框架和实地调研内容，并通过召开课题组成员会议和小型专家座谈会的形式，最终确定研究框架和实地调研的内容。其次，深入实地调研，掌握西藏乡镇政权的行政环境、机构设置、运行机制、所承担的特殊职责、现

---

① ［美］劳伦斯·纽曼：《社会研究方法（第五版）》，郝大海译，中国人民大学出版社2007年版，第515页。

实中面临的各种问题、基层党政干部对乡镇政权管理体制改革的思考等第一手资料。再次，以马克思主义农村建设理论为指导，借鉴地方治理理论、国家与社会关系理论、新公共管理与新公共服务理论，深入思考“中国特色、西藏特点”命题的政治内涵，并以此为理论范式，研究西藏乡镇政权的改革发展问题。复次，分章节研究西藏乡镇政权建立与发展的历程、特殊的行政环境、改革发展的思路借鉴、改革发展的协同思维和价值取向、改革发展的具体目标等。最后，在上述基础上，深入思考西藏乡镇政权的未来改革发展路径和具体措施。

2. 本书的写作框架。依据上述研究思路，本书的写作框架可分为六个部分，15 个章节。即：第一部分为绪论部分，重点阐述为什么研究西藏乡镇政权的改革发展问题、研究的目的与意义何在、研究现状怎么样、理论框架是什么、核心概念的界定、研究方法思路与自认为的创新点陈述等；第二部分是乡镇制度，由第一至第三章组成；第三部分是西藏乡镇政权的建立与发展，由第四至第六章组成；第四部分是西藏乡镇政权的行政环境，由第七至第十一章组成；第五部分是西藏乡镇政权的改革发展，由第十二至第十五章组成；第六部分为参考文献部分。具体的章节安排如下。

第一章，我国乡镇政权概述。主要研究新中国成立以前乡镇建制的历史变迁、新中国成立后乡镇政权建设的历史回顾、当前我国乡镇政权的组织架构三方面的问题。

第二章，改革开放以来乡镇政权改革述评。集中评述了改革开放以来我国乡镇政权建设的目标为什么频频落空、乡镇自身面临哪些困境、乡镇治理下的乡村退化问题，并进行简要的总结和思考。

第三章，乡镇政权改革创新的模式论争。重点陈述当前学术界提出的县政乡派论、乡村自治论、乡政自治论、乡治村政论、乡政村治论五种乡镇政权改革的模式，并对其逐一作简要的陈述性思考。

第四章，西藏乡镇人民民主政权的建立与巩固。从西藏基层新政权的萌芽、人民当家做主基层政权的诞生、基层新政权的巩固三方面，对西藏乡镇政权建立与巩固的历史进行较为详细的梳理。

第五章，西藏乡镇人民公社体制的确立与终结。在第四章的基础上，从人民公社体制的初步尝试、逐步确立和最终结束三个阶段，进一步展示了西藏乡镇政权建设所走过的不平凡的历史。

第六章，改革开放以来西藏乡镇政权的改革建设。在回顾 1987 年至 1989 年乡镇政权的调整和建设、1990 年以来乡镇政权的改革和完善及民族乡和边境乡的改革建设作简要介绍的基础上，重点阐述了西藏乡镇政权的机构设置与运行现状。

第七章，行政环境概述。对行政环境理论的提出、内涵与特征、行政环境与政府发展的关系进行分析。

第八章，西藏乡镇政权的自然环境。在阐述西藏总体的自然环境和乡镇的具体自然环境后，以卡孜乡、帕里镇、普玛江塘乡为例进一步分析了其特殊性。

第九章，西藏乡镇政权的经济环境。从自然资源较为丰富但资源开发受到严重限制、经济持续发展但整体发展水平滞后、生产方式原始落后经济层次低下、制度创新不足对发展的促进和保障作用有限四方面展开论述。

第十章，西藏乡镇政权的政治与国际环境。从“政治压力型体制”的要求、政治权威与宗教权威的并存、法治观念的淡漠与法治环境的缺失、民族隔阂的客观存在、国内与国际政治环境的交织五方面详细说明西藏乡镇政权改革发展特殊的政治环境。

第十一章，西藏乡镇政权的社会文化环境。从宗教信仰的深厚影响、社会转型的困惑、基层民众受教育程度低的困扰三方面详细说明西藏乡镇政权改革发展特殊的社会文化环境。

第十二章，借鉴与启示：乡镇政权改革创新思维简评与讨论。本章节重点总结了改革开放后，尤其是步入 21 世纪以来我国乡镇改革创新的三种思维方式——机构精简改革、权力重组改革和县乡关系重构改革，从而为阐述西藏乡镇政权改革发展应有的县乡协同改革思维和价值取向奠定基础。

第十三章，西藏乡镇政权改革发展的协同思维与价值取向。本项研究认为，西藏乡镇政权的改革发展应走县乡协同改革之路，并在稳定与发展两个核心价值的指导下推进改革发展进程，最终为走向法治化和民主化奠定坚实的基础。

第十四章，西藏乡镇政权改革发展的目标选择。本项研究提出国家、政党和政府三层次目标论。即西藏乡镇政权改革发展的目标必须兼顾稳疆固土、守边固本、维护稳定和促进和谐的国家层面目标；必须兼顾夯实基础、争取人心和强化战力的政党目标；必须兼顾机构精干、权责统一、行政高效、管理民主、推进法治、培育文化的政府目标。

第十五章，西藏乡镇政权改革发展的思考与讨论。这是本项研究的最后一个章节，具体阐述笔者就西藏乡镇政权改革发展的思考与建议。

（三）创新之处

本项研究努力在以下三方面有所创新，并进一步彰显研究的价值和特殊的政治意涵。

1. 资料建设与储备。一方面，从学术视角全面梳理西藏乡镇政权建立与发展的历史及取得的辉煌成就，另一方面，通过实地调研，获得西藏乡镇政权特殊的行政环境、特殊职责及其职责的履行情况、存在的实际问题、当地干部和群众对西藏乡镇发展的思考等第一手资料。借此，为我们更为深入地认识西藏基层政权建立、改革与发展的特殊性，为我们下一步更深入地研究西藏基层政权的发展，为西藏高校政治学与行政管理学科的建设，为西藏自治区党委和政府谋划基层政权的改革创新奠定较好的资料基础。

2. 理论构建。现代政治发展或政府发展理论与公共管理理论等均是舶来品，是基于西方国家的发展经验提出来的，具有鲜明的西方中心主义色彩。国内学术界一个普遍性的倾向就是直接或略加改造后，运用西方的理论范式来审视、阐述中国的政治发展问题和公共管理创新事宜。提出的核心建议当然就是推进政府再造，建立扁平化的政府管理体系，最终实现整个公共管理体系的高效化、民主化和职能的分化等。然而，实际的情况是，一方面，当前及今后可预见的未来，我国并不具备实现民主化的基础和条件，在没有现成经验可供借鉴的情况下，如何在中国共产党的领导下逐步建立起高度发达的社会主义民主制度，仍有大量的现实问题需要我们认真研究；另一方面，西藏自治区的特殊性决定了，西藏各层级的政府发展的目标导向不可能，也不应当是民主，而应是在宪法体制下，通过机构改革与制度创新，为西藏的经济社会的持续健康发展和长治久安提供充分的制度保障，通过教育的普及和马克思主义祖国观、民族观、宗教观和文化观的大众化、时代化、民族化，以渐进的方式培养西藏各族民众的现代政治素养和成熟的政治心理，为最终使整个政治管理体系走向现代化和民主化奠定基础才是积极而稳妥的方策。

有鉴于此，本项研究以马克思主义及中国化马克思主义农村发展理论为指导，在借鉴地方治理理论、国家与社会关系理论、新公共管理理论和新公共服务理论等理论范式的基础上，深入探讨了“中国特色、西藏特点”这一命题四方面的政治内涵，并以此为理论范式，深入研究西藏乡镇政权建立、改革与发展大计。

3. 观点创新。笔者自认为，本项研究在以下几方面的观点具有一定的创新性。

首先，人们经常说西藏的特殊性，但从未有人细致全面地阐述所谓特殊性究竟具体体现在哪里的问题，甚至一提到特殊性就是指自然环境的特殊性和藏传佛教文化。本项研究第一次全面细致地梳理和总结了西藏乡镇政权特殊的自然环境、经济环境、政治与国际环境、社会文化环境，较好地解答了西藏的特殊性究竟特殊在哪里的困惑，并对我们更深入地研究西藏县级政权的改革发展奠定了较好的基础。

其次，改革开放以来多次的地方政府机构改革之经验教训深刻地昭示我们，基层地方政权之间在行政管理体系上具有很大的关联性，职责方面具有相似性，单纯的某一层级的改革都是存在诸多缺陷的，同时，始终以层层下达行政命令的方式推进改革是非法治化的不严肃的行政行为。更为重要的是，在新的国际国内形势下，基层政权机构改革与制度创新不应仅局限在对行政机关，即狭义的政府的机构改革问题上，更应探究包括人大和政协机关、行政机关和司法机关的协同改革与制度创新问题。否则，各层级之间、各级权力机构之间的不协调和不配套问题、“条条”和“块块”间的协调等问题，都无法从根本上解决。因此，本项研究提出了县乡协同改革新思维。

再次，通过对学术界就乡镇及县乡基层政权改革价值取向的分析，结合西藏乡镇的实际情况和现实的发展需求，本项研究提出了以稳定与发展两个核心价值取向指导西藏乡镇的改革发展。

复次，我国整体的政治发展环境和西藏自治区的实际情况，决定了西藏乡镇政权应走一条中国特色、西藏特点的改革发展之路，这也是新中国成立以来，西藏各领域建设取得辉煌成就的根本性经验之一。因此，西藏乡镇政权改革发展的目标应是三层次目标论，即稳疆固土、守边固本、维护稳定和促进和谐的国家层面目标；夯实基础、争取人心和强化战力的政党目标；机构精干、权责统一、行政高效、管理民主、推进法治、培育文化的政府目标。

最后，西藏乡镇政权的改革发展应在国家与政党目标完成原则、权责利统一原则、精干与效能原则、民族化与现代化统一原则规制下，通过机构的重置、各机构权能的重新配置、政府绩效的强化、领导者权责意识的强化等方面着手，最终使西藏各乡镇政权真正成为地方经济社会发展的推动者、人民群众走上富裕之路的引领者、党的宗旨和群众路线的第一实践者、我党光辉形象的体现者、民族干部培养的可靠阵地之目的，进而最终为西藏实现“四个确保”战略目标奠定坚实的基础。

同时，基于西藏乡镇的特殊情况和稳定发展的特殊需要，就乡镇人员编制的科学核定、少数民族干部的培养及推广“二三四五”培训模式等具体问题提出了自己的思考与建议。

第一篇　乡镇制度

第一章　我国乡镇政权概述

“乡镇”是人们常常提及的概念，就是指“乡和镇”或泛指“较小的市镇”，也是政治学、行政管理学、社会学、经济学等学科均会深入研究的对象，并在不同的学科中具有相通但有区别的内涵。总体而言，在政治学的研究视野下，“乡镇”就指国家政权体系中的基层政权组织，是国家政权在基层的基础和末梢；在行政学的研究视野下，“乡镇”被视为是国家行政管理体系中的基层行政组织，是中国政府行政建制中最低的一级；在社会学的研究视野下，“乡镇”被视为以行政建制为基础的区域社会单位；在经济学的研究视野下，“乡镇”被视为小区域的经济综合体，有别于城市和乡村。本书所指的“乡镇”主要是在政治学意义上使用的，包括乡（含民族乡）、镇和城市中的街道办三种类型，更是从整个国家的政权建设的高度，从服务于西藏“四个确保”战略目标出发，来研究西藏乡镇政权的建立、改革与发展问题。

乡镇政权是我国政权序列的最基础部分，它的地位和作用十分重要，因为它既上连“国家”又下接乡村社会，并代表着国家对乡村社会进行直接治理。国家对乡村社会治理的好坏，在很大程度上取决于乡镇政权的实际作为和效能。同时，在日常生活中，基层民众也是主要通过乡镇政权组织与“国家”发生各种关系，甚至在他们看来，乡镇政权组织就是他们通常所指的“公家”、“国家”。因此，乡镇政权组织的行为在相当大的程度上关乎国家的权威及其合法性基础的建构。它的这种地位和作用是其他政权组织所不能替代的①。新中国成立后，乡镇政权也随着国家政治经济形势的发展变化，为了更有效地发挥其作用而进行了多次调整和改革。

---

① 刘新生、王彦智、王宏波：《基层地方政权机构改革的模式研究》，中国社会科学出版社2010年版，第55页。

一 新中国成立前乡镇建制的历史变迁

乡的建制萌芽于周，初步形成于春秋战国之际，定型于秦汉时期。在此后两千多年的历史发展中经历了多次变化。“镇作为一种人们生活的聚居形式古已有之，但作为行政建制单位则始于北魏”①。

（一）春秋战国时期乡里制度的萌芽

周时，乡是地方最高自治组织。根据《周礼》的记载，西周时有“国”、“野”之分。国是指国都地区，野是指国都之外的地区，国中设有六乡，野中设有六遂，即“王国百里为郊。乡在郊内，遂在郊外，六乡谓之郊，六遂谓之野”。所谓“六乡”，是指“五家为比，使之相保；五比为闾，使之相爱；四闾为族，使之相葬；五族为党，使之相救；五党为州，使之相宾”。即西周时期以一万二千五百家为一乡，乡设乡大夫，由卿担任②。

与西周以前相比，西周的乡里制度有以下几点变化：“一是除了继续保持‘里’级外，又出现了‘乡’级。二是出现了‘国’、‘野’之别，即是说有了‘乡里’社会这一界定。三是打破了黄帝时以‘井’为核心的井田制，代之以‘家’为联结的六乡六遂制。四是大体确立了以‘五’为基数的五、五、四、五、五计数序列。五是六乡六遂职责更直接提及相保、相受、相葬、相救、相赒、相宾，较前明确、具体和细致了。”③

乡里制度初步定型应是在春秋战国时代。应该说，这一时期许多方面沿袭了西周的国、野管理体制，如鲁国实行“三郊三遂”制，齐国实行“国鄙制”。但此外，这一时期的乡里制度又有了新的内容。如，以往的乡和里是单独出现的，此时的乡和里开始并称，“乡”正式成为乡里基层

① 本节内容主要参照了两篇学术论文和三部学术著作，分别是张新光：《中国乡镇改革的历史阶段划分与现实问题研究》，《黄山学院学报》2006 年第 2 期；侯保疆：《乡镇建制：历史、现状及未来》，《汕头大学学报》2005 年第 4 期；马戎等主编：《中国乡镇组织变迁研究》，华夏出版社 2000 年版；金太军、施从美：《乡村关系与村民自治》，广东人民出版社 2002 年版；侯保疆：《中国乡镇管理研究》，中国社会科学出版社 2006 年版。

② ［清］孙诒让：《周礼正义（卷十九）》，中华书局 1987 年版，第 13 页。

③ 金太军、施从美：《乡村关系与村民自治》，广东人民出版社 2002 年版，第 5—6 页。

组织的一级单位，出现了“亭”的设置等①。

总之，秦汉以前，乡村基层组织是一种多功能的综合性组织体系，政教合一、文武合一，甚至包括各种公益事业如贷、救、宾，以及婚丧嫁娶等②。也有学者从社会学的视角指出，秦汉以前的中国乡村社会的组织形态是血缘家族公社③。依据马克思主义的社会发展理论，这也应当是符合人类社会发展规律的。

（二）秦汉至新中国成立以前的乡制

“为了控制目的而把民众分成小单位的基本思想，连同其变异形式和更细腻的形式（最著名的是保甲制度）在以后的帝国时代，甚至晚至民国时期仍性质不辍。”④ 这一大的时段里，乡制大体上经历了秦汉到隋唐的乡官制，宋、元、明、清的乡里职役制，清末至民国政府时期的乡村组织制度和中国共产党领导下的乡村人民民主制四个阶段。

1. 秦代乡官制的确立。秦代是乡官制的初步确立时期，两汉是乡官制发展最为充分的时期，虽也有所变化和发展，但与秦代相比，汉代并没有提供太多的新鲜内容，许多制度是因袭秦代。

公元前221年，秦始皇一统中华，开始了封建专制中央集权的统治。秦朝地方制度除将全国分为三十六郡，郡下设县外，对县以下的乡里制度也进行了调整。据《汉书·百官公卿表第七上》记载：“大率十里一亭，亭有亭长。十亭一乡，乡有三老、有秩、啬夫、游徼。三老掌教化。啬夫职听讼，收赋税。游徼徼循禁贼盗。县大率方百里，其民稠则减，稀则旷，乡、亭亦如之。皆秦制也。”

乡亭制度是秦代乡里制度的一个重要特点。乡下设里，置一里正，掌管一里百家之事。此外，还设有亭，置一亭长。“秦代的亭还不是乡村组织，主要设于都市城门街道、军事要地、交通干线和国境线上等重要地区。它属于武官保卫系统，受督邮节制，不属于乡官管辖，是都市、关隘

① 金太军、施从美：《乡村关系与村民自治》，广东人民出版社2002年版，第7—9页。

② 李守经、邱馨主编：《中国农村基层社会组织体系研究》，中国农业出版社1994年版，第55页。

③ 刘振伟：《农民与农村组织建设》，贵州人民出版社1994年版，第12页。

④ ［英］崔瑞德、鲁惟一：《剑桥中国秦汉史》，杨品泉译，中国社会科学出版社1994年版，第52页。

基层军事、治安性质的组织，这大概是乡亭制度的由来。”在乡里组织中增加了“亭”，这使秦代乡里制度呈乡、亭、里三级制。秦汉以后，许多朝代的乡里制度结构基本采用三级制，如北魏的三长制，北齐的党、闾、邻里，北周的党、闾、里，隋初的族、闾、保，宋代的牌、甲、保，以及明、清两代的乡、都、图（或乡、都、里，或乡、都、村等），这不能不与秦制有关①。在这里，乡、亭之间没有行政隶属关系。乡的基本职能是承担税赋的征收、政治上维护社会治安等，亭是属于军事、治安性质的组织，“实亦半官式之地方行政机关”②。

乡亭里制相沿至三国未改变。晋朝时，乡随县所辖户数多寡而置，县为五百户以上都设乡，三千以上设二乡，五千以上设三乡，万人以上设四乡，乡官由官派逐步向民选过渡。南北朝时期，政权更迭频繁，乡里制度也随之变化③。

2. 隋唐的乡官制。隋唐是乡里制度演变的转折点，中国乡里制度由乡官制向职役制转变，其发生时期应是在隋唐两代，唐中期乡里制度在形式和性质上已发生变化。“中唐以后，随着井田制的废弛、两税法的实行，地主阶级内部构成发生了变动，原来实行乡官制的乡里制度，开始向职役制转化。”④

在这一时期，“乡”的功能进一步弱化，“里”、“村”成为乡里组织的重要层级，也受到统治者的重视。实际上，唐代的里正负责管理整个乡里事务，里正成为唐代乡里组织的实际最高领导者。为了表示对里正的重视，唐政府免除了里正的一切劳役及税赋。同时，“村”制得以确立。尽管在魏晋南北朝的文献中已渐有“村”的记载，但严格说来，那时的“村”设置具有明显的地域性特点，还不是统一国家普遍设立的基层组织。到唐朝“村”正式成为乡里组织的一级单位，并正式被国家法令所确认⑤。

3. 宋元明清的乡里职役制。如前所述，中唐时期，乡里制度已开始

① 金太军、施从美：《乡村关系与村民自治》，广东人民出版社2002年版，第12页。
② 闻钧天：《中国保甲制度》，商务印书馆1935年版，第95页。
③ 侯保疆：《中国乡镇管理研究》，中国社会科学出版社2006年版，第2页。
④ 白钢：《中国农民问题研究》，人民出版社1993年版，第134页。
⑤ 金太军、施从美：《乡村关系与村民自治》，广东人民出版社2002年版，第23—25页。

由乡官制向职役制转变。到宋代，这一转变得以完成[①]。北宋初期的农村组织仍是沿用唐代的乡里制，只是唐末藩镇割据混战和农民战争对乡里制造成的破坏已相当深重。北宋中叶，社会矛盾日趋激化，积贫积弱局面日益严重。1070年宋神宗任命主张变法的王安石担任丞相，主持变法，实施保甲制。保甲制下，重点强调的是以地域为单位进行编排，乡制由原来的10户、50户、500户编为一乡，统一精简一半来编制保甲组织[②]。

南宋时乡里制度主要因袭北宋之制。元代实行与保甲制类似的"里甲制"，和里甲制并行的还有村社组织或称"社制"。明代的农村基层组织仍是宋元旧制，只是名称多用都图。1840年以前的清代乡里制度基本因袭旧制，无多少创新，在满洲地区实行"八旗制"，在汉族地区实行保甲制。

总之，宋、元、明、清时期的乡制，虽然各朝各代之间以及各朝的不同时期存在着一些差异，但总体而言，一方面，保甲制与里甲制并存于基层[③]，另一方面，"政治下层，实由官治而沦为半官式之绅治。故所谓地方政治者，不操于官，即操于绅，绅或操于地痞恶棍，生杀予夺，为所欲为，民之所能自存、自主、自治者，亦几稀也"[④]。

4. 晚清至国民政府时期的乡镇制度。1840年的鸦片战争对我国的冲击，学术界已从各层面、各视角进行了研究，给中国社会带来了空前的危机。单就从政权建设与发展的视角观之，这一危机实质性地威胁到了清王朝的存亡和几千年来中国的封建皇权制度，乡镇作为最低一层的政权组织，当然也受到了极大的冲击和破坏，同时也孕育了清末至国民政府统治时期真正意义上的自治制度的萌芽与艰难发展，并影响到今天我国乡镇改革的发展方向。

为了维持清王朝的统治，在一些开明人士的倡导和维新变法运动的影响下，光绪皇帝于1908年颁布了《城镇乡地方自治章程》。该《章程》共9章122条，其中规定："地方自治为立宪之根本，城镇乡为自治之初级，诚非首先开办不可。"镇、乡为地方自治的最基层单位，地方人口五

---

① 白钢：《中国农民问题研究》，人民出版社1993年版，第134页。

② Brian E. Mc Knight, Village and Bureaucracy in Southern Sung China, Chicago & London, The University of Chicago Press, 1971, pp. 33—34.

③ 马戎等主编：《中国乡镇组织变迁研究》，华夏出版社2000年版，第52—53页。

④ 黄强：《中国保甲实验新编》，中正书局1935年版，第184页。

万以上者为“镇”，五万以下者为“乡”。城镇设“议事会”、“董事会”等机构，乡设“议事会”和“乡董”为自治职。乡镇自治范围以学务、卫生、道路、农工商务、慈善事业等为主。议事会的议员均由选民互选产生①。《城镇乡地方自治章程》颁布三年多，清王朝即土崩瓦解，一方面，时间也不允许清王朝在乡镇自治问题上有大的作为，另一方面，正如有学者所指出的：“清末的地方自治是保守的清政府与同样保守的地方绅士为互利而相互合作，以期在一个正在变化的世界中保持他们的政治权力的企图。”② 也就是说，清政府对自治的乡镇的支持和控制实际上是非常有限的，更多的是通过地方绅士进行“非官方的控制”③。

清政府虽然灭亡了，但其确立的乡镇制度却被国民政府较长时间的继承下来，乡镇机构被固定为国家的基层政权机构。1928 年 9 月，《县组织法》规定县以下的机构为区—村（里）—闾—邻四级。1929 年 6 月公布《重订县组织法》，改村为乡，改里为镇。1930 年 7 月，又修正了《县组织法》。1939 年 9 月，国民政府公布了《县各级组织纲要》，规定实行“新县制”，对县以下的机构做了重新规定，在县的面积扩大的地方，以一区（是县督促各乡镇的派出机构）管理 15—30 个乡镇，在一般的县之下直接设乡镇④。1941 年又公布了《乡（镇）组织暂行条例》，规定六户至十五户为一甲，设甲长一人；六甲至十五甲为一保，设保办事处；六保至十五保为一乡（镇）。乡镇上设乡务会议和乡公所，下设民政、警卫、经济、文化四股，另设国民卫队，乡镇长的权力为政治、军事、教育“三位一体”⑤。实际上，保甲制度的兴起主要是为了防共反共，这一根本性的问题决定了国民政府的基层政权必然走向瓦解。

（三）共产党领导下的乡村人民民主制

必须特别指出的是，一方面，以毛泽东为代表的中国共产党人，在革

① 马戎等主编：《中国乡镇组织变迁研究》，华夏出版社 2000 年版，第 52—53 页。

② ［美］费正清等：《剑桥中国晚清史（下卷）》，中国社会科学出版社 1994 年版，第 463 页。

③ 朱庆葆：《危机中的政治嬗变》，载许纪霖、陈达凯主编：《中国近现代史（第一卷）》，上海三联书店 1995 年版，第 28 页。

④ 侯保疆：《中国乡镇管理研究》，中国社会科学出版社 2006 年版，第 4—5 页。

⑤ 徐矛：《中华民国政治制度史》，上海人民出版社 1992 年版，第 421 页。

命初期就已认识到乡镇在革命中的重要作用。毛泽东同志在《井冈山的斗争》一文中就曾指出，要把“建立政权”作为红军地方工作的四大任务（分配土地、发展党、组织地方武装）之一，作为军事发展的“坚实的基础”①，他也要求全党要坚决纠正“不愿意做艰苦工作建立根据地，建立人民群众的政权”，只想通过游击战争“去扩大政治影响”的流寇思想②，并特别指出：只有这样，“才能给反动统治阶级以甚大的困难，动摇其基础而促进其内部的分解”③。另外，“真正代表民国以来乡里制度民主制的是中国共产党领导下的苏区、抗日革命根据地和解放区”。总体说来，中国共产党领导的乡里制度可分为乡镇、村二级制，“乡镇”一般设专门的行政机构，而“村”一般不设专门的行政机构，一切事情由村群众大会讨论处理。比较突出的是土地革命时期中国共产党在革命根据地建立了乡村政权组织——乡苏维埃。其主要的特色有：一是它的最高权力机关是乡苏维埃代表会议，代表由各村民众推选产生，全乡一切大事都由乡苏维埃代表会议讨论，形成决议后由代表分头负责执行。乡苏维埃设有常委会，有的地方设有主席团，大的乡一般七人，小乡五人，由主席、副主席、文书、中共支书等组成；二是代表联系居民制度。代表分布在各村，每村代表选举一人组成“代表团”。代表团以及代表与居民发生固定关系的办法，是苏维埃组织与领导方面的一大进步；三是普遍建立专门的工作委员会。在乡苏维埃下面一般都设有扩大红军委员会、土地委员会、山林委员会、建设委员会、没收委员会等。这些专门委员会是苏维埃的一部分，使苏维埃可以连接更多群众，使民众像网一样组织于苏维埃之下。

抗日战争时期，在中国共产党的领导下，抗日民主根据地依据“三三制”普遍建立了乡政府和村公所。在陕甘宁和华中解放区，农村基层组织形式是乡参政会和乡政府委员会。

解放战争时期，在新解放区的广大农村，开展了土地改革运动，农民群众在党领导下建立的农民协会和贫农团成为农村基层的最高权力机关，在乡（村）人民政府建立之前代行其一切职能。后来，随着阶级斗争的深入和土地改革的进展，在农会和贫农团的基础上，召开了区、村（乡）

① 毛泽东：《毛泽东选集（第一卷）》，人民出版社1966年版，第57页。

② 同上书，第92页。

③ 同上书，第95页。

人民代表会议，成立了区、村（乡）两级的正式权力机关，并由它选出政府委员会成立人民政府①。

二 新中国成立后乡镇政权建设的历史回顾

新中国成立后乡镇政权的建设既与中国共产党在革命时期创建的乡村人民民主制密切相关，更是在新生的社会主义制度框架下，随着全国政治、经济和社会形势的发展变化而进行了调整。虽然乡与镇的建立和发展的确存在着些许时间上的差异，乡与镇调整的政策也存在差别，但总体上而言，乡与镇属同一层级的基层行政单位，而且二者发挥的功能也并无大的差异。因此，本书对乡与镇的建立、改革和发展作统一化的处理。

新中国成立后乡镇政权的建立、改革与发展的历史大体上可划分为四个阶段，改革开放后的乡镇发展又可以分为不同的时段。

（一）1949 年至 1953 年，乡、村政权并存时期

毋须赘言，传统上中国是一个由自然村落形成的乡村社会。在北方山区和西北大多数地区的自然村面积比较大但人口较少，在中原的平原地区的自然村通常面积较大且人口数量较多，在南方丘陵水网比较密集的地区自然村的面积较小但人口较多。新中国成立初期的农村基层政权的真正建立，事实上始于新中国成立后的土地改革且与自然村落密切相关。

1949 年第一届政协会议通过的《中国人民政治协商会议共同纲领》第十四条规定："凡人民解放军初解放的地方，应一律实行军事管制，取消国民党反动政权机关，由中央人民政府或前线军政机关委任人员组织军事管制委员会和地方人民政府。"根据这一规定，人民解放军所到之处，发动群众，在农村迅速建立基层政权。总体而言，在华东、中南、西南和西北各省区，因基层政权早已建立，在巩固基础的同时，积极带领当地群众组织生产。在华北、东北各省区以抗日战争时期形成的行政村，主要是在国家政权指导下，将原来国民党统治时期的行政区划进一步细化，使行政组织的辖区缩小，一边进行土改，一边建立新的政权组织。学术界将这样的乡镇建制称为"乡村制"。

---

① 金太军、施从美：《乡村关系与村民自治》，广东人民出版社 2002 年版，第 64—66 页。

为了进一步规范农村基层政权建设，1950 年 8 月 5 日，在北京召开了第一次全国民政会议，集中讨论了农村基层政权建设问题。在此基础上，1950 年 12 月 8 日，政务院第 62 次会议颁布的《区各界人民代表会议组织通则》、《区人民政府及区公所组织通则》、《乡（行政村）人民代表会议组织通则》和《乡（行政村）人民政府组织通则》规定，乡为县领导下的基层行政区域，设乡人民代表会议和乡人民政府。

根据上述政令，直接选举产生的乡人民代表会议是农村基层政权的权力机关，乡人民代表会议不设常设机关但设“主席一人、副主席若干人，由乡人民代表会议选举之，负责主持会议，联系代表，并协助乡人民政府进行下届会议的准备工作。主席、副主席当选为乡长、副乡长时可兼任”。规定了乡人民代表会议的基本职权是：听取与审查乡人民政府的工作报告；向乡人民政府反映人民的意见和要求；建议与决议本乡兴革事宜；审议本乡人民负担及财粮收支事项；向人民传达并解释乡人民代表会议议决事项，并协助乡人民政府动员人民推行之。经县人民政府批准，对乡长、副乡长及委员决意撤换等，也规范了乡人民代表会议的议事程序等其他事项①。同样，根据上述政令，乡人民政府是由乡人民代表会议（乡人民代表大会）选举产生并报上级机关批准的，是乡人民代表会议的执行机关。上级人民代表大会的决议和上级人民政府的决议，要经过乡人民代表大会讨论再制定贯彻办法交政府去执行。乡人民政府在民主集中制原则的规制下开展工作，并设有若干专门委员会②。

在此，必须提及的是，1950 年 7 月，政务院通过了《农民协会组织通则》，将其定性为“农民自愿结合的群众组织”，是“农村中改革土地制度的合法执行机关”③。虽然《乡（行政村）人民政府组织通则》规定，乡人民代表会议（代表大会）和人民政府是权力机关，但在许多还没有建立乡镇政权的地方，乡镇政权的权力事实上是由农民协会行使的。但是，“随着土地改革的基本完成，那些已经成为乡村社会权力体制中最

① 劳动人事部编制局：《中华人民共和国组织法规选编》，经济科学出版社 1985 年版，第 277 页。

② 中央人民政府法制委员会编：《中央人民政府法令汇编》，法律出版社 1982 年版，第 28—29 页。

③ 中共中央文献研究室编：《建国以来重要文献选编（第一册）》，中央文献出版社 1992 年版，第 346 页。

重要的政治力量的农民协会，却悄然地退出了中国乡村社会的政治舞台”①，农民协会的工作自然就逐渐由乡镇政权所取代，原来的农民协会骨干也大多转为乡镇干部。

据统计，在这一阶段，管辖人口在3000人以下的乡占总数的74%，3000—5000人的乡占22%，5000—10000人的乡占4%②。截至1952年，除西藏外的内地地区，共有区18330个，乡（行政村）284626个③。同时，由于镇是在古代军事要地基础上发展起来的集军事、行政、经济、文化教育、卫生等功能于一体的政权建制，国民政府在1939年颁布的《县各级组织纲要》正式将其确定为县以下的基层行政区域单位，因此，新中国成立后，并没有对镇建制作出专门的法律或政策规范，镇的行政地位也不明确，设置的标准也不统一，有的地方一城二镇，甚至数镇④。据统计，截至1954年，全国共有5400个镇⑤。

（二）1954年至1957年，乡镇政权建设的初步规范化时期

1954年1月27日，政务院内务部发布了《关于健全乡政权组织的指示》中明确规定：“乡以下应根据不同情况划分工作单位：一般可以自然村或选区为工作单位，必要时在自然村或选区下亦可规定若干居民组；人口聚居集中的乡，乡人民政府可直接领导居民组进行工作；地区辽阔、居住分散的乡，乡以下可由若干自然村分别组成行政村。”

1954年9月，第一届全国人民代表大会通过的《中华人民共和国宪法》（简称“五四宪法”）。五四宪法第53条明确规定“县、自治县分为乡、民族乡和镇”，第54—66条均大体规定了乡镇人民代表大会和人民政府的权责，乡镇政权是整个国家政权的有机组成部分和基础。这就以宪法的形式明确了乡和镇的地位。同时通过的《中华人民共和国地方各级人民代表大会和地方各级人民委员会组织法》更是详细规定了乡镇政权机关的组成及其具体权责。

---

① 于建嵘：《岳村政治：转型时期中国乡村政治结构的变迁》，商务印书馆2001年版，第231页。

② 魏益华等主编：《农村基层党政建设》，中共中央党校出版社1992年版，第2页。

③ 李学举主编：《村民委员会建设》，科学普及出版社1992年版，第3页。

④ 侯保疆：《乡镇建制：历史、现状及未来》，《汕头大学学报》2005年第4期。

⑤ 韩明谟编：《农村社会学》，北京大学出版社2001年版，第74页。

因为《组织法》规定，“省、直辖市、县、设区的市的人民代表大会代表由下一级的人民代表大会选举；不设区的市、市辖区、乡、民族乡、镇的人民代表大会代表由选民直接选举”。“乡、民族乡、镇人民委员会按照需要可以设立民政、治安、武装、生产合作、财粮、文化教育、调解等工作委员会，吸收本级人民代表大会代表和其他适当的人员参加。”因此，有学者称之为“议行合一制”的乡镇政权体制[①]，或称之为“议政合一制”[②]，也因为有乡镇可以直接领导行政村，行政村组织实际上是乡镇政府的辅助机关这样的规定，有学者称之为“行政村体制”[③]。但不论称之为什么样的体制，我国的乡镇建制走上了相对规范化的道路是不容否认的事实。

1955 年下半年农业合作化高潮到来后，许多农业生产合作社的生产范围已经突破了原来小乡的行政区域界限，为此，1955 年 12 月 29 日，国务院在关于进一步做好国家机关精简工作的指示中指出：“小区小乡制已经不能适应农业合作化运动迅速发展后的新形势，区乡行政区划应当适当调整。”根据这一指示，全国各地陆续开始了合并乡，扩大乡的管辖范围。同时，在五四宪法和《组织法》对镇的地位作出规定后，1955 年 6 月 9 日，国务院颁布了《关于设置市、镇建制的决定》，进一步明确规定，镇是工商业和手工业的集中地，不仅镇和乡一样是县、自治县所辖的基层行政单位，并规定了镇的建立标准。根据这一规定和 1955 年年底国务院的指示，全国各地在调整乡的管辖范围的同时也对镇进行了调整，许多乡合并为镇。到 1957 年年底，除西藏外的全国内地共有 117081 个乡，3672 个镇，共计 120753 个乡镇[④]，与新中国成立初期相比，乡镇的数量大幅下降。

（三）1958 年至 1982 年，“政社合一”的人民公社体制时期

1958 年兴起的人民公社运动，使乡镇政权发生的巨大的变化，是新中国成立以来基层政权建设方面重大的失误。

---

① 许才明：《乡镇政府管理改革研究》，江西人民出版社 2009 年版，第 11 页。

② 张新光：《20 世纪中国乡镇行政管理体制改革的回顾与思考》，《长江论坛》2006 年第 5 期。

③ 金太军、施从美：《乡村关系与村民自治》，广东人民出版社 2002 年版，第 71 页。

④ 詹成付：《关于深化乡镇体制改革的研究报告》，《开放时代》2004 年第 2 期。

由于1958年春天农村开始大规模的农田水利建设等“大跃进”运动，需要土地连片和人员的集中组织，于是在1958年3月的成都会议上，毛泽东提出了小社并大社的问题。8月，毛泽东在河北、河南等地视察时都大谈大社的好处，并认为“人民公社这个名字好”。8月的北戴河会议上通过了《关于在农村建立人民公社的决议》，该《决议》认为，“人民公社将是建成社会主义和逐步向共产主义过渡的最好的组织形式，它将发展成为未来共产主义社会的基层单位”。这一《决议》后，公社的发展不可阻挡，各地纷纷进行并社组建人民公社，人民公社也就从最初的集体所有制的经济组织逐步转变为政社合一的基层政权组织和单位，乡镇党委就是社党委，乡镇人民委员会就是社务委员会。尽管在这一过程中中央试图纠正人民公社化过程中的“左”的倾向，如1960年11月，周恩来受中共中央的委托主持起草了《中共中央关于人民公社当前政策问题的紧急指示》、1961年中央工作会议通过的《农业六十条》、1961年10月中共中央发出了《关于农村基本核算单位问题给各中央局，各省、市、区党委的指示》、1962年中共八届十中全会上通过的《农村人民公社工作条例修正草案》等，但人民公社逐步取代乡镇而成为基层政权单位已是不争的事实。在政社合一的体制下，“公社对农民进行以基层政权为中心、为主导的重新组织，将几乎所有的生产、经营、居住及迁徙活动都掌握在基层政权手里，主要的农业资源及其分配也由基层政权支配”①。同时，“政治权力渗透到农民家庭中，家庭的内部关系、生育、子女教育、婚姻、老人赡养、生产乃至消费等等，都受到公社规范的制约”②。“文革”时期，将“政社合一”的人民公社体制推向了顶峰，而且1975年和1978年通过的两部宪法均确认人民公社是政社合一的组织，人民公社的人民代表大会和革命委员会是基层政权组织，又是集体经济的领导机构。的确，这样的体制不仅不利于农村经济社会的发展，更对基层政权造成了重大冲击和损害。

这一体制，直到1978年十一届三中全的召开，历时20多年。据民政部的詹成付统计，“到1962年，全国共建人民公社74771个。后来经过不

① 张静：《基层政权：乡村制度诸问题》，浙江人民出版社2000年版，第35页。

② 张乐天：《告别理想——人民公社制度研究》，东方出版社1998年版，第377页。

断调整，到 1982 年，全国共有人民公社 54352 个”，共有镇 2687 个[①]。

（四）1983 年至今，乡镇政权的改革发展时期

1978 年的十一届三中全确立了改革开放的战略方针，农村开始实行家庭联产承包责任制，农村的生产、经营和生活已经发生了根本性的改变，“政社合一”的人民公社体制已经不能适应基层社会发展对制度保障的基本要求，必然最终被农民所抛弃[②]，党和国家也在改革开放的新形势下重新开始乡镇政权的改革和建设。

1979 年 7 月，第五届全国人民代表大会二次会议通过了《中华人民共和国地方各级人民代表大会和地方各级人民政府组织法》，1982 年修订颁布的新宪法均规定，“乡、民族乡、镇是我国最基层的行政区域，乡镇行政区域内的行政工作由乡镇人民政府负责，设立乡人民代表大会和人民政府”，同时规定，“农村居住地按设立的村民委员会是基层群众自治组织”。1983 年 10 月，中共中央和国务院联合下发《关于实行政社分开建立乡政府的通知》，1984 年国务院批转民政部呈报的《关于调整建镇标准的报告》。1987 年颁布了《村民委员会组织法（试行）》。至此，我国确立起了“乡政村治”二元体制模式，乡镇政权建设进入了改革和发展的新时期。

乡镇政权新体制确立后，也是我国经济社会发生翻天覆地变化的时期，围绕着打破高度集中的计划经济体制、转变政府职能、建立宏观调控三大主线和机构改革、干部人事制度改革、中央和地方关系的调适、行政法制建设四大主线[③]，上至国务院下至乡镇均进行了几次大规模的改革，大体上可划分为四个阶段。

1982 年至 1986 年，是乡镇政权恢复重建阶段。1980 年 8 月 18 日，邓小平在中央政治局扩大会议上发表了“党和国家领导制度的改革”的讲话。在这一讲话中，邓小平站在“充分发扬社会主义制度的优越性，加速现代化建设事业的发展”之高度，深怀“如不认真改革，就很难适应现代化建设的迫切需要，我们就要严重地脱离广大群众”的忧虑，严

---

① 詹成付：《关于深化乡镇体制改革的研究报告》，《开放时代》2004 年第 2 期。

② 陈吉元：《中国农村社会变迁（1949—1989）》，山西经济出版社 1993 年版，第 508 页。

③ 汪玉凯等：《中国行政体制改革 30 年回顾与展望》，人民出版社 2008 年版，第 25—26 页。

厉抨击了各级政权“机构臃肿，人浮于事，办事拖拉，不讲效率，不负责任，不守信用，公文旅游，相互推诿，以至官气十足”，“都到达令人不能容忍的地步”①。提出了要在政治改革的框架内解决权力过分集中、行政效率低下和官僚主义与形式主义盛行、党政不分以党代政、权力的有序过渡等重大问题。这一讲话中提出的许多概念，如民主与法制、党内民主、党政分开、废除领导人终身制等，可以说，“他所提出的思想到现在还没有人能够超越”②。1982 年 1 月 13 日，邓小平在“精简机构是一场革命”的讲话中，将机构的精简提到了“一场革命”的层次并提醒广大领导干部，不精简机构是要毁掉社会主义现代化建设大业的③。正是这一些讲话吹响了我国政治体制改革的号角。1982 年年初国务院机构开始改革，1982 年 12 月修订了的《宪法》对乡镇的地位、组织架构和权责做出了明确规定，1983 年 10 月 12 日，中共中央、国务院联合下发了《关于实行政社分开建立乡政府的通知》。此后，各地纷纷恢复了乡镇政府，实行政社分开，并大幅精简了政社合一时期的乡镇政府机构。

1986 年至 1991 年，是乡镇政权的规范发展阶段。乡镇政权新体制确立后，从 1986 年起，党和政府陆续制定了一系列的政策法规来规范乡镇政权的建设和发展。1986 年 9 月 4 日，中共中央办公厅和国务院办公厅联合下发了《关于全国区、乡、镇党政机关人员编制的有关规定》。这一《规定》明确：“区、乡、镇党政机关人员编制坚持党政合理分工、政企职责分开的原则，认真贯彻精兵简政、加强农村基层政权建设的精神”，作为县的派出机构的区，除边远山区、交通不便的地区和管辖范围过大、乡镇数量过多的地区外，一般不设置区，设镇的地方不再设乡，由镇直接管村，并对乡镇政权机关的编制标准和范围作出了规定。

1986 年 9 月 26 日，中共中央、国务院联合下发了《关于进一步加强农村基层政权建设工作的通知》，就明确党政分工、实行政企分开、简政放权、搞好乡政权的自身建设、努力提高干部素质、搞好村（居）民委员会的建设、加强对农村基层政权建设工作的领导七个方面，作出了明确的要求。

---

① 邓小平：《邓小平文选（第二卷）》，人民出版社 1994 年版，第 320—343 页。

② 郑永年：《改革及其敌人》，浙江人民出版社 2011 年版，第 172 页。

③ 邓小平：《邓小平文选（第二卷）》，人民出版社 1994 年版，第 396—401 页。

1986年12月2日，第六届全国人大第十八次会议通过了《中华人民共和国地方各级人民代表大会和地方各级人民政府组织法》（第二次修订），明确了乡镇党委、人大、政府的具体权能。

1987年12月24日，第六届全国人民代表大会第二十三次会议通过了《村民委员会组织法（试行）》，第三条规定："乡、民族乡、镇的人民政府对村民委员会的工作给予指导、支持和帮助。村民委员会协助乡、民族乡、镇的人民政府开展工作。"

1991年11月29日，中共十三届中央委员会第八次全体会议通过了《中共中央关于进一步加强农业和农村工作的决定》。《决定》第二十七条指出："加强乡镇党委和政府的自身建设，充分发挥乡镇党委领导核心作用，健全乡镇政府职能，使之成为有权威、有效能的基层党委和政权组织。县有关部门设在乡镇的机构，除少数不宜下放的实行双重领导外，一般都要放到乡镇管理。实行双重领导的机构，干部的调动、任免、奖惩应征得乡镇党委的同意。乡镇党委和政府对这些单位要加强领导，使之相互配合，形成合力，共同为农村的经济和社会发展服务。"

至此，我国乡镇政权建设可以说步入了法治化的阶段。当然，在此需要提及的是，1987年党的十三大报告将"改革政府工作机构"作为政治体制改革的一部分加以阐释，认为政府机构庞大臃肿、层次过多、职责不清、相互扯皮，这也是产生官僚主义的重要原因。报告也同时强调，为了避免走过去"精简—膨胀—再精简—再膨胀"的老路，必须抓住转变政府职能这个关键。据此，1988年国务院进行了机构改革，1989年计划向各级地方政府逐步推开。但是，1988年政府重点调控经济过热问题，1989年的政治风波使得维护稳定成为压倒一切的任务，因此，地方政府的机构改革未能展开。

1992年至2004年，是乡镇政权的改革创新阶段。承上所述，虽然1988年的改革因国内经济和政治的原因延误下来，但对改革的重要性和紧迫性的认知却在加强。江泽民在党的十四大报告中指出："机构改革，精兵简政，是政治体制改革的紧迫任务，也是深化经济改革、建立市场经济体制和加快现代化建设的重要条件。目前，党政机构臃肿，层次重叠，许多单位人浮于事，效率低下，脱离群众，阻碍企业经营机制的转换，已经到了非改不可的地步。各级党委和政府必须统一认识，按照政企分开和精简、统一、效能的原则，下决心对现行行政管理体制和党政机构进行改革。”① 据此，1993 年国务院机构即进行了较大规模的改革，1993 年的政府工作报告对地方政府机构改革作出了说明和部署，总体的精神和要求是给地方一定的自主权、机构设置要因地制宜且不要求上下对口、机构精简强化服务。乡一级机构要结合加强基层政权建设和完善农村社会化服务体系进行精简，减少脱产人员，实行国家公务员制度。1994 年从省区市开始，地市、县、乡依次推进改革，改革的内容主要包括转变政府职能，理顺省区市和地市、县、乡各级政府间的关系，机构精简，核编定编四项内容。

1998 年 10 月 14 日，中共十五届三次全会通过的《中共中央关于农业和农村工作若干重大问题的决定》指出："要坚持和完善乡镇人民代表大会代表的直接选举制度。乡镇人民代表大会要认真履行法律规定的各项职权。乡镇政府要切实转变职能，精简机构，裁减冗员，目前先要坚决把不在编人员精减下来，做到依法行政，规范管理。乡镇政权机关都要实行政务公开，方便群众办事，接受群众监督。”② 同年 11 月，九届人大五次会议通过了新修订的《村民委员会组织法》，该法重申了 1987 年《村民委员会组织法（试行）》所规定的乡镇政府与村民委员会是指导与协调的关系外，特别指出："（乡镇）不得干预依法属于村民自治范围的事项。" 1999 年 1 月，中共中央、国务院发出《关于地方政府机构改革的意见》，吹响了新一轮乡镇改革的号角。

2000 年 12 月 6 日，中共中央办公厅和国务院办公厅联合下发了《关于在全国乡镇政权机关全面推行政务公开制度的通知》，要求全国乡镇政权机关和派驻乡镇的站所全面推行政务公开制度。同年同月 26 日，两部门又下发了《关于市县乡人员编制精简的意见》（中办发［2000］30 号）。文件要求，市县乡机关行政编制精简比例不得低于 20%，要求进一步理顺县乡关系及县直部门派驻乡镇的机构，凡能下放给乡镇的要坚决下放，要加强基层政权建设，完善乡镇政府功能，不仅要减少财政供养人员，而且要将乡镇过多的站、所归并为综合性的“农业服务中心”、“文化服务中心”等。为了达到《意见》所追求的目标，2001 年 2 月还专门

① 江泽民：《加快改革开放和现代化建设步伐，夺取中国特色社会主义事业的更大胜利》，《人民日报》1992 年 10 月 21 日第 1 版。

② 国务院办公厅：《中共中央关于农业和农村工作若干重大问题的决定》，《中华人民共和国国务院公报》1998 年第 26 期。

召开了“全国市、县、乡机构改革工作会议”，胡锦涛同志就市县乡政权的地位与作用、机构改革的必要性与要求等问题作了重要讲话①。根据这一通知和会议精神，全国各县、乡镇均制订了完善的改革方案，完成了规定的精简20%机构的要求。

2001年7月27日，《中共中央转发〈中共全国人大常委会党组关于做好全国县乡两级人民代表大会换届选举工作的意见〉的通知》（中发［2011］4号），要求各地乡镇长的选举“要严格依照宪法和有关法律的规定进行”。

2004年《国务院关于做好2004年深化农村税费改革试点工作的通知》（国发［2004］21号）要求：“各地区、各有关部门要按照社会主义市场经济发展要求，适应减免农业税的新形势，进一步推进乡镇机构改革。要加快乡镇政府职能转变，加强乡镇政府社会管理和公共服务功能。要精简乡镇机构和人员，严格核定和控制乡镇行政和事业编制，由省一级实行总量管理，五年内不得突破。”“按照将事业单位公益性职能和经营性职能分开的原则，整合乡镇事业站所。乡镇政府不再新设自收自支事业单位。要清退机关、事业单位超编、借调、临时聘用人员。严格控制领导职数。妥善安置分流人员，切实维护社会稳定。有条件的地方，要继续做好撤并乡镇和村组工作。任何地方和部门不得违反法规干预乡镇机构设置和人员配备。”② 乡镇的新一轮改革就此启动。

2005年以来，是乡镇政权的深化发展阶段。2005年，《国务院关于2005年深化农村税费改革试点工作的通知》（国发［2005］24号）要求“按照切实转变乡镇政府职能、努力建立服务型政府和法治政府的要求，对乡镇内设机构实行综合设置。严格控制乡镇领导职数，从严核定和控制乡镇机构编制和财政供养人员数量，由省级政府实行总量管理，确保5年内乡镇机构编制和财政供养人员数量只减不增”，并按照分类指导的原则整合现有乡镇事业站所。2006年至2015年中央“一号文件”均要求积极稳妥地推进乡镇机构改革，切实转变乡镇政府职能，强化公共服务、严格依法办事和提高行政效率的要求，认真解决机构臃肿的问题，切实加强政府社会管理和公共服务的职能。

---

① 新华社：《全国市县乡机构改革工作会议召开》，《人民日报》2001年2月3日第1版。

② 国务院：《国务院关于做好2004年深化农村税费改革试点工作的通知》，《中华人民共和国国务院公报》2004年第26期。

特别值得一提的是，2009 年中共中央办公厅、国务院办公厅转发了《中央机构编制委员会办公室关于深化乡镇机构改革的指导意见》（中办发［2009］4 号），提出要在 2012 年基本完成乡镇机构改革任务，改革要以转变政府职能为核心，理顺权责关系，创新体制机制，优化机构和岗位设置，严控人员编制，建立人民满意的服务型政府。

综上所述，改革开放以来，乡镇政权经历了几次大规模的改革，2009 年以来的改革仍在进行当中。因此，乡镇政权的数量变化也比较频繁。据统计，1985 年，全国共有 79306 个乡，3144 个民族乡，9140 个镇；1989 年，全国共有 42869 个乡，1755 个民族乡，12455 个镇；1998 年，全国共有 24195 个乡，1517 个民族乡，19216 个镇[①]。步入 21 世纪以来，我国乡镇数量的变化也较大，具体数量统计如表 1：

表 1　　2000 年以来全国乡级政权数量变动表　　单位：个

年份	区公所	镇	乡	苏木	民族乡	民族苏木	街道办	总计
2000	—	20312	23199	—	1356	—	5902	50769
2001	27	20358	18847	—	1165	—	5972	46369
2002	66	20600	17196	282	1160	2	5516	44822
2003	26	20226	16636	279	1147	2	5751	44067
2004	20	19892	16130	277	1126	1	5829	43275
2005	11	19522	14677	181	1092	1	6152	41636
2006	10	19369	14119	98	1088	1	6355	41040
2007	10	19249	13928	98	1093	1	6434	40813
2008	3	19234	13872	98	1096	1	6524	40828
2009	2	19322	13653	96	1098	1	6686	40858
2010	2	19410	13379	96	1095	1	6923	40906
2011	2	19683	12395	106	1085	1	7194	40466
2012	2	19881	12066	151	1063	1	7282	40446
2013	2	20117	11626	151	1034	1	7566	40497
2014	2	20401	11111	151	1019	1	7696	40381

根据民政部编写的《中华人民共和国行政区划简册（2000—2015 年）》整理所得。

三　乡镇政权的组织结构

乡镇政权，一般由乡镇人民代表大会、乡镇人民政府和党的基层

① 侯保疆：《乡镇建制：历史、现状及未来》，《汕头大学学报》2005 年第 4 期。

组织三大部分组成。乡镇一般还设乡镇纪委、乡镇武装部乃至乡镇政协，以及共青团、妇联、工会等群团组织，但群团组织一般归并在党委系统中，因此，乡镇自身和社会上按照权力的大小顺序，习惯上称乡镇党委、政府、人大、纪委、武装部或政协为“五大班子”或“六大班子”。

（一）乡镇党委

按照《中国共产党章程》的规定，乡镇党委是党在乡村的基层组织，是乡镇政权的领导核心，在乡镇政治、经济、社会和文化生活中占据主导性的地位。党章三十二条规定，乡镇党委“领导本地区的工作，支持和保证行政组织、经济组织和群众自治组织充分行使职权”。

关于乡镇党委的产生程序，党章中只有两处相关的规定：一是党章第十三条——“在党的地方各级代表大会和基层代表大会闭会期间，上级党的组织认为有必要时，可以调动或者指派下级党组织的负责人”。二是党章第三十条——“基层委员会、总支部委员会、总支委员会的书记、副书记选举产生后，应报上级党组织批准”。最清楚的规定应该是中组部印发的《关于加强乡镇党委书记队伍建设的意见》（中组发［2010］19号）、《关于认真做好市、县、乡党委换届工作的通知》（中组发［2010］20号）和《中央组织部办公厅印发〈关于组织实施乡镇党委换届工作的程序〉的通知》（组厅字［2011］1号）三个文件的规定。按照这些规定，乡镇党委领导班子人选产生，要经过以下五项程序：一是对现任领导班子进行考核；二是对新一届领导班子成员人选进行民主推荐提名，一般采用两种形式，第一种是会议推荐，第二种是公开推荐；三是组织考察；四是县委研究；五是乡镇党委上报请示。因此，党委与政府不同，实行的是集体领导与个人分工负责相结合的制度，凡是重大事项均要经过集体讨论决定。当然，党委书记和副书记也是普通的党委成员，任何人不享有特权。

同时，乡镇党委系统中还有纪委，一般设纪委书记1人，委员若干人。乡镇纪委的建立较早，接受乡镇党委和县纪委的双重领导但以乡镇党委的领导为主。20世纪90年代以来特别是步入21世纪以来，乡镇机构改革中为了减少领导职数，很多乡镇的纪委书记由党委副书记兼任，一些地方干脆撤销了乡镇纪委①。2008 年前后又陆续恢复或进行了制度革新并对乡镇纪委书记进行培训，对此，《新华日报》和《中国纪律监察报》等媒体进行了大量的报道。

（二）乡镇人民代表大会

与乡镇党委的产生、权责的规定相比，乡镇人大的产生与权责由《宪法》和《组织法》明确规定。

1. 乡镇人大的地位。《宪法》和《组织法》均明确规定，“乡、民族乡、镇设立人民代表大会和人民政府”，“县级以上的地方各级人民代表大会设立常务委员会”，“地方各级人民代表大会都是地方国家权力机关”，“乡、民族乡、镇的人民代表大会代表由选民直接选举”。这就是说，乡镇人大是我国最基层的国家权力机关，不设常务委员会，人大代表是由选民直接选举产生的。

乡镇“人民代表大会会议每年至少举行一次”，经过五分之一以上代表提议，可以临时召集人民代表大会会议。

2. 乡镇人大的职权。《组织法》第九条规定了乡、民族乡、镇的人民代表大会的具体职权，主要包括：一是在本行政区域内，保证宪法、法律、行政法规和上级人民代表大会及其常务委员会决议的遵守和执行；二是在职权范围内通过和发布决议；三是根据国家计划，决定本行政区域内的经济、文化事业和公共事业的建设计划；四是审查和批准本行政区域内的财政预算和预算执行情况的报告；五是决定本行政区域内的民政工作的实施计划；六是选举本级人民代表大会主席、副主席；七是选举乡长、副乡长，镇长、副镇长；八是听取和审查乡、民族乡、镇的人民政府的工作报告；九是撤销乡、民族乡、镇的人民政府的不适当的决定和命令；十是保护社会主义的全民所有的财产和劳动群众集体所有的财产，保护公民私人所有的合法财产，维护社会秩序，保障公民的人身权利、民主权利和其他权利；十一是保护各种经济组织的合法权益；十二是保障少数民族的权利；十三是保障宪法和法律赋予妇女的男女平等、同工同酬和婚姻自由等各项权利。少数民族聚居的乡、民族乡、镇的人民代表大会在行使职权的

---

① 钱昊平：《四川南溪撤销乡镇纪委：监督“由软变硬”，改革突破党章规定》，《决策探索》2009 年第 4 期。

时候，应当采取适合民族特点的具体措施。

这十三项职权可以归纳为五个方面：保证权，即保证宪法、法律、地方性法规和各级人大及其常委会的决议在本乡镇的贯彻落实；决定权，即决定本乡镇内的重大事项；选举权，即选举本乡镇的人大主席、副主席，乡镇长和副乡镇长；监督权，即监督本乡镇人民政府贯彻执行宪法和法律及国家方针政策、各项工作的落实情况和工作人员的履职情况等；罢免权，即在人大会议期间，主席团或五分之一以上代表联名，可以对人大主席、副主席，乡镇长和副乡镇长提出罢免案①。

3. 乡镇人大的构成。乡镇人大虽然不设常务委员会但设主席、副主席。“乡、民族乡、镇的人民代表大会设主席，并可以设副主席一人至两人。主席、副主席由本级人民代表大会从代表中选出，任期同本级人民代表大会每届任期相同。乡、民族乡、镇的人民代表大会主席、副主席不得担任国家行政机关的职务；如果担任国家行政机关的职务，必须向本级人民代表大会辞去主席、副主席的职务。”“乡、民族乡、镇的人民代表大会主席、副主席在本级人民代表大会闭会期间负责联系本级人民代表大会代表，组织代表开展活动，并反映代表和群众对本级人民政府工作的建议、批评和意见。”在实践中，乡镇人大主席一般由乡镇党委书记兼任或由退居二线的老同志担任，另设1—2名副主席协助主席开展工作。

同时，乡镇人大设主席团。“乡、民族乡、镇的人民代表大会举行会议的时候，选举主席团。由主席团主持会议，并负责召集下一次的本级人民代表大会会议。乡、民族乡、镇的人民代表大会主席、副主席为主席团的成员。”主席团一般为5—9人②。

---

① 浦兴祖主编：《中华人民共和国政治制度》，上海人民出版社2005年版，第142页。

② 乡镇人大是否要设立常设的主席团这一问题一再被提出。1995年年底修改《中华人民共和国地方各级人民代表大会和地方各级人民政府组织法》时就曾引起热烈的讨论，最终人大常委会认为不宜规定乡级人大设立常设主席团事宜。理由是：乡镇直接联系人民群众的特点决定了乡镇政权应当更多地发挥选民直接选举人大代表的作用，层次不宜过多；乡镇管辖范围较小，人大代表数量也较少，人大代表开会也很方便；乡镇政权的主要任务是执行国家和上级地方国家机关的意志，需要决算的事项相对较少；乡镇人大的监督范围相对较小；乡镇人大主席团常设化与宪法等法律规定的人大体制不衔接。叶竹岩等人发表的文章即代表了这样的观点。详见叶竹岩、李雁前：《乡镇设人大主席团无足轻重》，《中国机构与编制》1992年第2—3期。当前，我国各乡镇按照《组织法》中有关人大主席团的规定，大大延伸了主席团在闭会期间的功能和作用，使主席团这一非常设机构变成了事实上的“乡级人大常委会”。

（三）乡镇政府

同人大一样，《宪法》和《组织法》对乡镇政府的规定是非常清楚和详细的。政府的特点决定了乡镇政府是乡镇政权中机构最复杂、人员最多的部分。

1. 乡镇政府的地位。根据《宪法》和《组织法》的规定，乡镇人民政府是乡镇人民代表大会的执行机关，是国务院统一领导下的国家基层行政机关，依法行使行政职权。

2. 乡镇政府的职权。乡、民族乡、镇的人民政府主要行使下列职权：一是执行本级人民代表大会的决议和上级国家行政机关的决定和命令，发布决定和命令；二是执行本行政区域内的经济和社会发展计划、预算，管理本行政区域内的经济、教育、科学、文化、卫生、体育事业和财政、民政、公安、司法行政、计划生育等行政工作；三是保护社会主义的全民所有的财产和劳动群众集体所有的财产，保护公民私人所有的合法财产，维护社会秩序，保障公民的人身权利、民主权利和其他权利；四是保护各种经济组织的合法权益；五是保障少数民族的权利和尊重少数民族的风俗习惯；六是保障宪法和法律赋予妇女的男女平等、同工同酬和婚姻自由等各项权利；七是办理上级人民政府交办的其他事项。

3. 乡镇政府的机构组成与人员构成。乡镇政府设乡镇长 1 人，副乡镇长若干人，有些地方还设乡镇长助理。民族乡不属于民族自治地方，当然也不设民族自治机关，不行使民族自治权，但乡长必须由本乡的少数民族公民担任。乡镇政府实行行政首长负责制，乡镇长全面负责本乡镇的行政工作，副乡镇长协助乡镇长开展工作，并具体分管若干方面的具体工作。

乡镇政府机构可分为乡镇政府内设机构和部门机构两大部分。内设机构主要包括政府办公室、民政办公室、计划生育办公室、司法办公室、财政所、城建办公室（所）、土地管理所（办）、农经站（办）、文教卫办公室、统计站等。自 2005 年机构改革以来，乡镇政府内设机构大多数调整为党政综合办公室、经济社会发展事务办公室等 3 个左右的综合机构。

乡镇政府的部门机构，通常称为“七站八所”。其中，农业技术推广站、农机站、经管站、文化站、广播站、畜牧兽医站、食品站、林业站、卫生院、中小学等由乡镇政府直接领导。公安派出所、工商所、税务所、法庭、交管所、水利站、粮管所（站）、信用社等由乡镇政府和县政府职能部门共管，有的以乡镇政府管理为主，但绝大多数以县职能部门的垂直管理为主，各乡镇的差别较大。与其内设机构一样，2005 年农业综合改革启动后，各地都在积极探索“七站八所”的转制问题，形成了多种多样的改革特色。

（四）其他机关

其他机关中主要包括乡镇武装部、工青妇等群团组织和乡镇政协。

乡镇武装部是乡镇党委直接领导的职能部门，它的主要工作职责是：一是贯彻执行党的路线、方针、政策和上级军事部门下达的指示、命令；二是组织和带领辖区民兵参加两个文明建设，完成战备、治安执勤、抢险、救灾等急难险重的任务，协助派出所维护辖区治安秩序；三是辖区国防工事和人防工事的维护管理；四是辖区年度征集兵员工作；五是辖区民兵预备役人员的登记统计工作、政治教育及军事训练；六是辖区民兵的组织建设和武器装备管理；七是协助有关部门搞好拥军优抚安置工作；八是战时负责组织并带领民兵、预备人员参军参战；九是完成党委和上级主管部门下达的工作任务。

工青妇等群团组织是乡镇党委团结和领导工会、共青团、妇联组织的体现形式，一般归并在乡镇党委系统之中，并由专门的工青妇干部负责。

《中国人民政治协商会议章程》第 40 条规定：“省、自治区、直辖市设中国人民政治协商会议的省、自治区、直辖市委员会；自治州、设区的市、县、自治县、不设区的市和市辖区，凡有条件的地方，均可设立中国人民政治协商会议各该地方的地方委员会。”也就是说，乡镇是否设立政协并没有明确的规定，当然也没有禁止。据调查，全国乡镇政协机构的产生是 20 世纪 80 年中后期的事情，应该说是机构自我膨胀的结果。众所周知，20 世纪 80 年代的乡镇机构简并、改革过程中的一个重要问题就是如何安置众多分流出来的干部，各地在不得已的情况下就搭起了乡镇政协联络组这样的机构，90 年代后又陆续升格为乡镇政协。2005 年乡镇进一步改革后，各地陆续撤销了乡镇政协，但现实中不少乡镇还是设有“政协联络员”或“政协联络处”这样的职位，但只有职位没有牌子也没有专门的办公场所①。

---

① 我们的调研情况和全国各乡镇的实际情况是一致的。见徐楠：《湖北试点：平静撤销乡镇政协》，《乡镇论坛》2005 年第 6 期；政协鄂州市鄂城区燕矶镇联络处：《发挥乡镇政协联络处作用，促进基层经济社会发展》，《世纪行》2011 年第 11 期。

第二章　改革开放以来乡镇政权改革述评

承上所述，新中国成立以来，根据变化了的经济社会发展形势，乡镇政权经历了若干阶段、多次的改革建设。的确，每次的改革均取得了一定的成就，改革开放以来乡村经济社会的持续发展进步与乡镇政权的不断改革和发展是密不可分的。但我们也绝不能忽视问题的存在，对学术研究和政府决策而言，发现并逐步解决问题更具有现实意义。客观地讲，改革开放后的每一次改革主要围绕着乡镇合并、机构简并和人员的裁汰展开，并未实质性地开展真正意义上的“乡镇改革”[①]，且通过层层下达行政命令的方式进行。综观 30 多年的乡镇改革，其改革目标不可谓不清晰正确，其改革声势不可谓不宏大，其改革过程不可谓不艰辛，从各级政权的报告看，其改革成果也不可谓不显著。然而，现实中，乡镇改革“实际演变往往超越政策设计的美好初衷而陷入了新的困境”[②]。换言之，时至今日，实践中乡镇政权仍然未能很好地承担起以《宪法》为核心的法律法规赋予的权责，未能很好地承载起党和人民对乡镇政权的期望之事实，这说明在国家经济社会持续快速发展和全面深化改革的背景下，乡镇政权建设需要新的改革创新思路和实际举措。

一　乡镇改革目标屡屡落空

众所周知，我国的改革开放首先是从农村改革开始的。家庭联产承包责任制拉开序幕后，“政社合一”的人民公社体制显然已经无法承担起发展经济和管理及服务社会的职能。因此，1979 年 9 月，四川省广汉县的

---

① 关于“乡镇改革”与“乡镇机构改革”的关系，详见张新光：《论乡镇改革与乡镇机构改革的性质差异》，《西南科技大学学报》（哲学社会科学版）2006 年第 3 期。

② 国务院发展研究中心中国发展研究基金会：《关于乡镇改革历史进程的考察》，《经济研究参考》2008 年第 32 期。

向阳人民公社开展了“政社分开”的改革试点，将人民公社机关的20名干部分成负责党务和行政工作、农副产业生产、社队企业三部分，初步形成了党、政、经分设的基本框架。1980年6月18日，挂了22年的“向阳人民公社管理委员会”的牌子被摘下，换上了“向阳乡人民政府”的牌子，建立了乡党委、乡政府和农工商总公司，生产队改为村民组，由此揭开了全国重建乡镇政权的大幕①。1983年10月，中共中央、国务院下发的《关于实行政社分开建立乡政府的通知》（中发［1983］35号）指出：“随着农村经济体制的改革，现行农村政社合一的体制显得很不适应。宪法已明确规定农村建立乡政府，政社必须相应分开。……当前的首要任务是把政社分开，建立乡政府。同时按乡建立乡党委，并根据生产的需要和群众的意愿逐步建立经济组织。要尽快改变党不管党、政不管政和政企不分的状况。”同时规定，“在建乡中，要重视集镇的建设，对具有一定条件的集镇，可以建立镇政府，以促进农村经济、文化事业的发展”，“村民委员会是基层群众自治组织，应按村民居住状况设立。村民委员会要积极办理本村的公共事业和公益事业，协助乡人民政府搞好本村的行政工作和生产建设工作”。从文本的规定看，政策的初衷是将人民公社的政权职能分离出来由乡镇政权行使，人民公社只保留单纯的经济组织的功能；肯定了村民委员会作为农村的群众性自治组织，取代原来作为次层级行政机构的生产大队。

乡镇政府在全国普遍恢复建立后中央便立即着手进行改革和规范。这一阶段中，中央陆续出台了一系列的政策法规对乡镇政权进行规范并在规范中进行改革，如《关于进一步加强农村基层政权建设工作的通知》（国发［1986］22号）、《中华人民共和国地方各级人民代表大会和地方各级人民政府组织法》（第二次修订），《村民委员会组织法（试行）》等。这些政策法规中明确推进乡镇政权改革的文件是1986年9月26日，中共中央、国务院联合下发的《关于进一步加强农村基层政权建设工作的通知》，这一文件是推进乡镇政权改革建设的纲领性文件，此后的历次乡镇改革的思路和目标都可以从这一文件中找到依据。

从国发1986年22号文件的具体要求来看，中央的政策目标是通过乡

① 刘文耀：《四川广汉向阳人民公社撤社建乡的前前后后》，《中共党史研究》2000年第2期。

镇撤并，党政关系、县乡关系、条块关系和政企关系的改革规范着手，将乡镇建设成为权能比较完整的一级基层政权，以后的历次乡镇改革均围绕着这一政策的目标展开。但令人遗憾的是，“从这个文件的发布至今，二十余年已成既往。回头来考察这段时间县乡改革走过的道路，从变革的实际进程来看，不仅预期设计没有实现，而且在某些方面南辕北辙”①。

（一）乡镇撤并和机构及人员精简

改革开放以来的乡镇改革，我们姑且不对撤并乡镇的政策目标和实际效果做价值判断，单就从实际数据上看，乡镇撤并的效果最为显著。据统计，1985 年，全国共有 79306 个乡，3144 个民族乡，9140 个镇，共计 91590 个乡级建制。从 1986 年 22 号文件发布后，全国各省区市就开始了撤并乡镇的工作，到 1996 年年底，全国乡镇数量为 43112 个，此后，虽然乡镇数量每年都有变化，但始终保持在 42000 个左右。

伴随乡镇撤并的即是机构和人员的精简。机构和人员的精简始终是乡镇改革所追求的重要目标，以此达到节约行政成本、提高行政效能的目的。2003 年 4 月，温家宝总理还在人大代表面前誓言：“共产党人是彻底为人民群众谋利益的。我们一定要把乡镇机构精简下来，一定能够把过多供养的人减下来，一定能够走出‘黄宗羲定律’的怪圈。”② 在取消农业税以前，乡镇机构的确在“精简—膨胀”中轮回。2004 年中央 1 号文件提出“进一步精简乡镇机构和财政供养人员，积极稳妥地调整乡镇建制，有条件的可实行并村，提倡干部交叉任职”后，特别是《中央机构编制委员会办公室关于深化乡镇机构改革的指导意见》（中办发［2009］4 号）后，各省区市开始探索党、政和人大机构合署办公，领导交叉任职，身兼数职；成立党政综合办公室、经济事务办公室、社会综合事务办公室这些三个左右的功能高度综合的机构；传统的七站八所实行职能分解，一部分转移到县级业务部门，另一部分推向市场。目前，乡镇内设机构和部门机构设置的情况全国各省区市大体相同。从理论上讲，机构精简后人员也应当相应地减少，但实际的情况要复杂得多。一方面，一些地方虽然以

① 国务院发展研究中心中国发展研究基金会：《关于乡镇改革历史进程的考察》，《经济研究参考》2008 年第 32 期。

② 王比学：《走出“黄宗羲定律”的怪圈》，《人民日报》2003 年 4 月 30 日第 16 版。

精简机构和人员为改革目标，但实际成效甚微。实地调研中，不论是在内地还是包括西藏在内的边疆地区，乡镇工作人员的超编大多数在30%左右。另一方面，一些地方本就不以人员裁汰为改革目标，而是另辟蹊径，如浙江省将乡镇改革的重点放在了建设“技能型乡镇政府”，强化其公共服务能力的建设上，而对人员数量是“控制”。对此，学术界和新闻媒体都有研究和报道分析，并称之为“浙江经验”①；福建和江苏两省在乡镇改革过程中，抓住“钱从何处来、人往哪里去、权该怎么用”三个核心问题展开，人员非但没有减少，反而有所增加，被称为“福建经验”、“江苏经验”②。

（二）党政分开

党政分开的思想源自于邓小平同志1980年的“8·18”讲话，1986年的国发22号文件对乡镇政权的党政分开作出了明确要求，1987年党的十三大政治报告中以更高层次的形式郑重指出：“这个问题（党政不分）不解决，党的领导无法真正加强，其他改革措施也难以顺利实施。因此，政治体制改革的关键首先是党政分开。党政分开即党政职能分开。……乡、镇一级的党政分开，可以在县一级关系理顺后再解决。”十三大报告还特别强调：“从党政不分到党政分开，是我们党的领导制度的一项重大改革。必须指出，党政不分实际上降低了党的领导地位，削弱了党的领导作用，党政分开才能更好地实现党的领导作用，提高党的领导水平；党政不分使党顾不上抓自身的建设，党政分开才能保证做到‘党要管党’；党政不分使党处于行政工作第一线，容易成为矛盾的一个方面甚至处在矛盾的焦点上，党政分开才能使党驾驭矛盾，总揽全局，真正发挥协调各方的作用；党政不分使党处在直接执行者的地位，党政分开才能使党组织较好

---

① 卢福营、刘君龙：《公共服务取向的乡镇改革——以浙江省庆元县技能型乡镇政府建设为个案》，《国家行政学院学报》2008年第3期；俞玮、黄深钢：《浙江乡镇机构改革取得明显成效》，《中国改革报》2009年6月4日第5版；俞玮：《浙江乡镇机构改革的漂亮转身》，《今日信息报》2009年6月3日第A04版。

② 马自学：《学习借鉴江苏福建经验，提升甘肃省农业综合开发整体水平》，《财会研究》2004年第10期；《领导决策信息》编辑部：《乡镇改革的“福建经验”为什么被看好》，《领导决策信息》2005年第32期；蔡小伟、赵鹏：《看福建如何破除“三难”》，《人民日报》2005年8月2日第10版。

地行使监督职能，有效地防止和克服官僚主义。”①

然而，党政分开在乡镇改革中非但没有真正展开，反而是“党政合一”成为各省区市乡镇改革实践中基于各种各样的考量而成为普遍性现象。

（三）理顺县乡关系，简政放权

理顺县乡关系和简政放权是密切联系在一起的，不论是在1986年的22号文件还是在1987年党的十三大政治报告中，均用较大篇幅阐述这一问题，认为“凡是适宜于下面办的事情，都应由下面决定和执行，这是一个总的原则”，其目标是理顺县乡关系，解决条块分割管理的体制问题，提高乡镇工作的积极性和效能。在实践中，山东省莱芜市的“强县扩权”和“强乡扩权”也曾经是20世纪80年代后期乡镇改革的主题并在全国推广。从1986年下半年开始，山东省莱芜市率先进行县级综合改革试点工作，把市直20多个涉农部门分支机构下放给乡镇政府管理，分流机关干部和事业单位职工多达12874人，取得了明显的成效。随后，全国有23个省份确定了290个县级单位进行试点工作。1991年10月，国务院发出了《关于加强农业社会化服务体系建设的通知》，就有关政策作出规定。1992年5月23日，时任国务院总理的李鹏同志在“全国首次县乡综合改革经验交流会议”上提出，“要理顺县与乡镇的关系。在改革中省、地、市要适当地下放权力给县，县要适当地下放权力给乡镇。要在县级机构转变职能的基础上，理顺县与乡镇的关系，让乡镇这一级能够办更多的事情。现在乡镇的很多机构是县直接管理的，到底实行双重领导以乡镇为主，还是维持原来的垂直领导，还是实行双重领导，还是下放给乡镇？不同性质的机构可以采取不同的做法。这个问题中央现在不作统一规定，由各省根据情况自行决定”②。

事实上，20世纪80年代末90年代初，县级综合配套改革方案时至今日中央仍没有出台。因此，这场自下而上的县乡综合改革试点工作没能继续下去。同时，不容忽视的是，理顺县乡关系，特别是条块关系，简政

---

① 赵紫阳：《沿着有中国特色的社会主义道路前进》，《十三大以来重要文献选编（上）》，人民出版社1991年版，第36—37页。

② 李鹏：《积极推进县级机构改革》，《中国改革》1992年第6期。

放权，必然会触动县级政权部门的利益，已经下放的权力又陆续被以各种理由和形式收回①。

（四）政企分开

1986 年的中央 22 号文件要求推进政社分开的同时也要求政企分开，此后，随着经济体制改革的不断推进，这一要求更为迫切。但“在 20 世纪 80 年代中后期大规模发展乡镇企业和 20 世纪 90 年代上半期的开发热潮中，乡镇党政领导纷纷兼任经济组织的董事长、总经理等，出现了明显的政企不分的现象。后来，乡镇经济组织不断演变，或者改制剥离，或者名存实亡，或者名实俱亡，或者实际上与党委政府统合在一起。现在，从机构的角度看，政企分开是完成了。但是，从职能上看，则出现了另一种问题，即整个乡镇政权的运行出现公司化倾向，表现为乡镇政府过度介入经济活动，基层政府按照公司化的行动逻辑运行。政权运行的这种公司化特征，虽然推动了经济发展，同时，也带来了经济发展与社会发展脱节，出现了一定程度、一定范围的治理危机”②。

二　乡镇政权自身的困境

改革开放以来的历次乡镇改革，客观地讲，其改革目标屡屡落空，现实中的大多数乡镇依旧在党政关系不规范，县乡关系及条块关系不理性，责权利不统一，冗员充斥效能低下的困境中运作。

（一）党政关系不规范，内耗严重，腐败频发

在全国各省区市还没有探索“党政合一”，中央亦没有明确的规定之时，虽然乡镇党委书记和乡镇长分设，但乡镇党委悄声无息地介入具体的行政事务中早就是不争的事实。“乡镇党委书记和乡镇长同处一个

① 有学者通过问卷调查和实地访谈的方式对这一问题进行了较为深入的研究。详见吴理财、朱红萱：《乡镇改革：乡镇干部的所想所思——对湖北省乡镇干部的问卷调查》，《中国农村经济》2005 年第 11 期；吴理财、李芝兰：《农村基层干部对乡镇改革的歧见及其原因分析——基于皖、鄂、渝乡镇改革调查数据的分析》，《华中师范大学学报》2009 年第 5 期。

② 国务院发展研究中心中国发展研究基金会：《关于乡镇改革历史进程的考察》，《经济研究参考》2008 年第 32 期。

工作条件上，日常接触最多，交往频率最高，由于性格、脾气、处事方式、职责权限及外人拨弄是非等因素，相互之间产生一些摩擦或矛盾也就在所难免。但这种摩擦和矛盾往往不能及时调适，从而酿成情感上的裂痕，进而造成工作上的相互对立，一些乡镇的党委书记与乡镇长之间的关系甚至发展到了水火不相容的地步。"① 同时，由于我国政治生活中，任何层级的政权机构都有党政两套班子，这里面就存在一个不容忽视的潜规则，即上级机关在任命书记与行政首长时要考虑二人之间的个人关系不能过分疏远，但也绝不能过于亲密，从而利于上级权力机关的调控。但不论如何，在没有中央的肯定下，乡镇党委实际上是长期在"全能型领导"和党政分开间徘徊、游走，常常以加强党的领导的名义而强力介入具体的行政管理之中，当面对中央强调加强党的领导必须改善党的领导之要求，或面对行政的"反抗"及民众的质疑时，又或悄声无息地或大张旗鼓地退回来。而2005年启动农村综合改革，乡镇的"党政合一"成为主流且得到了中共中央办公厅、国务院办公厅转发的《中央机构编制委员会办公室关于深化乡镇机构改革的指导意见》（中办发［2009］4号）这一文件的确认和肯定后，情况发生了改变。另外，近年来乡镇干部和农村干部的腐败问题频频见诸报端，百姓反应强烈②。

（二）县乡关系和条块关系不理性，乡镇的积极性受抑制

乡镇政府行政机构设置上普遍存在"条块分割"和职能不清问题。所谓"条块分割"问题，是指设在乡镇的部门行政机构，有些理应下放给乡镇政府直接管理的，却归属于上级职能部门；有些需要由上级职能部门业务指导和行政管理的乡镇事业单位，却被上级职能部门当作"包袱"甩给乡镇政府管理。尤其是前者，这些由上级职能部门实际管理的乡镇部门机构，往往不愿服从乡镇政府的管理或领导，更为严重的是，它们在一定范围内行使着本来属于乡镇政府的职权，从而削弱了乡镇政府的管理职能和权威，将乡镇政府架空、肢解为一级不完全的政府。这些部门机构就

① 刘新生、王彦智、王宏波：《基层地方政权机构改革的模式研究》，中国社会科学出版社2010年版，第62页。

② 颜珂、崔烨：《乡镇干部工程腐败，当警》，《人民日报》2011年4月12日第11版。

像各国派驻在联合国的代表机构，它们占住乡镇政府的房子，享受乡镇政府的福利，却可以不听乡镇政府的“调遣”；它们各自掌管着一个方面的权力，各自为政，乡镇政府“叫不应”也“管不着”。这种局面既不能使乡镇对乡村社会实施有效的管理和控制，也不能给农民提供完善的服务。所谓职能不清，是指乡镇政府及其下属行政机构“该管的没管或者没有管好”，或者“管了不该管的事”①。

2005年以后，各省区市探索党、政和人大机构合署办公，领导交叉任职，身兼数职；成立党政综合办公室、经济事务办公室、社会综合事务办公室这些三个左右的功能高度综合的机构；传统的七站八所实行职能分解，一部分转移到县级业务部门，另一部分推向市场等农村综合改革。从表面上看，县乡的关系及条块关系应该是理顺了，但我们必须承认，在乡镇政府职不能实现转变的前提下，其权能和运行机制不可能实现根本性的改变，变的只是机构的牌子而已。在乡镇调研中，不论是县级干部还是乡镇干部，都认为县乡关系不顺畅、不理性仍然是制约乡镇有效发挥其权能的重要原因，而且在整个制度设计上和政治体制上的改革不能综合推进的情况下，乡镇政权的内设机构和部门机构无论再怎么整合，其效果都是十分微弱的。

县乡关系不顺产生的另外一个不容忽视的问题，当然也是造成干群关系紧张的一个问题，就是乡镇干部对上负责与对下负责间的矛盾。从理论上讲，乡镇政权机构及其党政干部在对上负责与对下负责是不应当存在问题的，因为，对下负责就是对上负责，对上负责也就是为了更好地对下负责。但实际上，这样的认知是非常理想化的，忽视了各个部门作为相对的利益主体，自身的利益在其中发挥作用的能量。众所周知，在我国这样的“压力型体制”下，上级政权总有收权和下派任务的冲动，如上所述，这样最终将乡镇挤压为权能不完整的一级政权。面对这样的局面，乡镇的应对措施也是一样的——向部门机构和农村收权、下派任务。在农业税没有取消之前，乡镇把任务分解到村一级，村就把任务分解到村小组，村小组就分解到农户。农民不配合，就出现了牵猪、扒粮、强行扣除农民的农副产品销售款等问题，引发了不少恶性事件。近年来，中央作出了取消农业

① 刘新生、王彦智、王宏波：《基层地方政权机构改革的模式研究》，中国社会科学出版社2010年版，第63页。

税的正确政策，这给农民带来了实实在在的好处，给乡镇政府大大减轻负担的同时，由于配套改革不能同步跟进，就会出现乡镇的不作为和乡村的治理危机。同时，尽管《组织法》规定了乡镇实行有限的自治，但在实际操作中并非如此，乡镇干部的权力主要来自上级领导机关，个人的政治命运也当然主要由上级决定①。

对上负责与对下负责之间保持一定的张力对保证党在基层社会执政的合法性和乡镇工作的顺利开展都是至关重要的。这一问题不能很好解决的话，将会产生一系列无法预料的后果。

（三）责、权、利不统一，工作环境不轻松

根据《中华人民共和国地方各级人民代表大会和地方各级人民政府组织法》的规定，乡镇政权享有广泛的权责，但在实践中，各具体权力机构所承担的工作大大超出了有关法律规定的范围和能力。特别是作为乡镇政权机构运作中发挥主要作用的乡镇政府，除完成法律规定的职责外，大量的工作却是“办理上级人民政府交办的其他事项”，而自己职责范围内的事项则不能很好地完成。同时，如上所述，县乡关系和条块关系不顺的情况下，乡镇政府承担的责任并不会由于职权的收缩而相应地减小②。相反，随着基层经济社会的发展，乡镇政府承担的教育、卫生为代表的公共服务开支却成倍地增长。《中华人民共和国农业税条例》自 2006 年 1 月 1 日起废止后，全国各省市区的乡镇不同程度地背负上了债务，甚至上

① 长期以来，一些人误以为乡镇长是可以通过直接选举的方式产生的。1998 年年底，四川遂宁市步云乡进行了中国的第一个乡镇长直接选举，随后，山西临猗县、深圳大鹏等地也相继进行了直选的尝试。一时间，直选和公推公选成了中国基层民主建设中最时髦的话语之一。针对这一情况，2006 年，全国人大常委会副委员长兼秘书长盛华仁在《求是》杂志上撰文指出：“一定要严格依照宪法和地方组织法的规定产生乡镇长，避免类似由选民直选乡镇长的情况再次发生。”详见盛华仁：《依法做好县乡两级人大换届选举工作》，《求是》2006 年第 16 期。这一观点引起了社会的广泛讨论，甚至是批评。事实上，《组织法》第五条规定的是：“县、自治县、不设区的市、市辖区、乡、民族乡、镇的人民代表大会代表由选民直接选举”；第九条规定：乡、民族乡、镇的人民代表大会行使“选举乡长、副乡长，镇长、副镇长”的职权。2010 年，中组部下发的《关于认真做好市、县、乡党委换届工作的通知》（中组发［2010］20 号）中再次重申了依法选举、产生领导班子的问题。

② 刘新生、王彦智、王宏波：《基层地方政权机构改革的模式研究》，中国社会科学出版社 2010 年版，第 59 页。

海、广东、浙江、江苏这样发达省市的乡镇也不能幸免，且乡镇自身没有能力完全解决该问题[①]。

尽管迄今为止，对于地方各级政府的具体负债来源及其规模，目前还没有一个正式公开的数据，但国务院发展研究中心课题组认为数额相当巨大，这“实际上已经超过了金融风险，成为威胁中国经济安全和社会稳定的头号杀手”[②]。

（四）冗员充斥，效能低下

改革开放以前，乡镇机构的人员并不多，少则10人以下，多则15人左右。“乡镇机构的膨胀，主要发生在20世纪80年代中后期。随着农村家庭责任制的推行以及人民公社体制的瓦解，那时候的村级组织趋于瘫痪和半瘫痪，习惯于行政控制的乡镇政府组织，为了适应乡村基层组织的这一变化，以及出于实际的社会管理、征收税费、计划生产和实施家庭计划生育的需要，最初的反应（无论是自觉或者不自觉的）几乎无一例外是增加人员、扩充机构。这些新设的机构不少为自收自支单位，其工作人员也相应增加，大多为乡镇自行聘用（非国家编制人员）。依靠收费度日或直接向农民摊派，往往是确保这些新增机构日常运转的主要手段。”[③] 2006年农村综合改革实施以前达到了峰值。比如河南省，据报道，截至2004年年底，河南省2109个乡镇总编制数达16.21万人，实有人员30.23万人，超编86.5%。平均每个乡镇143.8人，超编63.3人，超编200人以上的乡镇就有60多个，个别乡镇甚至超编三四百人，最多的一个居然超编400多人。此外，全省乡镇另有临

---

① 曾经对广东乡镇负债问题进行过专门调研的广东省社会科学院珠三角区域经济研究中心主任成建三表示，根据其调研所获得的情况，广东乡镇一级的负债问题“非常严重”，在很多地区，一般乡镇负债几千万都是“很平常的事例”。在广东省省情研究中心调查涉及的20个乡镇中，政府欠债总额就超过10亿元，其中债务最多的镇达25949万元，最少的镇也有486万元，平均每个镇负债5430万元。报告认为“乡镇债务如此之庞大，已超过实际偿还能力”。杨兴云、陈安庆、曹丹：《债压乡镇》，《经济观察报》2011年11月14日第9版。

② 国务院发展中心：《地方债务成“头号杀手”，隐性问题亟待显性处理》，《21世纪经济报道》2004年2月25日第1版。

③ 《中国乡镇发展报告》课题组：《中国乡镇发展报告（摘要）》，《农民日报》2004年11月13日第3版。

时聘用人员约2万人①。据《华夏日报》消息，2004年发布的《中国乡镇发展报告》指出，“对我国1020个有代表性乡镇的抽样调查表明，平均每个乡镇党政内设机构为16个，其人员平均数58人，超过正常编制2—3倍；平均每个乡镇下属单位为19个，其人员达到290余人，超编严重”②。

2006年农村综合改革开始后，各省区市下决心开始解决乡镇的人员超编问题，取得了不小的成效。但在实地调研过程中，不论是内地还是西藏，人员超编问题依旧严重，在30%左右。在乡镇职能未能转变的前提下，超编的人员就一定会成为“冗员”，加之党政关系不规范，县乡关系和条块关系不理性，责权利不统一等，乡镇的行政效能必然会大大降低，成为乡村民众和社会各界批评的重地。

三 乡村治理的退化

“乡政村治”的模式，从政策设计的初衷来讲，是希望国家权力从乡村中撤出来，国家基层政权设在乡镇，乡村在乡镇的指导下实行民主自治，进而实现几千年来国家治理体系的创新。这一模式也在实践中不断改革探索。但是，承上所述，一方面，乡镇改革的目标并未能很好地实现，与此密切关联的另一方面即是出现较为严重的乡村治理退化。2010年和2011年，于建嵘和应星两位专家分别出版了《抗争性政治：中国政治社会学基本问题》（人民出版社，2010年）和《“气”与抗争政治：当代中国乡村社会稳定问题研究》（社会科学文献出版社，2011年），生动地记述和深度地分析了当前乡村治理过程中存在的诸多问题，引起了较大的反响。

（一）乡村公共产品供给的严重缺失

2000年3月，时任湖北省监利县棋盘乡党委书记的李昌平上书国务院总理朱镕基同志，大声疾呼“农民真苦、农村真穷、农业真危险”，引

① 吴海峰：《2005河南乡镇撤并：分流超编“乡官”17万》，《人民论坛》2006年第3期。

② 《廉政瞭望》编辑部：《乡镇机构人员成倍超编》，《廉政瞭望》2004年第12期。

起了中央的高度重视，终于在2006年彻底取消了2000多年的农业税，开始了建设社会主义新农村的伟大征程。然而，在县乡关系不畅，财税体制不完善，乡镇政权管理体制改革滞后的情况下，乡镇政权治理下的乡村，公共产品的供给严重缺失，已经成为制约乡村持续健康发展的首要因素。所谓公共产品，保罗·萨缪尔森和威廉·诺德豪斯认为，“是指这样一类商品，将该商品的效用扩展于他人的成本为零，无法排除他人共享，即指那种不论个人是否愿意购买，都能使整个社会每一成员获益的物品”①。对乡村而言，主要是涉及农村生产和生活的基础设施、医疗卫生、文化教育、环境保护、公共服务等。

首先，农村道路之村村通公路工程、农村医疗、义务教育等，是以中央财政为主导，地方财政按不同比例配套实施的，乡镇政府主要的工作是发挥协调功能。这三项工作在全国任何一个地方的调研中都是乡村民众评价最高的。

其次，由于取消农业税后，直接导致了乡镇的财源枯竭，组织运转困难，在基本的开支都很难保障的情况下，中央诸多极具人文关怀，当然也是能够给农民带来实实在在利益的好政策，如种田补助、家畜饲养补助、养殖业无息贷款等，在政策执行过程中大打折扣。在笔者调研的大多数乡镇都不同程度地存在着这样普遍性的问题，环境保护、村民外出务工培训、农业技术指导、农产品的市场开发等公共服务，乡镇政府没有财力也没有能力有效承担起来。

再次，农田水利建设、应对自然灾害等方面，中西部的乡镇政府基本无所作为。正有学者所指出的：“由于税费取消，而且实行粮食直补，国家政策卡住了乡镇干部的脖子，现在的乡镇干部弄不好就会触及某些高压线，所以，为了减少风险，一个最好的办法就是‘消极’行政，注重工作手段，并且严格按照程序办事。”② 在没有乡镇政府提供公共产品的情况下，农民不得不自己修筑水利、道路、桥梁，以及以村小组或村民自行组合的力量，甚至是家族的力量应对自然灾害。当前，各省区市的农村，单纯依靠农业为生的都是绝对的贫困户，稍有能力的人和青壮年大都选择

① ［美］保罗·萨缪尔森、威廉·诺德豪斯：《经济学》，萧琛译，人民邮电出版社2004年版，第364—365页。

② 刘涛、赵晓峰：《乡镇改革：历史困境与道路选择》，《四川行政学院学报》2008年第1期。

外出务工，种田的绝大多数是老弱病残，大面积的良田荒芜现象再次出现！

（二）乡村两委恶斗严重，宗族势力和黑恶势力崛起

从广义上来讲，公共产品也应当包括制度的供给，以保证整个社会在协调有序的制度规范下运作。由于我国的乡村自治制度安排不完善，在实践过程中仍然具有很强的行政主导性。众所周知，村支书的产生，大多数地方是村民党员通过民主方式推选，乡镇党委任命的方式产生。单从这一事实本身来说并没有什么问题，问题的关键是，一方面，村支书无论如何是要得到乡镇党委的支持和同意，具有很强的决定权，有的地方仍然是由乡镇党委直接任命或指派乡镇或县里的干部兼任。另一方面，基层党员发展过程中有一个比较明显的现象，就是在发展党员的过程中，党支部往往是极力安排自己的亲属、亲信加入党组织，而将真正政治立场坚定，具有团结和带领全村人民走上小康之路的能人排斥在外，以防这些人“夺权”，他们当然鲜有机会加入党组织，从而形成了自己的小圈子。与村支书的产生方式不同，村主任是按照《村民委员会组织法》的规定由村民直接选举产生。尽管乡镇党委在村主任选举产生的过程中也发挥着不可低估的作用，也抛开《村组法》在实践过程中的变形和失真情况，至少从权力归属上来讲，村主任的权力来自于村民的授权。从而使村党支部和村委会之间的不协调问题从产生之日起就是存在的，加之村支书和村主任在性格、工作方式等方面的差异，更因为在工作中利益的博弈，往往最终演变为正面的冲突。

村党支部和村委会的不协调，甚至是冲突，如果不夹杂其他因素的话，这样的事情是可以在乡镇党委与政府的协调下解决和运作的。但现实中，农村两委的冲突以及村民与村级权力机构之间的冲突往往是与家族势力和黑恶势力联系在一起的。在旧中国，中国农村的治理离不开具有特殊地位和权威的精英人物。中国共产党创建新中国过程中及新中国成立后，按照“剥夺剥夺者”的革命逻辑彻底摧毁了原来由宗族势力和乡绅控制的农村社会治理体系，扶持了原来处于弱势的贫苦大众，让他们以旧社会受害者的身份进入新体制而成为新中国农村社会的主流。改革开放以来，随着农村政治经济体制的变化和农民观念的革新，家族势力就开始缓慢

"复兴"①。"乡政村治"体制确立后，尤其是农业综合改革后，不仅家族势力光明正大地从幕后走到台前，而且黑恶势力堂而皇之地开始向农村基层组织渗透，有些地方已经达到了触目惊心的程度②，就是连西方学者也早就注意到了这一问题③。家族势力和黑恶势力的沉渣泛起，侵害着农民的合法权益和利益，侵蚀着农村基层组织的合法性，败坏着乡村的社会风尚，危害着国家的基层政权建设。中国社会科学院的于建嵘教授认为，出现这样的不正常情况，主要有四种原因：乡镇领导的"引狼入室"、强权控制的"民主选举"、经济能人的"利益诱惑"、政治精英的"红色蜕变"④。

我们完全可以肯定地说，如果不进行乡镇政权管理体制的大力改革创新而任由这样的局面继续下去，将会产生严重的政治后果。

（三）社会主义新农村文化建设滞后，封建文化泛滥

我国的农村本就文化建设长期滞后，文化设施严重不足。在改革开放大潮的冲击下，乡镇和农村组织及农民个人都自觉不自觉地将党和国家的"以经济建设为中心"的路线简单地理解为"经济至上论"，唯经济是从，长期忽视文化建设。2005 年中央下发了《关于进一步加强农村文化建设的意见》（中办发［2005］27 号）后，在调查中就会发现，不少地方政府简单地将中央的要求变质为每周到农村放映一场电影即可。加之农村文化产品的创新不足，吸引力不强，致使当前的所谓新农村文化建设根本无法满足农民强烈的文化需求⑤。据笔者调查，60% 左右的农民的休闲方式仍然是传统的串门闲聊，20% 左右的为赌博，10% 左右的为看电视，剩余

---

① 丁耀：《论农村家族势力的复兴与基层政权组织建设》，《湖北行政学院学报》2002 年第 6 期。

② 刘朝捷、李琪伟：《当前个别农村黑恶势力滋生蔓延成因探析》，《党政干部学刊》2010 年第 3 期；吴记峰、任中平：《论黑恶势力对我国农村村民自治的危害》，《长沙大学学报》2011 年第 1 期。

③ John. Kennedy, "The Face of 'Grassroots Democracy' in Rural China: Real Cosmetic Elections", Asian Survey, Vol. 42, No. 3, 2002, pp. 456—482.

④ 于建嵘：《抗争性政治：中国政治社会学基本问题》，人民出版社 2010 年版，第 206—212 页。

⑤ 熊官进、李玉琼：《谈当前农村文化建设存在的问题及对策》，《农村经济与科技》2012 年第 8 期。

的10%左右的干其他的事情。更为严重的是，在农民基本的文化需求不能得到满足的情况下，一些腐朽的封建的文化就趁机而入，传统的庙宇大都进行了修缮，封建迷信公开活动，赌博现象盛行，淫秽物品和行为泛滥，严重污染着原本淳朴的农村社会风气。

概而言之，我们是应该下大力气进行乡镇政权的改革建设了！

第三章　乡镇政权改革创新的模式论争

改革开放以来历次乡镇改革成效不佳，乡镇自身及其治理下的乡村社会存在诸多不容忽视的问题。对此，学术界展开了长时间的跟踪研究，可谓成果颇丰。就乡镇政权改革方向的宏观设计方面，已经提出了各种各样的思考和建议，也有不少学者进行了归纳。

一　乡镇政权改革的五种模式概述

综观学术界关于乡镇改革创新的模式之研究，大体可以归纳为县政乡派论、乡村自治论、乡政自治论、乡治村政论、乡政村治论五种。

（一）县政乡派论

这一观点主张国家政权应从乡村社会适度撤出来，虚化乡镇政府，将乡镇改为县级政府的派出机构，如乡（镇）公所。代表人物主要是华中师范大学的徐勇、贺雪峰教授等。

徐勇教授认为，“乡政村治”体制的确发挥了一定的作用，但随着市场化、现代化和民主化的发展，其不适应性也愈来愈明显，集中表现在：乡镇一直未能成为一级完备的政府；自古以来，县一直是我国基本的行政单位；责任强和权能弱的乡镇造成了村民委员会的行政化；县、乡、村自上而下的行政化治理的重要后果就是治理成本急剧加大，农民负担不断加重，加剧了乡村社会的离散性。据此，徐勇教授大胆地提出：“根据本人多年的调查思考，参照中外乡村治理经验，并从现实国情出发，我认为，……乡村治理结构应该进行结构性转换，实行‘县政、乡派、村治’。”①

---

①　徐勇：《县政、乡派、村治：乡村治理的结构性转换》，《江苏社会科学》2002 年第 2 期；徐勇：《乡村治理结构改革的走向——强村、精乡、简县》，《战略与管理》2003 年第 4 期。

贺雪峰教授明确认为，应在“差别性原则”的规制下，“将农业型乡镇改为县级派出机构乡公所，合情合理，顺理成章”①。在其2006年出版的著作中，重申了这样的观点②。

（二）乡村自治论

比县政乡派论更为激进的观点是乡村自治论。这一观点认为，国家政权应从乡村社会退回县级，撤销乡镇政府，实行乡村全面自治，代表人物是郑法和于建嵘两位教授。首先提出这一观点的是哈佛大学的访问学者郑法教授。郑教授认为：“很明显，正是因为乡政府对县政府的行政隶属关系构筑了县乡一体化的‘压力型体制’的基础。为此，解决县乡关系的根本办法是实行‘釜底抽薪’战略：即撤销乡政权，将国家的基层政权单位收缩到县一级。从目前来看，撤销乡镇政权的时机基本已经成熟。”而再设置县政府派出机构“区公所”，就“等于在乡镇政府之上又多了一个婆婆”③。

于建嵘教授认为：“随着国家对乡村经济依赖性的减弱和乡村市场经济的发展，以及传统的权力文化向现代权利文化的转变，国家的行政权力将逐渐退出乡村的政治领域，实现乡镇自治就应该成为改革的重要目标。”他主张“撤销乡镇政府，建立自治组织”，并认为“乡村社会是可以通过民主选举的方式形成有利于社会发展的公共意志并处理好地方公共事务的”④。

（三）乡政自治论

“乡政自治”和“乡镇自治”虽然只有一字之别但含义却是完全不同的。正如该观点的代表人物吴理财教授所指出的：“前者是在乡镇政府维持国家政权组织的基本前提下，增强乡镇政府的自主性，彻底改变它依附于县级政府的状况，使之真正成为乡镇社区有效治理的主体单位；后者则是取消乡镇政府的国家（政权）属性，将它变成完全的社

---

① 贺雪峰、董磊明：《农村乡镇建制：存废之间的思考》，《中国行政管理》2003年第6期。

② 贺雪峰：《乡村研究的国情意识》，湖北人民出版社2004年版，第133—134页。

③ 郑法：《农村改革与公共权力的划分》，《战略与管理》2000年第4期。

④ 于建嵘：《乡村自治：根据和路径》，《战略与管理》2002年第6期。

会自治组织。前者是一种制度内的增量民主改革；后者则是一种制度外的改革方式。前者重在国家与社会的相融和合作，后者则是对国家主义（准确地说是全能国家主义）的一种反动，主张社会自治力量的扩张。因此，对于前者而言，国家与社会可以实现可欲的双赢或互强；对于后者而言，国家与社会之间只能存在'你进我退、彼强此弱'式零和博弈格局。"

在"乡政自治"体制下，"乡镇政府领导人由乡村人民直接选举、重新优化配置乡镇的权力，建立和扩大乡镇政府与乡村社会新型的多元民主合作体制，扩展乡村人民民主参与乡镇政治的渠道，使之有足够的政治权力参与到乡镇政府的选举、决策、监督和治理等诸多层面及各种事务当中，使国家与乡村民间社会在乡镇社区治理中达成全面、积极和有效的合作"①。

（四）乡治村政论

这一观点的代表人物是中国科技大学的沈延生教授。1998 年沈延生教授就发表了《村政的兴衰与重建》一文，2003 年又发表了《中国乡治的回顾与展望》一文，重申了自己的观点。"乡治"即乡镇自治的简称，乡镇类似于日本的町村，主要是提供社区服务，以行政决策为辅，其财政与人事制度由上级统一制定，以防范社区黑恶势力对乡治的操纵；乡镇长由选民直接选举产生，乡镇自治代表机构亦由选民选举产生；乡镇长等人应作为政务官，随选举进退。所谓"村政"，就是将政府组织延伸至行政村，在村一级设立乡镇政府的派出机构——村公所，组成人员由乡镇政权委派，办公经费由乡镇财政承担②。

（五）乡政村治论

此类观点主张继续保留或者强化国家对乡村社会的渗透，保留或强化乡镇政权，加强乡镇政府，将其建设成为权能完备的一级基层政权。学术界的代表人物是北京大学的潘维教授和苏州大学的金太军教授，大多数乡

---

① 吴理财：《乡镇自治，还是乡政自治?》，《学习时报》2004 年第 5 期。

② 沈延生：《村政的兴衰与重建》，《战略与管理》1998 年第 6 期；沈延生：《中国乡治的回顾与展望》，《战略与管理》2003 年第 1 期。

镇干部也持类似的观点。

潘维教授在《质疑“乡镇行政体制改革”——关于乡村中国的两种思路》一文中指出：“体制改革要坚持实用主义和渐进主义的优秀传统，对体制变革的代价要保持高度的敏感，即保持理性，绝不能从价值观出发进行体制改革，特别是要警惕那些被称为‘普世’的价值观，一旦有人祭起‘普世’政治的旗帜，那就表示他们不准备讲道理、估代价、守理性。”潘教授认为：“加强基层政权才是我们努力的方向。基层政权出了问题，解决的方法只能是改善基层政权，目的还是加强基层政权，不是削弱或者取消基层政权。”①

金太军教授认为，乡镇政府目前的困境主要是“现行的乡镇政府职能和机构设置与当前农村发展的政治、经济形势不相适应的矛盾”造成的，因此改革的重点应当是“以职能转变为中枢，理顺政企关系；撤乡并镇，精简人员；简政放权，理顺条块关系等”。金教授特别指出：“离开作为我国政权系统末梢的乡镇政府，农村的社会稳定、经济发展就得不到可靠保障，部分乡村甚至可能沦为宗法、家族甚至黑社会、黄赌毒的天下。应该看到，中国后发外生型现代化国家的特质，决定了至少现阶段乡镇的作用无可替代。”②

二 五种改革模式简评

综上所述，迄今为止，学术界就乡镇政权的改革创新问题进行了大量的卓有成效的研究，提出了各种各样的改革方案或曰模式。这一事实说明，一方面，我国的乡镇政权的确存在着系列性的问题，在构建社会主义和谐社会，全面深化改革和推进依法治国的时代背景下必须坚定不移地推进改革创新，以便为乡村社会的发展进步提供有效的制度供给；另一方面，也反映了我国知识分子忧国忧民的传统美德和道德良知。尽管我们称之为五种模式，但从研究的层次上来讲，可以说集中到了三个层面：首先是价值层面的研究，也就是乡镇政权改革

① 潘维：《质疑“乡镇行政体制改革”——关于乡村中国的两种思路》，《开放时代》2004年第2期。

② 金太军：《推进乡镇改革的对策研究》，《中国行政管理》2004年第10期。

以什么价值为指导的问题。可以说，迄今为止，大多数研究者将其指向了以自治或有限自治为核心的民主，也希望通过广泛的基层民主实践最终实现自下而上的政治民主化。其次是抓住了政府职能转换这一改革创新的核心，这已成为学术界和党中央的共识。最后，机构精简，裁汰冗员等对策研究，主张精简乡镇政权机构，裁减冗员，理顺县乡关系，切实减轻农民负担。

同时，我们也应该看到，当前学术界的研究仍存在着大量需要深入研究的问题。首先，关于乡镇政权改革建设的价值导向的研究极为薄弱。大多数研究者或者明确指出民主取向或者认为这是不言自明的必然的价值选择。而事实上，乡镇政权的改革创新需要找到切实符合我国国情和基层社会发展进步所需要的价值原点。否则，一切学术研究和改革实践就像无根的浮萍，缺乏落地生根的能力，只会随着国外研究的动向而盲动，一味强调按照新公共行政和新管理主义的要求，实现“民主行政”和“政府再造”，从而实现以效率、市场和社群为取向的三个核心目标①。其次，关于乡镇政权改革创新的理论准备很不充分，关于乡镇政权的历史演进及其历史的经验、乡镇政权在中国尤其是新中国存在的特殊价值、新中国成立以来乡镇政权历次改革的文本解读和经验总结、乡镇政府的职能究竟转变什么等理论问题仍没有很好地解决。再次，大都有一种将个案和局部经验“放之四海而皆准”的冲动。以华中师范大学中国农村问题研究中心为代表的一批学者近年来特别注重个案研究及以工商业为主的乡镇和农业为主的乡镇之改革的差异性，实属难能可贵。众所周知，我国这样一个超大规模的社会，各省区市之间的差别本就十分明显，更为重要的是，我们必须注意到以西藏自治区为代表的民族地区的特殊情况。很显然，这些民族地区的乡镇政权的改革创新，从更广泛意义上来讲的政治发展，更多的考量因素是维护国家的统一和领土完整、民族关系的和谐、民族地区的长治久安等政治问题。最后，不少改革创新的建议往往显得简单而粗暴。乡村自治论和乡政自治论即是典型的代表。正如潘伟教授所批评道：“减少乡镇政府冗员最粗暴愚昧的方法就是干脆取消乡镇政府”，这是因为“政权延伸到乡村的每个角落，乃是构成全世界所有‘现代社会’的基本前提。”

---

① Vivien Lowndes, We are Learning to Accommodate Mess: Four Propositions about Management Change in Local Governance, Public Policy and Administration, Vol. 12, No. 2, 1997, p. 85.

“中华人民共和国的基石就是农村基层政权。农村基层政权是先辈们经过两千多年浴血奋斗，由郡而县，由县而乡镇，由乡镇而村庄，一步步建起来的。”①

① 潘维：《质疑“乡镇行政体制改革”——关于乡村中国的两种思路》，《开放时代》2004年第2期。

第二篇　西藏乡镇政权的创建与发展

第四章　西藏乡镇人民民主政权的建立与巩固

历史上，旧西藏长期处于政教合一的封建农奴制社会，其基层政权单位设在乡村，先为政治、经济、军事统为一体的部落首领制，后出现谿卡庄园制。谿卡设“谿堆”、“佐扎”、“甲本”（相当于百户长、乡长），其下又设“根保”（相当于十户长、村长）。“庄园”分属于“官府”、“寺院”、“贵族”，由它的主人（庄园主）派出“涅巴”（管家）管理。还有一些地方由当地土司、寺庙“拉章”在其辖区设“甲本”（百户长、乡长）、“居本”（十户长、村长）、“措本”（或“打桑”，相当于区长）、“根保”、“冈佐”等。在牧区和半牧区为“杰布”（王或首领）。到1959年时，旧西藏地方有大小部落1340个①。1951年和平解放以前旧西藏的基层行政系统情况，已有不少的史料，《西藏自治区志·政务志》等工具书已有定论，一些学者也进行了专门研究，在此不再赘述②。1949年，成立了建立在主权独立、各民族一律平等和团结互助基础上的新中国，包括西藏在内各族人民无不为此欢欣鼓舞。在党和国家的亲切关怀与各族群众的拥护下，1951年5月23日签订《关于和平解放西藏办法的协议》（简称“十七条协议”），自和平解放至1959年民主改革，西藏出现了两种性质的三个政权并存的局面。1959年至1965年，随着叛乱的平定和民主改

---

① 《西藏自治区志·民政志》编纂委员会编：《西藏自治区志·民政志》，中国藏学出版社2010年版，第144页。

② 详见张云：《元代中央政府治藏制度研究》，黑龙江教育出版社2003年版；达瓦玉珍：《西藏帕竹地方政权的组织形式研究》，硕士学位论文，中央民族大学，2007年；王献军：《西藏政教合一制研究》，兰州大学出版社2004年版；格吉巴·旦增多吉：《原西藏地方政府机构》，卓玛译，《西藏研究》1998年第2期；王元红：《中国西藏古代行政史研究》，硕士学位论文，四川大学，2006年。另外，《西藏自治区志·政务志》、《西藏自治区志·民政志》、西藏各地市及各县的志书中，都有权威性的记述。

革的推进，西藏逐步建立起了同内地一样的人民当家做主的基层政权，1965年西藏自治区成立后，西藏乡镇政权的发展变化与各省区市大体相同。可以说，西藏乡镇政权建立与发展的历史过程具有较鲜明的特殊性。

一 西藏基层新政权的萌芽

1951年1月1日，昌都地区人民解放委员会成立，为中央人民政府政务院直辖区，将西康省管辖的昌都、武成（今贡觉县）等13个县划归昌都地区人民解放委员会管辖[①]。1951年5月23日，中央人民政府和西藏地方政府签订了“十七条协议”，协议明确规定：“根据中国人民政治协商会议共同纲领的民族政策，在中央人民政府统一领导之下，西藏人民有实行民族区域自治的权利，……对于西藏的现行政治制度，中央不予变更。……班禅额尔德尼的固有地位及职权，应予维持，……有关西藏的各项改革事宜，中央不加强迫。西藏地方政府应自动进行改革，人民提出改革要求时，得采取与西藏领导人员协商的方法解决之。”在这种情况下，和平解放后的西藏地区就出现了新旧政权并存的格局。昌都解放后成立了具有人民民主政权性质的昌都人民解放委员会，除此之外，还有代表农奴主阶级利益的政教合一的西藏地方政府（噶厦）。班禅从1952年起恢复了固有地位和职权，班禅堪布会议厅委员会仍按照惯例管理所辖区域，三个机构都受国务院直接领导，并将西藏地方划分为拉萨直辖区和朵麦基巧、日喀则宗、洛喀基巧、堆里嘎本、绛曲基巧、卓木宗等7个区。

1951年8月26日，昌都地区人民解放委员会在丁青召开三十九族各界人民代表会议，宣布成立昌都地区人民解放委员会第一办事处，辖丁青、色扎、尺牍、巴青、比如、聂荣、索宗、边坝、沙丁、嘉黎10个宗。同年11月25日，在波密成立第二个办事处，辖倾多、曲宗、易贡3个宗。

截至1954年，昌都地区人民解放委员会辖28个宗豁，噶厦辖111个宗豁，班禅堪布会议厅辖72个宗豁。

1955年3月，国务院决定成立西藏自治区筹备委员会，将昌都地区

① 《西藏自治区志·民政志》编纂委员会编：《西藏自治区志·民政志》，中国藏学出版社2010年版，第15页。

划归西藏自治区筹备委员会管辖。1956 年 4 月 22 日，拉萨正式成立了具有政权性质的协商办事机构——西藏自治区筹备委员会，负责筹备建立西藏自治区。8 月 29 日设立山南基巧办事处，8 月 31 日设立拉萨基巧办事处，9 月 2 日设立江孜基巧办事处，9 月 15 日设立日喀则基巧办事处，10 月 5 日设立塔工基巧办事处，10 月 9 日设立阿里、黑河两个基巧办事处。9 月 17 日，昌都地区人民解放委员会举行扩大会议，宣布解委会代行昌都基巧办事处职权。至此，西藏自治区筹委会辖 7 个基巧办事处、1 个解委会和 50 多个宗级办事处。1957 年 5 月 14 日，经中央批准，中共西藏工委作出《关于精简机构、紧缩开支的方案》，决定保留基巧级办事处，撤销了除昌都地区辖区外的各宗办事处。

1959 年 3 月 10 日，西藏地方政府上层反动分子发动叛乱，3 月 28 日，国务院发布命令，解散西藏地方政府，由西藏自治区筹备委员会行使西藏地方政府的职权。西藏自治区筹备委员会就成为西藏地区人民民主政权实体。4 月 20 日，国务院发布布告，撤销昌都地区人民解放委员会及所辖各宗的人民解放委员会。10 月 26 日，根据西藏工委发出的《西藏地区行政区划的调查意见》，自治区筹委会第 28 次常委会讨论通过《关于建立一个直辖市和七个专署的决议》，并上报国务院审批。1955 年至 1959 年，自治区筹委会共辖 8 个基巧办事处，83 个宗，64 个豁。具体情况如表 2 所示。

表 2　　1955 年至 1959 年西藏自治区行政区划表

辖区名称	所辖宗、豁
拉萨办事处（辖 32 宗豁）	林周宗、达孜宗、德庆宗、墨竹工卡宗、曲水宗、堆龙德庆宗、东嘎宗、旁多豁、撒拉豁、朗塘豁、卡孜豁、当雄豁、羊八井豁、宁中豁、纳木湖豁、蚌堆豁、色豁、南木豁、协仲豁、聂当豁、尼木门喀豁、麻江豁、列乌豁、折布林豁、洛麦豁、郎如豁、蔡豁、曲隆豁、札什豁、白仓豁、达波措斯豁、达木曲柯尔豁
黑河办事处（辖 8 宗豁）	黑河宗、朗如宗、申扎宗、恩果豁、新格尔豁、达木萨迦豁、南木错豁、曲柯尔豁
昌都办事处（辖 28 宗豁）	昌都宗、拉多宗、江达宗、西邓柯宗、贡觉宗、三岩宗、察雅宗、左贡宗、江卡宗、盐井宗、桑昂曲宗、八宿宗、洛隆宗、硕督宗、类乌齐宗、丁青宗、色札宗、尺牍宗、边坝宗、沙丁宗、巴庆宗、聂荣宗、比如宗、索宗、嘉黎宗、倾多宗、易贡宗、曲宗
日喀则办事处（辖 24 宗豁）	日喀则宗、南木林宗、定结宗、康巴宗、色仁孜宗、拉孜宗、彭措林宗、协格尔宗、昂仁宗、聂拉木宗、吉隆宗、宗嘎宗、萨噶宗、兰伦饶宗、拉布豁、嘉错豁、岭噶尔豁、金龙豁、萨迦豁、定日豁、梅康萨豁、谢通门豁、拉那仁钦孜豁、绒辖豁

续表

辖区名称	所辖宗、谿
山南办事处（辖25宗谿）	乃东宗、桑日宗、温宗、沃卡宗、隆子宗、拉加里宗、错那宗、多宗、僧格宗、琼结宗、札囊宗、桑耶宗、贡嘎宗、泽当谿、觉拉谿、嘉玉谿、哲古谿、达马谿、拉康谿、札期谿、堆谿、札谿、隆巴谿、昌古谿、姐德秀谿
江孜办事处（辖11宗谿）	江孜宗、仁布宗、浪卡子宗、白地宗、白朗宗、杜穷宗、帕里宗、岭谿、打隆谿、汪丹谿、亚东谿
阿里办事处（辖8宗谿）	噶尔宗、日土宗、普兰宗、札布让宗、达巴宗、革吉谿、改则谿、仲巴洛强谿
塔工办事处（辖11宗谿）	加查宗、郎宗、德木宗、觉木宗、则拉岗宗、雪卡宗、江达宗、拉绥谿、金东谿、古如郎木杰谿、白玛桂谿

资料来源：《西藏自治区志·民政志》编纂委员会编：《西藏自治区志·民政志》，中国藏学出版社2010年版，第18页。

从以上西藏基层政权建设大事记和图表观之，我们不难发现：首先，这段时间中，两种性质的政权同时并存。昌都人民解放委员会虽然所辖宗谿等基层政权数量最少，但该解委会直属于政务院（1954年改称为国务院），并在其所辖的各地设立人民解放委员会逐步开展工作，使之成为当地新型的基层政权机关，为各项工作的顺利开展提供了组织保障；通过开展统战工作，加强了与上层人士的接触和联系，为以后的工作打下了基础；加强与各族人民群众的联系，使人民群众深入了解共产党、热爱共产党，为人民民主政权的建立打牢群众基础。这些卓有成效的工作，在相关的历史文献中有细致感人的记述①，为最终建立党领导下的人民政权创造了条件。

其次，虽然噶厦所辖的宗谿达100多个，班禅堪布会议厅辖70多个宗谿，他们均代表着农奴主的利益，为农奴主服务，但是，昌都地区人民解放委员会，特别是西藏自治区筹备委员会成立后，派出工作组到各地宣讲党的民族、统战、宗教政策和路线方针政策，争取了一批又一批的爱国人士和宗教上层人士。各地的解委会和工作组通过兴办教育、进行社会优抚、发展卫生事业、修建桥梁道路等，在群众中做了大量卓有成效和有影响力的工作，使一大部分群众逐步了解并热爱共产党，从而使噶厦和班禅的执政基础开始发生改变。

---

① 详见景家栋等：《进军西藏日记》，新华出版社1999年版；苗丕一：《苗丕一回忆录》，西藏人民出版社2005年版。

最后，培养一批政治立场坚定，业务能力较强的少数民族干部，发挥好他们不可替代的作用，是党革命、建设和改革的一条重要经验。昌都人民解放委员会成立后，即开始培养少数民族干部，举办各种学习班，培养了一批懂政策，会业务，能讲汉语又能讲藏语的干部。西藏自治区筹备委员会成立后，更是系统性地开展民族干部的培养工作，开设专门的培训班，如中共西藏塔工委在1956年年底就吸收了100多名藏族干部采取边学边做的方法进行培养，还举办了一个专门的藏族干部培训班，每天学习藏语、算术、党团的有关知识和业务知识①。另外，西藏工委及各地方分工委还特别注重群团组织的建设和对干部的培养作用。如1954年3月，成立了西藏第一个妇女组织——拉萨市爱国妇女联谊会，而后各地陆续建立了此类组织，她们先后学习了宪法、民族区域自治实施纲要及党团知识，思想觉悟进一步提高，一些人最终光荣地加入了共青团或中国共产党②。据西藏工委在《关于八年来西藏工作基本总结和今后四年内工作方针和任务的报告》记述，截至1958年年底，共吸收和培养了6128名藏族干部和学员，发展了1190名藏族党员，1934名藏族团员，建立和发展了爱国青年、妇女的组织和工作。到1965年西藏自治区成立时，西藏少数民族干部已经达到了7600多人，占全区干部总数的33.34%，其中1000多名干部担任了各级领导职务③。这些民族干部为西藏的和平解放、民主改革和自治区的成立做出了重要的贡献。

二　西藏人民当家做主基层新政权的诞生

1959年3月10日，西藏上层反动集团撕毁“十七条协议”，发动全面武装叛乱。3月22日，中央驻藏代表、中共西藏工委书记张经武在北京向西藏工委传达了中央《关于在西藏平息叛乱中实行民主改革的若干

---

① 劭玉林：《中共西藏工委塔工分工委吸收百余名藏族干部进行在职培养》，《西藏日报》1956年12月6日。

② 顾云娟、刘爽：《山南一批藏族青年加入了青年团》，《西藏日报》1956年10月31日；《西藏日报》社：《日喀则、昌都、江孜等地妇女在各项工作中发挥积极作用》，《西藏日报》1957年3月8日。

③ 徐敏、黄立存：《三十春秋辉煌路——记西藏民族干部队伍建设》，《西藏党校》1995年第4期。

政策问题的指示》，指出：中央原来决定的6年不改的政策，因西藏地方政府已经撕毁协议，背叛祖国，自然不能再继续执行下去。“中央认为在这次平息叛乱的战争中，必须同时坚决地放手发动群众，实行民主改革。”3月28日，周恩来总理发布国务院命令，宣布解散西藏地方政府，由西藏自治区筹备委员会行使西藏地方政府职权。5月2日，中共西藏工委拟定《关于当前在平叛工作中几个政策问题的决议》，就接管旧政权、重划行政区划等13个方面的问题，制定具体政策和执行办法。7月1日，西藏工委指示，在开展民主改革第一步“三反双减”运动中，要充分发动群众，逐步建立县、区、乡农民协会。6月28日至7月17日，自治区筹备委员会召开第二次全体委员会议，会议通过了在全区进行民主改革的决议。《决议》强调彻底废除封建农奴制度，在深入发动群众的基础上，组织农（牧）民协会，区以下农（牧）民协会在民主改革期间，代行农村基层政权职能。同时，通过了《西藏地区县、区、乡农民协会组织章程》，规定农（牧）民协会是协助政府执行各项政策、法令和实行民主改革的合法执行机关，在民主改革未完成前，乡、区农（牧）民协会代行乡、区政权的一切职权。7月5日，乃东县凯松（也翻译为“克松”）谿卡农奴选举产生西藏第一个农牧民协会①，7月19日，乃东县成立西藏第一个县农民协会②。截至9月，西藏共建立起503个农（牧）民协会组织，会员达到10万余人。农（牧）民协会虽然都是属于群众性的组织，“但在目前尚未建立农村基层政权的条件下，它们行使着政权机构的一切职权，代表着广大农牧民的利益，成为农牧民获得彻底翻身解放和镇压反动统治者反抗的机构”③，在组织农牧民积极参加民主改革、领导他们进行土地分配和发展生产、进行爱国主义和人民民主教育、实行人民民主权利、贯彻政府法令等方面发挥了积极的作用，为各地各层级人民民主政权的建立打下了基础。正是在这样的情境下，10月31日，中共西藏工委在《关于西藏地区建立各级政权组织的指示》中指出，随着民主改革的完成，逐步建立县、区、乡人民政府，县、区、乡人民政府成立时召开人民代表大会。11月24日，中共西藏工委在《关于已完成民主改革地区的工

① 林田等：《索康凯松谿卡（庄园）调查报告》，《西藏日报》1959年7月24日。

② 乙化：《农奴们站起来了——乃东县第一次农代会侧记》，《西藏日报》1959年7月24日。

③ 王运祥：《山南人民站起来了》，《西藏日报》1959年9月30日。

作安排》中指出，在群众发动较好的地区，把区、乡政权和武装治安小组建立起来①。

进入1960年，随着民主改革的顺利推进，西藏各地各层级人民政权相继建立。1960年1月7日，国务院通过了《关于西藏地区市县行政区划分的决定》，将西藏原有的83个宗和相当于宗的独立谿卡合并划分为1个市、72个县，同时设立7个专员公署②。“1960年，全区建成60个县，5个相当于县的市辖区政权，283个区级政权，1009个乡级政权（未含阿里地区）。另外，还建立了乡农（牧）民协会957个、乡牧民协会164个。”③ 具体情况如表3所示：

表3　**1961年西藏自治区行政区划表**

地市名称	所辖县
拉萨市（辖9县区）	城关区、林周县、达孜县、当雄县、曲水县、墨竹工卡县、堆龙德庆县、尼木县、旁多县
那曲专区（辖9县）	黑河县、聂荣县、巴青县、索县、比如县、安多县、班戈县、申扎县、达木萨迦县
昌都专区（辖12县）	昌都县、江达县、贡觉县、察雅县、左贡县、宁静县、桑昂曲县、洛隆县、八宿县、丁青县、边坝县、类乌齐县
山南专区（辖12县）	乃东县、桑日县、加查县、朗县、隆子县、拉加里县、哲古县、错那县、洛扎县、琼结县、扎囊县、贡嘎县
日喀则专区（辖11县）	日喀则县、南木林县、定结县、萨迦县、拉孜县、定日县、聂拉木县、吉隆县、谢通门县、昂仁县、萨噶县
林芝专区（辖7县）	林芝县、米林县、工布江达县、墨脱县、波密县、嘉黎县、雪巴县
江孜专区（辖6县）	江孜县、仁布县、白朗县、亚东县、浪卡子县、打隆县
阿里专区（辖7县）	噶尔县、日土县、革吉县、改则县、札达县、普兰县、仲巴县

资料来源：《西藏自治区志·民政志》编纂委员会编：《西藏自治区志·民政志》，中国藏学出版社2010年版，第20页。

① 中共西藏自治区委员会党史研究室：《中国共产党西藏历史大事记（1949—2004）》，中共党史出版社2005年版，第162页。

② 同上书，第165页。

③ 《西藏自治区志·民政志》编纂委员会编：《西藏自治区志·民政志》，中国藏学出版社2010年版，第146页。

三 西藏人民当家做主基层新政权的巩固

1961年4月2日，在西藏自治区筹备委员会第五次全体会议上，筹委会代主任委员班禅额尔德尼·确吉坚赞作了题为《1960年工作基本总结和1961年工作安排》的报告。报告确定了除巩固人民民主专政政权外的第二大任务即是“必须在条件成熟的地区进行民主选举工作。……正式建立人民代表大会制的乡、县两级人民委员会”。报告还特别指出，在乡级人民代表大会制建立之后，再建立县级人民代表大会制，1961年应在全区大部分地区建立起乡、县两级人民代表大会，以便为将来召开自治区的人民代表大会、成立自治区人民委员会积极创造条件[①]。

1961年4月21日，中共中央在《关于西藏工作的指示》中指出：“今后西藏工作必须采取稳定发展的方针，从今年算起，5年内不搞社会主义改造，不搞合作社，更不搞人民公社，集中力量把民主革命搞彻底。……经过普选建立各级人民代表大会和人民委员会，是彻底完成民主改革和巩固人民民主专政的一个重大步骤，也是西藏历史上从来没有过的一件大事。基层人民代表大会及其选出的人民委员会应该在农会的基础上建立起来，务必树立贫苦农民的优势，权力务必掌握在贫苦农民之手，并且真正能够代表广大农民的意志，成为当地人民的权力机关，在党的领导下实行人民民主专政。……基层和县级人民代表大会应当在今年建立起来，争取明年或至迟在后年召开自治区人民代表大会，成立西藏自治区。”[②]

1961年5月30日，中共西藏工委原则同意西藏自治区普选工作筹备小组起草的《西藏自治区各级人民代表大会选举条例（初稿）》和《西藏自治区各级人民代表大会和人民委员会组织条例（初稿）》，以及选举条例中几个问题的说明意见。6月初，选取拉萨市城关区、堆龙德庆县古荣乡、乃东县茶鲁乡进行全区民主选举试点工作。8月25日，经国务院批准，西藏自治区选举委员会正式成立，并举行了第一次全体委员会会议，

---

① 班禅额尔德尼·确吉坚赞：《1960年工作基本总结和1961年工作安排——在西藏自治区筹备委员会第五次全体会议上的报告》，《西藏日报》1961年4月14日。

② 中共中央文献研究室、中共西藏自治区委员会编：《西藏工作文献选编（1949—2005）》，中共文献出版社2005年版，第253—263页。

会议决定建立西藏各级选举机构。

乡、县选举和人民民主政权的建立，有力地推动了西藏自治区的成立。1965 年 8 月 25 日，全国人大常委会第十五次会议讨论并批准了国务院提出的成立西藏自治区的决议。9 月 1 日至 9 日，西藏自治区第一届人民代表大会第一次会议在拉萨召开，宣告西藏自治区正式成立。相应地，从西藏自治区成立之日起，西藏工委改为中共西藏自治区委员会，各分工委改为地委。西藏第一届人民代表大会的召开，标志着人民民主政权在西藏的彻底胜利，封建农奴制度和贵族僧侣专政旧政权的灭亡，西藏实现了社会制度的历史性跨越，与全国人民一道走上了社会主义道路。正如习近平同志评价道："黑暗落后的封建农奴制度被彻底废除，在旧西藏连做人的基本权利都没有的百万农奴成为国家和社会的主人，依法拥有并享受着广泛的政治、经济、文化、社会权利，思想观念和精神面貌发生了深刻变化。经过民主改革和成立自治区，西藏各族人民走上了社会主义康庄大道。"①

至 1963 年 10 月，全区有 1029 个乡进行了普选，召开人民代表大会，成立乡人民委员会，占当时总乡数的 52.8%。截至 1965 年 7 月，西藏基层选举工作基本结束，全区 1359 个乡进行基层选举，召开第一届乡人民代表大会，567 个乡召开人民代表会议代行乡人民代表大会职权。两项合计，占全区乡镇总数的 92%，建立了以翻身农奴占绝对优势的乡人民政权——乡（镇）人民委员会②。1965 年西藏全区基层政权情况统计如表 4 所示。

表 4　　1965 年西藏自治区基层政权建设情况统计表　　单位：个

地市名称	县（区）人民委员会	派出机构		镇人民委员会	乡人民委员会	其中	居民委员会	备注
		区公所	街道办事处			边境乡人民委员会		
拉萨市	12	62	6		305	8		城关区 6 个街道办事处：德吉路、吉日、八廓街、巴尔库、蔡公堂、纳金

① 习近平：《在庆祝西藏和平解放 60 周年大会上的讲话》，《光明日报》2011 年 7 月 20 日第 3 版。

② 《西藏自治区志·民政志》编纂委员会编：《西藏自治区志·民政志》，中国藏学出版社 2010 年版，第 154 页。

续表

地市名称	县（区）人民委员会	派出机构		镇人民委员会	乡人民委员会	其中	居民委员会	备注
		区公所	街道办事处			边境乡人民委员会		
日喀则	18	92		4	481	105		亚东县帕里镇；下司马镇；江孜县城关镇；日喀则县城关镇
山南	13	70		2	337	45		乃东县泽当镇；贡嘎县姐德镇
昌都	13	103		1	510	15		昌都县城关镇
那曲	9	65		1	318			那曲县黑河镇
阿里	6	27			113	22		
合计	71	419	6	8	2064	195		
说明	1. 县人民委员会中含拉萨市城关区人民委员会。 2. 街道办事处、镇人民委员会均为区级建制。 3. 乡人民委员会中含相当于乡级建制的居民委员会。							

资料来源：《西藏自治区志·民政志》编纂委员会编：《西藏自治区志·民政志》，中国藏学出版社 2010 年版，第 154 页。

第五章　西藏乡镇人民公社体制的确立与终结

西藏民主改革逐步建立各级人民政权后，乡镇政权管理体制的变迁大体与内地的情况一致，也经历了“政社合一”人民公社体制的确立和最终走向结束的历史过程，只是由于自身的特殊原因和中央的政策要求而呈现出自身的诸多特点。

一　西藏乡镇人民公社体制的初步尝试

当西藏忙于平定叛乱、推进民主改革和建立各级政权组织之时，内地已经掀起了大办人民公社的高潮。对此，西藏地方也给予了高度的关注，《西藏日报》于1958年9月11日刊发了《中共中央关于在农村建立人民公社问题的决议》并陆续报道了各省区市兴办人民公社的情况。西藏开始合作社的工作于1960年。1960年7月20日，中共西藏工委发出必须彻底进行土改复查工作的紧急通知，要求各分工委下半年要选择几个点试办农业生产合作社。到1960年8月，西藏农村已经建立起来了8400多个农业生产互助组，10万多农户参加互助组，占已完成民主改革地区总农户的85%。在山南、林芝、江孜和拉萨等地，已有90%到95%的农户参加互助组。10月18日，中共西藏工委在安排第四季度主要工作时指出要进行农业生产合作社的试办工作，有条件的县可以试办一两个，分工委可以试办一两个，边境地区暂不试办。11月15日，中央对西藏试办农业合作社问题作出批复，认为西藏地区几年内不应试办生产合作社，因此，11月20日，西藏工委叫停了试点工作。尽管如此，到1960年年底，西藏全区已建立起生产互助组1.3万多个，入组农户约15万，占已进行民主改革地区总农户数的90%左右①。

---

① 中共西藏自治区委员会党史研究室：《中国共产党西藏历史大事记（1949—2004）》，中共党史出版社2005年版，第176、179页。

1961年1月5日，邓小平在听取国家民委副主任杨静仁同志的工作汇报后指出，西藏农业合作社5年内不搞，包括农牧区也一样①。1月24日，周恩来在与班禅额尔德尼·确吉坚赞和张经武的谈话中再次指出：前一时期，中共西藏工委工作有点急，搞了合作社，有的甚至用了人民公社的名字。现在就要把农民占有土地的制度巩固下去。可以提“增加生产，迎接西藏自治区的成立”口号。在此情况下，3月26日，西藏工委制定了《整顿巩固农业生产互助组和停止试办农牧业生产合作社的方案》，西藏工委书记张经武在4月2日召开的西藏自治区筹委会第五次全体会议上，作了《关于党在西藏地区今后五年不搞社会主义改造，不办农牧业生产合作社，稳定发展个体经济方针》的重要讲话②。

二　西藏乡镇人民公社体制的逐步建立

1964年7月17日，中共西藏工委在林芝召开会议，会议认为：“五年不办社”即将到期，西藏革命已进入社会主义新阶段的伟大历史时期。会议提出，到1970年基本完成社会主义改造，改个体所有制为集体所有制，把西藏改变为社会主义新西藏。1965年3月15日，中央书记处决定，西藏可以着手搞人民公社试点。7月18日，堆龙德庆县通噶乡试办1个人民公社，7月20日，达孜县邦堆乡试办1个人民公社。8月17日，西藏工委扩大会议上通过了《西藏自治区党委关于农牧业社会主义改造若干问题的意见（草案）》，指出：西藏进入社会主义革命阶段，主要矛盾是社会主义和资本主义两条道路的斗争。在农业区进行试验，分期分批实现人民公社的客观条件基本具备。对于西藏再次创建人民公社，1965年8月29日，中共中央在对西藏进行社会主义改造问题的批复中指出：中央同意在西藏有领导、有计划、有步骤地试办人民公社（先办初级社），但暂时不要在报纸上宣传，也不必提到这次自治区代表大会所作的决定。也特别提醒西藏工委，在建立人民公社的时候，宁可时间用得长些，准备得充分些，搞得稳一些。要特别注意防止一哄而起，打被动仗，

---

①　中共中央文献研究室、中共西藏自治区委员会编：《西藏工作文献选编（1949—2005）》，中共文献出版社2005年版，第243—245页。

②　《西藏自治区志·民政志》编纂委员会编：《西藏自治区志·民政志》，中国藏学出版社2010年版，第147页。

应先在专区领导下和少数领导能力强的县领导下搞少数试点。

根据中共中央和西藏工委的这一精神，9月至10月，达孜县试办了8个人民公社，分别是叶巴、林卡、克日、雪达、德庆、新藏、白纳、章多8个乡。12月，日喀则县在塔杰乡、强曲乡和城关第七居民委员会试办了3个人民公社[①]。1966年2月7日，西藏自治区党委召开全区"三大教育"（即阶级教育、爱国主义教育和社会主义前途教育）工作会议，研究制定了《关于"三大教育"运动中若干问题的意见（草案）》，指出："三大教育"的目的是实现社会主义改造，逐步实现人民公社化。3月20日，自治区人民委员会提出要深入开展"三教"、"四清"（清政治、清经济、清组织、清思想）运动，重点解决好领导核心问题，办好人民公社试点……到1970年全自治区基本实现人民公社化。在这样的政策指导下，试办人民公社的工作在各地迅速扩展。到1966年年底，全区试办人民公社150多个[②]。

至此，西藏自治区存在以区、乡人民政府为主导，以人民公社为辅的基层政权新形式。尽管从文件的初衷观之，西藏工委，特别是中央对在西藏进行社会主义改造，建立人民公社持有相当谨慎的态度，但在全国政治气候的影响下，西藏最终还是建立起了"政社合一"的人民公社体制。

三　西藏乡镇人民公社体制的最终确立与结束

承上所述，西藏"政社合一"的人民公社体制从1965年开始试点到1985年全区完成撤社建乡，前后经历了20年。"政社合一"的人民公社体制的确立与"文革"的推动密切相关，并与社会主义改造相关联。

1967年1月6日，"文革"开始，西藏自治区各部、委、厅、局相继被"造反派"非法夺权。1968年8月28日，中共中央、国务院、中央军委、中央"文革"指示西藏自治区成立革命委员会，9月5日，拉萨召开5万多人的大会，西藏自治区革命委员会成立。"文革"开始之初，各地的基层政权尚未受到冲击，但年底后就逐步失控，县级领导机构和工作机

---

① 中共西藏自治区委员会党史研究室：《中国共产党西藏历史大事记（1949—2004）》，中共党史出版社2005年版，第230—231页。

② 《西藏自治区志·政务志》编纂委员会编：《西藏自治区志·政务志》，中国藏学出版社2007年版，第570页。

构的领导已徒有其名，无权也无法开展工作，区、乡级的政权机构都存在，尚能部分运转。

1969 年 3 月 22 日，西藏自治区革委会和中国人民解放军西藏军区联合发出《关于建立各级革命委员会的范围的通知》，指示地、县、区、乡和街道办事处均要建立革命委员会，生产队建立革命领导小组。自此，乡镇“革命委员会”代替了乡镇人民委员会，人民公社管理委员会改为人民公社革命委员会。12 月 14 日，自治区革委会政工组通报全区革命大联合和革命三大结合情况。全区除阿里地区外①，共有 406 个区、1941 个乡（公社），成立革命委员会的区有 179 个、乡（公社）有 874 个②。

1970 年 11 月 3 日，西藏自治区革委会党的核心小组和中央农村工作部党的核心小组向毛泽东主席呈报《关于西藏地区农牧业社会主义改造问题的请示报告》，认为在西藏进行社会主义改造和建立人民公社的条件基本具备。12 月 8 日，中共中央发出《关于西藏社会主义改造问题的指示》，原则上同意西藏在完成民主改革的基础上，有领导、有计划、有步骤地实现人民公社化，实现由新民主主义社会向社会主义社会的过渡。当年，西藏自治区（不含阿里地区和林周县）已办人民公社 1071 个，其中农业社 873 个、牧业社 198 个，正在办社的 85 个。全区已实现人民公社化的县 16 个，基本实现公社化的县 8 个，办社半数以上的县 9 个③。

1972 年，按照中共中央《关于西藏社会主义改造问题的指示》，全区进行整社，在整社的过程中又新建了 68 个人民公社，668 个尚未建社。1973 年 9 月 1 日，西藏自治区党委发出《关于牧业社会主义改造的基本情况和今后意见》，要求力争在 1975 年基本完成牧业的社会主义改造，

---

① 1969 年 12 月 18 日，毛泽东批发的中共中央《关于加强阿里地区工作指示》文件中批示：“阿里地处祖国西南边疆，战略地位十分重要，环境十分艰苦，各级领导要对他们十分关心。”接着中央规定：“阿里地区和行政区划仍归西藏自治区外，党、政、财、文工作划归新疆维吾尔自治区党委和新疆军区领导。”1980 年 1 月 1 日，阿里地区重新划归西藏自治区管辖。阿里地区是从 1968 年开始试办人民公社的，1968 年 7 月 7 日，阿里地区第一个人民公社——日土县下曲龙人民公社成立，至 1970 年年底，阿里地区乡镇全部实现了人民公社化。详见《阿里六十年》编写组：《阿里六十年》，西藏人民出版社 2011 年版，第 76—79 页。

② 《西藏自治区志 · 民政志》编纂委员会编：《西藏自治区志 · 民政志》，中国藏学出版社 2010 年版，第 157 页。

③ 《西藏自治区志 · 政务志》编纂委员会编：《西藏自治区志 · 政务志》，中国藏学出版社 2007 年版，第 577 页。

1975 年上半年全部实现人民公社化。到年底，新建社 366 个，全区共有人民公社 1596 个，其中已办农业社 1255 个，占农业总乡数的 90.48%；牧业社 341 个，占牧业总乡数的 64.46%；边境建社 75 个，占边境乡总数的 65%。28 个县实现了公社化。1974 年 11 月 14 日至 28 日，全区农业学大寨经验交流会在拉萨召开，自治区党委书记高圣轩作了题为“巩固提高人民公社，发展壮大集体经济”的报告。截至 1974 年年底，全区 97% 的乡建立起了人民公社。到 1975 年，全区共建人民公社 1921 个，占全区的 99%①。至此，西藏全区实现人民公社化。

1978 年年底召开了具有伟大历史意义的十一届三中全会，开启了对内改革对外开放的伟大征程。但在“文革”结束后的几年内，人民公社体制以及革命委员会仍然是各级政权的主要形式，全国各省区市基层政权的改革是逐步展开的。1979 年 8 月，根据全国人民代表大会通过的新《组织法》的规定，西藏自治区三届人大二次会议上，结束了自治区一级的革命委员会体制。1981 年前后，陆续恢复了县人民政府、区公所和乡镇人民公社管理委员会，从而告别了革命委员会体制，区公所为县人民政府的派出机构。根据 1982 年新《宪法》的颁布和 1983 年 10 月中共中央和国务院下发的《关于实行政社分开建立乡政府的通知》，1984 年 7 月 19 日，西藏自治区党委和人民政府发出《关于加快建立乡政府步伐的通知》，就加快政社分开，建立乡政府的有关问题作出明确的部署。1984 年 9 月 18 日至 26 日，自治区建立乡人民政府领导小组在拉萨召开试点工作会议进行专门部署安排。到 1985 年年底，撤社建乡的工作基本结束。全区除墨脱县外②，全部完成了建乡工作，共建立了 2070 个乡人民政府（其中，民族乡人民政府 8 个），镇人民政府 9 个。另外，县（区）在基层设立 436 个区公所③。

至此，政社合一的人民公社体制宣告终结。

① 《西藏自治区志·民政志》编纂委员会编：《西藏自治区志·民政志》，中国藏学出版社 2010 年版，第 160 页。

② 墨脱县的情况较为特殊。1959 年建县，1964 年划归拉萨市管辖，1986 年划归林芝地区管辖至今，直到 1988 年才建立起乡镇政府。

③ 《西藏自治区志·民政志》编纂委员会编：《西藏自治区志·民政志》，中国藏学出版社 2010 年版，第 163 页。

第六章　改革开放以来西藏乡镇政权的改革建设

1985年西藏乡镇的人民公社体制总体上结束后，与内地同步，开始了在改革开放新形势下的乡镇政权建设，使西藏的基层政权建设也逐步走上了规范化和法治化的道路。当然，与其他省区市相比，撤销区公所、调整乡镇的建制规模较大也较为频繁，乡镇政权建设的重点是强化其特殊的职责和使命。同时，也有民族乡和边境乡的改革建设问题。

一　1987年至1989年西藏乡镇政权的调整和建设

1985年撤社建乡后，西藏乡镇就立即面临着进一步调整和建设的问题。1987年8月3日至11日，自治区党委和政府在拉萨召开了全区基层政权建设工作会议，会议强调要更新观念、分析现状、总结经验、统一思想，研究和制定适合西藏实际的基层政权和基层党组织建设的方针、政策。同时，也特别强调，要从西藏的实际出发，在加强基层政权和党组织建设的同时，把共青团、妇联、民兵、治保等组织的建设纳入党委和政府的议事日程，并加强对县乡换届工作的领导。对此次会议，《西藏日报》作了较详细的系列性报道①。会议经过研讨，通过了中共西藏自治区委员会、人民政府《关于加强基层政权建设的决定》、《关于加强基层政权建设的若干政策规定》和中共西藏自治区委员会《关于加强农牧区基层党组织建设的决定》三个重要文件。文件认为，加强西藏基层政权建设和党组织建设具有重要性和迫切性，重点指出全区撤社建乡工作虽然改变了“政社合一”的体制，但存在着基层政权职能作用没有得到充分发挥、基

① 《西藏日报》社，《我区基层政权建设工作会议在拉萨开幕》，《西藏日报》1987年8月4日。

层党组织的三大建设跟不上、区和乡的行政管理体制不适应经济发展与社会进步的需要、基层干部素质较低等一系列的问题。因此，加强基层政权建设对加强社会主义民主法治，巩固边防，维护祖国统一，增强民族团结，促进社会治安和社会风气的逐步好转，全面推进行政改革，促进城乡经济社会发展等各方面均具有重要的意义①。

为了达到上述目标，《关于加强基层政权建设的若干政策规定》明确要求，为了加强和改进基层工作，减少工作层次，提高工作效率，本着有利于管理，有利于经济发展，有利于团结，有利于方便群众，有利于巩固边防的原则，原来的区除一般边远偏僻、居住分散、交通不便的，有特殊原因的边境区可以保留外，其余的一般都应撤销或改区为乡，实行由县直接领导乡的体制；乡的规模大小，要根据各地的人口、地理、交通条件以及经济发展现状等实际情况，参照历史习惯进行合并，但不搞一刀切，既要防止越大越好，强拉硬拼，又要注意防止该并的不并，甚至把原来的乡再划小；过去的区划不合理的，经过协商，做好群众工作的基础上，可以跨区、跨县、跨地区进行调整；民族乡的建制与区划一般不宜变动，需要变动的要征得当地群众和自治区民宗委的同意并按手续报批；与邻国有争议的边境乡，继续保持现状，暂不变动；对于历史上有影响的乡镇，对其规模可以调整但名称不准更改。该文件也就乡镇干部的编制、行政建制调整的审批权、乡镇干部的来源和待遇、乡镇行政经费的管理等问题均进行了规范②。

这一项工作至 1989 年 2 月基本结束，基本完成了加强基层政权建设的各项任务。对此，西藏自治区民政厅也进行了很好的总结。在此期间，全区除阿里地区由于面积广阔，交通不便而区和乡设置未变外，其他地市的区、乡均进行了调整。调整后，全区共设有 71 个区、895 个乡、30 个镇，区和乡的数量分别比调整前减少了 83.7% 和 56.9%，镇比调整前增加了 3 倍多。全区配备区、乡干部 7543 名，其中从县、区选调干部 3127

---

① 《西藏日报》社，《中共西藏自治区委员会人民政府关于基层政权建设的决定》，《西藏日报》1987 年 8 月 27 日。

② 《中共西藏自治区委员会人民政府关于加强基层政权建设的若干政策规定》，见《西藏自治区志・政务志》编纂委员会编：《西藏自治区志・政务志》，中国藏学出版社 2007 年版，第 1452—1455 页。

名，聘用干部4416名①。同时，着手改善乡镇办公条件和生活条件。据统计，1988年至1989年共安排了1.3亿元资金用于改善基层政权的办公条件。具体情况如表5所示。

表5 1988年至1989年西藏自治区基层政权基础设施建设投资情况统计

单位：个、万元

地市		合计	拉萨市	林芝	山南	那曲	日喀则	昌都	阿里
基建乡镇数	合计	880	122	54	153	161	219	171	—
	乡	819	86	52	151	159	209	162	—
	镇	30	5	2	2	2	10	9	—
	居委会	25	25	—	—	—	—	—	—
	办事处	6	6	—	—	—	—	—	—
平均每乡投资		10.51	10	11.1	10	10	10	10	—
总投资	合计	9250.1	1220	600	1530	2000.1	2190	1710	—
	自治区	566.2	732	400	918	1200.2	1390	1026	—
	地县	3583.9	488	200	612	799.9	800	684	—

资料来源：《西藏自治区志·民政志》编纂委员会编：《西藏自治区志·民政志》，中国藏学出版社2010年版，第167页。

1989年9月28日，西藏自治区人民政府办公厅转发民政厅等部门《关于进一步加强农牧区基层政权建设的意见》。该《意见》提出了重点建设的八个方面：继续抓好乡镇领导班子建设；加紧落实乡镇干部的培训工作；切实发挥乡镇人民代表大会的作用；加强乡镇人民政府自身的建设；提高聘用干部的工资待遇；建立健全乡镇政府职能；加强村（居）民委员会建设；开展先进乡镇政府和村（居）民委员会的评比表彰活动。

通过四年多的调整和规范，西藏自治区800多个乡镇政权得到了初步的规范，进一步巩固和发展了基层政权，也使乡镇的办公条件和干部的生活条件大大改善，为1990年后的改革建设打下了良好的基础。

二 1990年以来西藏乡镇政权的改革和完善

1991年5月25日，西藏自治区民政厅印发了《西藏自治区民政事业

① 西藏自治区民政处：《深化农牧区改革，促进经济发展，全区加强基层政权建设工作基本结束》，《西藏日报》1989年2月25日。

发展十年规划和“八五”计划纲要》。《纲要》把加强农村、牧区基层政权的管理职能和服务职能建设，村（居）委员会成为依法自治的基层群众组织作为20世纪90年代民政事业发展的战略目标。其中，重点任务是制定《村民委员会组织法（试行）》和《城市居民委员会组织法》实施细则，推进基层民主政治建设；抓好乡镇政府的配套建设和改善乡镇办公、生活条件的基本建设；加强乡镇的组织建设和制度建设，提高乡镇的政府服务和管理职能；抓好乡镇干部的培训工作。1992年1月25日，西藏自治区党委和政府发布了《关于加强以农牧区基层党支部为核心的乡（镇）、村组织配套建设的意见》。该《意见》提出乡镇政府要因地制宜，制定好各项规章制度，建立健全乡镇长目标管理责任制；提高乡镇干部的素质；加强乡镇政府所属的现有服务机构的建设，充分发挥农业技术推广站、兽防站、卫生所、供销社、信用社、邮电所等部门的职能作用。同年6月24日，自治区民政厅在《关于加快民政工作改革步伐的初步设想》中拟定转变乡镇职能，简政放权，强化乡镇政府的职能。要求凡已经在乡镇建立配套机构适合乡镇管理的，主管部门要从所属机构人、财、物下放给乡镇人民政府管理，并继续从资金、人才、物资等方面给予支持。同时，以条条为主管理的部门，要实行条块结合，以块为主的管理体制；建议在自治区和各地市建立基层政权建设机构，配备专门人员进行管理。截至1992年，全区共培训乡镇干部和基层党员18658人次，农牧区新建卫星接收站、文化站、活动室、图书室达350多个；全区928个乡镇政府共有乡镇干部6870人（林周县、文部办事处除外），其中选派乡镇干部2408人，聘用干部4462人①。

1994年8月29日，根据反分裂斗争形势的需要，为确保西藏农牧区的长治久安，西藏自治区组织部、综治委、政法委、编委联合发出《关于在乡镇（街道）领导班子中配齐专抓社会治安综合工作副职的通知》。按照要求，全区各乡镇和街道办党委或政府在年内均配备了专抓社会治安综合治理工作的副书记或副乡镇长。1995年4月10日，自治区党委和政府在《关于贯彻〈中共中央关于加强农村基层组织建设的通知〉的意见》中指出：基层政权建设工作的主要任务是切实加强乡镇人民政府自身的建

① 《西藏自治区志·民政志》编纂委员会编：《西藏自治区志·民政志》，中国藏学出版社2010年版，第169页。

设，理顺工作关系，提高基层干部的整体素质，改进工作方法和工作作风，健全和完善乡镇职能。此后的几年中，围绕着这一中心任务，陆续发出了一系列的文件，如1995年7月2日，自治区党委办公厅和政府办公厅转发自治区基层组织建设领导小组办公室的《关于加强我区农牧区基层组织建设整顿工作的意见》；1996年1月3日，自治区党委和政府的《关于加强农村牧区工作的决定》；1998年8月6日，自治区党委在批转自治区基层组织建设领导小组办公室的《关于加强农村基层组织建设的意见》；1998年11月21日，自治区党委的《关于贯彻〈中共中央关于农业和农村工作若干重大问题的决定〉的意见》等文件①。

到2000年年底，全区所有区公所均改建为乡镇人民政府②，乡镇政权的机构建设基本齐备，人员配备充足，工作条件大为改善，工作效能大大提高，在维护全区的和平稳定，促进基层社会的跨越式发展等各方面发挥了不可替代的作用。步入21世纪后，随着西藏经济社会的发展进步和乡镇政权建设的规范化，乡镇政权的改革建设与内地并无大的区别，乡镇政权的设置继续向减少数量，提高质量的方向发展。2010年11月18日，西藏自治区人民政府常务会议批准设立山南地区隆子县斗玉珞巴族民族乡，2011年10月26日挂牌成立③。同时，更加强调乡镇政权诸如维护稳定、培养少数民族干部、保护民族文化遗产和生态环境、提高对农牧区的公共服务能力等特殊的职责使命。

三 西藏民族乡和边境乡的改革建设④

"民族乡是指在相当于乡的少数民族聚居地方建立的一级国家政权，或者说，民族乡是中国在不具备实行民族区域自治条件的较小的少数民族

---

① 《西藏自治区志·民政志》编纂委员会编：《西藏自治区志·民政志》，中国藏学出版社2010年版，第170—174页。

② 阿里地区从1999年开始撤区并乡工作，将原来的30个区、106个乡镇、358个村委会调整为36个乡镇，8个居委会、135个村委会。《阿里六十年》编写组：《阿里六十年》，西藏人民出版社2011年版，第17页。

③ 边巴：《隆子县斗玉珞巴民族乡成立》，《西藏日报》2011年12月5日第6版。

④ 该部分的主要内容来自于《西藏自治区志·民政志》编纂委员会编：《西藏自治区志·民政志》，中国藏学出版社2010年版，第185—191页。为了行文的方便，凡是出自于该工具书的，不再标示。

聚居地方建立的由少数民族自主管理内部事务的乡级基层政权。民族乡是对民族乡基层政权机关的简称。”① 在西藏，除了藏族外，还有门巴族、珞巴族等十几个少数民族，以及未进行民族识别的僜人、夏尔巴人等。这些较小的少数民族往往居住在边境上，因此，西藏的民族乡又往往也是边境乡。

1959 年，随着平叛斗争的胜利和民主改革的实施，这些少数民族从封建农奴制直接跨越到社会主义社会，党和国家非常重视他们当家做主的权利。1961 年 1 月 5 日，中共西藏工委在《关于目前边境工作的指示》中就提出执行“稳慎、宽大、严格、安定、建设”五大方针，要求边境的改革必须在条件成熟的地区进行，民主改革要符合三个条件：一是叛乱武装已经歼灭，社会秩序已经安定；二是领导和干部能够掌握政策，胜任改革工作；三是大多数群众有积极的要求。同年 4 月 21 日，中共中央在《关于西藏工作方针的指示》中指出，对边境地区的工作，要照顾到当地的种种复杂情况，在民主改革中应当有意识地搞得更缓和，更稳妥，打击的范围应该缩小，斗争要更策略更灵活，农奴主可以有意识地少划一些，对于未参加叛乱或者不是公然反抗改革的上层分子一律实行和平政策。全区民主改革结束时，阿里地区札达县的底雅、什布奇、楚鲁松杰 3 个乡和噶尔县的典角乡未实行民主改革。1964 年 7 月 13 日，中共中央批复西藏工委，同意成立中共扎东特派工作委员会，统一领导仲巴、吉隆、萨噶 3 个县的边防工作。1965 年，国务院正式认定了珞巴族。1966 年 10 月 26 日，自治区党委在《关于目前边境工作中几个问题的决定》中明确指出，边境地区一般不进行“文革”运动。

1973 年 6 月 28 日，自治区党委在《关于加强边境工作的意见》中指出：边境地区的社会主义改造是一项伟大的历史任务，必须结合边境特点做好社会主义改造工作。1976 年 2 月 29 日，西藏自治区、西藏军区边防领导小组办公室分配 48.5 万元资金扶持边境乡建设。截至 1976 年，全区 5 个地市（不含阿里地区）有 18 个边境县，54 个边境区，174 个边境公社。具体情况如表 6 所示。

---

① 李俊清等：《民族乡政府管理》，人民出版社 2009 年版，第 7 页。

表 6　　1976 年西藏自治区边境县、区、公社情况统计表　　单位：个

地市	县		区		公社				
	合计	其中边境县	合计	其中边境乡	合计	其中边境公社	农业	牧业	城镇居委会
合计	65	18	409	54	1927	174	1345	548	34
拉萨	12	2	69	11	299	29	244	43	12
昌都	13	1	104	4	698	11	389	104	5
山南	13	5	71	4	339	46	311	28	
日喀则	18	10	99	25	471	88	353	105	13
那曲	9		66		300		48	268	4
说明	65 个县包括拉萨城关区；409 个区包括拉萨 3 个办事处。								

到 1978 年，全区 5 个地市，共有 18 个边境县，58 个边境区，177 个边境公社。

1981 年 11 月 14 日，自治区党委明确指出：阿里地区未实行民主改革的 4 个乡维持现状，不搞改革。1984 年 9 月 22 日，自治区人民政府首次批准错那县勒布区的原勒、麻玛、贡日、基巴 4 个公社建立门巴族民族乡；10 月 5 日，又批准芒康县盐井区下盐井公社设立纳西族民族乡。次年 1 月 23 日，批准了林芝县门中门巴民族乡（1999 年改设为排龙门巴民族乡），12 月 21 日，批准了墨脱县达木珞巴民族乡。至此，全区建立了 8 个民族乡，其中门巴族乡 5 个，珞巴族乡 2 个，纳西族乡 1 个。1985 年，中共阿里地委、阿里地区行署把未改乡的建乡工作列为重要工作之一，同年年底，札达县的底雅、什布奇、楚鲁松杰建立了乡政府，并将札达县的萨壤区和底雅、什布奇、楚鲁松杰 3 个乡，以及噶尔县的典角作为该地区的特区，实行特殊的优惠政策。1987 年 8 月 29 日，西藏自治区人民政府发布了《西藏自治区乡、民族乡、镇人民政府暂行工作条例》，详细规定了民族乡和边境乡的组成、职权和乡镇长、副乡镇长的人选资格等。1988 年 7 月 13 日，自治区党委和政府在《关于原基层干部待遇问题的通知》中，对民族乡、边境乡干部待遇作出了有别于其他地方干部待遇的规定，给予了优待照顾。1989 年 5 月 23 日，自治区人民政府同意设立典角乡，但明确指示不进行民主改革。

1991 年 10 月 10 日，自治区党委和政府在《关于边境地区若干问题的政策规定》中，明确边境工作的指导思想是：以经济建设为中心，坚持四项基本原则，坚持改革开放；坚持党实事求是的思想路线，继续贯彻慎重稳进的方针，保证边境局势稳定，维护祖国统一，增强民族团结；加强边防建设，巩固国防；发展同周边国家的睦邻友好关系，把边境建设成为政治稳定、经济发展、社会进步、边防巩固的地区。1994 年 7 月 10 日至 23 日，自治区民宗委在拉萨举办了首届民族乡干部培训班。1998 年，自治区民宗委形成了《关于解决僜人问题的建议报告》和《关于解决僜人经济社会发展等问题的专题会议纪要》，要求林芝地区特别注重培养和选拔乡村级僜人干部，乡级班子必须有一名僜人干部。

2000 年 2 月 24 日，由国家民委倡议发起的“兴边富民”行动正式启动。该行动以“富民、兴边、强国、睦邻”为宗旨，重点解决边境地区发展和边民生产生活面临的特殊困难和问题，不断增强自我发展能力，促进经济加快发展、社会事业明显进步、人民生活水平较大提高，使大多数边境县和兵团边境团场经济社会发展总体上达到所在省、自治区和新疆生产建设兵团中等以上水平。具体目标为：一是边境地区交通、电力、水利等基础设施落后状况明显改善，边境一线的茅草房、危旧房基本消除。二是贫困边民的基本生活得到保障，边境农村最低生活保障制度加快建立。三是社会事业得到较快发展，边民教育、卫生、文化等基本公共服务条件明显改善。四是县域经济发展能力明显增强，地方财政收入和居民收入水平较大幅度提高。五是边境贸易得到较快发展，重点边民互市点和口岸设施建设得到加强，对外经济技术合作领域继续扩大。六是生态环境保护和建设取得重要进展。七是社会治安状况良好，睦邻友好关系进一步巩固，民族团结进步事业全面发展。在实施该行动三年多并初见成效的基础上，2004 年年初，国家民委和财政部下发《关于继续推进兴边富民行动的意见》（民委发［2004］1 号）[①]。2005 年年初，西藏自治区党委和政府根据上述《意见》精神，制定了《关于进一步加快边境地区经济社会发展的意见》，明确要求统筹区域发展，对条件相对较差的边境地区进行特殊扶持，大力实施“兴边富民”行动，加快边境地区经济社会的发展。自治区发改委据此制定了《西藏自治区边境县建设规划（2005—2007）》，

① 国务院办公厅：《国家民委财政部关于继续推进兴边富民行动的意见》，《中华人民共和国国务院公报》2004 年第 29 期。

自治区扶贫办编制了《西藏自治区人口较少民族 2005—2010 扶贫开发规划》[①]。日喀则等四个边境地区和边境县也制定了相应的规划[②]。

截至 2005 年 9 月，西藏自治区初步落实边境地区建设项目 226 个，总投资金额 7.8 亿元，重点投向了边境地区农牧业和农牧区基础设施建设、基层政权建设、乡镇公路建设、小水电站建设、改善办公条件、综合文化活动场所建设、乡镇卫生院基础设施建设等各方面[③]。通过此次有计划的投资建设，大大改善了边境地区的基础设施，解决了边境群众遇到的饮水难、行路难、就医难、上学难等问题，边境线上的 37 万多群众生活及边境民族乡和边境乡的工作条件有很大的改观[④]。对此，国家民委总结道：一是以重点改善边境乡镇基础设施条件和社会各项事业为突破口，加大工作力度，加大投资力度，加大指导力度，极大地改善了边境乡镇水利、能源、通信、文化、卫生、教育等基础设施条件，为加快边境地区经济社会的全面发展创造了良好的环境。如，2002 年投资 40 万元建成的山南地区洛扎县边巴乡白日村公路，解决了 3 个行政村，7 个自然村，272 户 864 人的交通困难，促进了经济发展，相对改变了文化、卫生、教育等事业的落后面貌。2001 年投资 200 万元修建的日喀则地区岗巴县直克乡格桑水库不仅从根本上解决岗巴县直克乡 3 个村 4523 亩耕地和 7 万多亩草场的灌溉用水问题，结束了直克乡靠天种地的历史，而且还对直克乡的生态环境保护和促进全乡经济社会的发展产生了很大的推动作用。二是以边境乡镇产业结构调整为突破口，加大了指导和扶持力度，并采取各种方法，较大程度改变了他们长期以来传统、单一的经济模式，促进了经济的发展，提高了群众的收入，极大地改善了农牧区群众的生产生活条件，有效地缓解了基础设施落后对经济发展的瓶颈制约，增强了县域经济的发展后劲。三是把兴边富民行动与人口较少民族工作相结合。人口较少民族工

① 达次：《实践“三个代表”重要思想扎实推进“兴边富民行动”——我区加快边境地区经济社会发展步伐》，《西藏日报》2005 年 9 月 8 日第 1 版。

② 王梦敏、裴聪：《实时系统建设工程，大力推进兴边富民——日喀则地区边境 9 县加速发展》，《西藏日报》2005 年 7 月 29 日第 2 版；次仁龙布：《推动社会经济发展，带动群众脱贫致富——“兴边富民”行动造福边境农牧民群众》，《山南报》2007 年 6 月 29 日第 2 版。

③ 达次：《实践“三个代表”重要思想扎实推进“兴边富民行动”——我区加快边境地区经济社会发展步伐》，《西藏日报》2005 年 9 月 8 日第 1 版。

④ 《西藏日报》社：《推进“兴边富民”行动，推进边境地区发展——“十一五”期间我区边境地区群众将更加受益》，《西藏日报》2008 年 7 月 26 日第 1 版。

作也是兴边富民行动中的重点工作，因此，西藏自治区把二者结合起来，按照特事特办的原则，把边境人口较少民族聚居乡村全部列入重点扶贫开发规划中，优先立项，重点扶持生产项目，促其增加收入。四是结合边境少数民族的实际，紧紧抓住兴边富民行动的机遇，提出了创建边境特色乡（镇）、村“新农村小康示范点”、“生态旅游示范乡、镇、村”、“民族边境贸易示范村”等亮点工程。如林芝地区米林县南伊珞巴民族乡，2006年实施安居工程后，通过兴边富民安居工程，整合地区和援藏资金等投入600多万进行整体规划，把全村36户珞巴族的住房进行了全面改造，使该村的村容村貌发生了巨大变化，当地珞巴族群众的精神面貌也有了明显改变，已从过去的“要我发展”变为“我要发展”。2008年该村人均纯收入4273元，现金收入3176元，人均纯收入比2006年增长59%，现金收入增长57%，贫困率由2006年以前的42%下降到11%。这些亮点工程的落实，不仅给边境地区带来巨大变化，推进了西藏自治区人口较少民族加快发展，推动了兴边富民行动的深入开展，也给群众增加了收入，同时树立了良好的国门形象①。

2007年，国家又制定了《兴边富民行动“十一五”规划》，6月9日，国务院办公厅印发了这一规划。根据这一规划，西藏制定了《西藏自治区兴边富民行动“十一五”规划》。根据这一规划，自治区计划投资15.96亿元，力图通过五年（2006—2010）的努力，全面提高边境地区经济和社会事业发展水平，实现基础设施明显改善、贫困发生率明显降低、公共服务明显提高、经济发展能力明显增强、边境贸易明显加快、生态环境保护取得显著进展和社会治安状况明显好转的7大效益。据报道，“十一五”期间，国家民委和财政部下达西藏少数民族发展资金（兴边富民行动）共计32825万元，自治区财政调度资金安排23915万元，总计投资达56740万元。主要分两部分安排使用，一部分是2006年至2010年用于兴边富民行动安居工程投入资金37440万元，解决了31200户边境地区和人口较少民族群众的住房。另一部分是较集中地用于边境地区和区内人口较少民族地区农村乡村道路、饮水安全、河床治理、特色产业发展和改善

① 国家民委经济发展司、文化宣传司：《构建和谐边疆——兴边富民行动十周年之“西藏：突出重点，注重实效，扎实做好兴边富民行动工作”》，国家民委网站：http://www.seac.gov.cn/gjmw/zt/2010-11-21/1290148184660718.htm。

群众生产生活等投入资金 19300 万元，安排建设项目 433 个。兴边富民行动和扶持人口较少民族发展项目实施后，使边境地区和区内人口较少民族聚居区的交通、水利、能源、卫生、教育、住房改造等基础设施建设得到了较大改善，经济社会有了长足发展，群众的生产生活条件发生了较大的变化，边境地区农牧民群众行路难、饮水难、上学难、照明难、就医难、增收难的状况大为改观，极大地改变了边境地区和区内人口较少民族聚居区贫穷落后的面貌，呈现出社会稳定、边防巩固、民族团结的局面①。

2011 年 2 月，西藏自治区第九届人民代表大会第四次会议通过了"西藏自治区'十二五'时期国民经济和社会发展规划纲要"。西藏"十二五"发展规划计划把边境地区作为推进跨越式发展和长治久安的重点区域，科学编制专项发展规划，加大财政转移支付力度，完善特殊补助政策。引导社会各类资金参与边境地区建设，率先实施村容村貌整治工程、新型农村养老保险制度等政策措施，拓展对口帮扶形式。实施"兴边富民"工程。继续加大资金、项目向边境地区的倾斜力度，加快实施边境公路建设项目，打通横向通道。推进骨干电网向边境地区延伸覆盖，加快小水电站和光伏电站建设。加快实施农田灌溉和安全饮水项目，建设边境乡（镇）、行政村通信项目。推进边境地区文化建设，大力改善教育和卫生条件，实施人才培养和劳动力培训工程。改善边境地区县、乡（镇）机关和事业单位工作生活条件。到 2015 年，边境地区的发展条件特别是基本公共服务水平与全区平均水平显著缩小。同时，实行特殊的产业发展扶持措施，鼓励依托特色资源和边境优势，重点发展边境旅游、贸易和特色农牧业。扶持边境乡村集体经济发展，增强物质基础②。2011 年 7 月 6 日国务院通过了西藏自治区"十二五"经济社会发展建设项目规划方案，初步拟定《西藏自治区兴边富民行动"十二五"规划》总投资为 8 个亿。

2011 年 12 月，西藏自治区在拉萨召开全区边境工作会议，在随后下发的《关于进一步加强边境地区发展稳定工作的意见》（藏党发［2012］2 号）文件中，提出了实施向边境地区适当倾斜的特殊政策、加强边境地

① 涂显锋：《欣欣向荣的"国境线"——我区兴边富民建设取得瞩目成就》，《西藏日报》2011 年 12 月 25 日第 1 版。

② 《西藏日报》社：《西藏自治区"十二五"时期国民经济和社会发展规划纲要》，《西藏日报》2011 年 2 月 10 日第 1 版。

区基础设施建设、推动边境地区产业发展、着力保障和改善民生维护边境地区社会和谐稳定、加强基层组织和基层政权建设五大方面四十项具体政策，以期实现经济繁荣、边民富足、社会和谐、民族团结、生态良好，确保边境地区与全国一起全面建设小康社会，确保边疆巩固、国家安全和祖国统一的目标。

据中国西藏网及西藏电视台的报道，截至2011年，西藏自治区21个边境县，总人口为36万多人，边境乡人口21万多人，其中整乡推进扶贫乡镇共31个，占边境乡镇总数的28.18%。另外，墨脱县已被国务院扶贫办列为边境扶贫示范县，国务院扶贫办正在帮助自治区制定墨脱县扶贫开发规划。到时，墨脱县的5个边境乡镇和2个非边境乡镇全部可享受整乡推进扶贫条件。此外，自治区扶贫开发集中扶持的边境乡镇有35个，占全部边境乡镇的31.81%。其他所有边境乡都是扶贫开发面上扶贫对象。2011年，西藏自治区边境乡镇扶贫总投资达17449.18万元，其中国家投资14167.95万元。共落实项目扶贫开发项目278个，项目涉及农、林、牧、水利、交通、太阳能等多个方面①。

表7　　　　西藏自治区民族乡统计表

名称	自治区批准设立时间	成立时间	面积（平方公里）
错那县基巴门巴族乡	1984.9.22	1984.11.1	267
错那县贡日门巴族乡	1984.9.22	1984.11.1	213
错那县麻玛门巴族乡	1984.9.22	1984.11.1	79
错那县勒门巴族乡	1984.9.22	1984.11.1	47
芒康县盐井纳西族乡	1984.10.15	1985.2	850.6
林芝县更章门巴族乡	1985.1.23	1985.4.23	390
米林县南伊珞巴族乡	1985.1.23	1985.6	450
墨脱县达木珞巴民族乡	1985.12.21	1986.4.23	800
隆子县斗玉珞巴民族乡	2010.11.18	2011.10.26	333

资料来源：根据《西藏自治区志·民政志》和历年《西藏年鉴》整理所得。

① 涂显锋：《我区边境乡镇扶贫力度加大》，《西藏日报》2011年12月24日第4版。

表 8　　西藏自治区主要边境乡镇名单①

地区	县	乡镇名称
山南地区	错那县	库局、曲折木、勒布、贡日、吉巴、浪波、觉拉、卡达、错那
	洛扎县	色、边巴、拉郊、拉康、生格、扎日
	浪卡子县	普玛江塘、打隆
	隆子县	玉门、扎日、准巴乡、加玉、三安曲林、斗玉
阿里地区	普兰县	普兰、霍尔、巴嘎
	札达县	曲松、达巴、萨让、底雅
	日土县	日土、日松
	噶尔县	扎西岗
林芝地区	米林县	卧龙、里龙、米林、丹娘、派、羌纳、南伊
	朗县	金东
	察隅县	上察隅、下察隅、竹瓦根
	墨脱县	背崩、格当、达木
日喀则地区	定日县	绒辖、扎西宗、岗噶、曲当、扎果
	定结县	萨尔、琼孜、日屋、郭加、陈塘
	岗巴县	岗巴、龙中、昌龙
	吉隆县	吉隆、宗嘎、贡当
	萨嘎县	昌果、拉藏、雄如
	聂拉木县	樟木、聂拉木、亚来、波绒、乃龙
	亚东县	下亚东、上亚东、下司马、堆那、帕里、吉如、康布
	康玛县	萨玛达、噶拉、涅如堆、康玛、雄章
	仲巴县	亚热、偏吉、那久、拉让、帕羊、霍尔巴、吉拉

① 截至2011年年底，西藏自治区民政厅和民宗委的文件中认为西藏有110个边境乡镇。西藏考试院和教育厅认可的受政策性照顾的农牧民子女所在的边境乡镇为90个，详见：西藏自治区考试院网站：http：//www. xzzsks. com. cn/Article/ShowArticle. asp? ArticleID = 2208. 新闻媒体有时也报道为164个，如涂显锋在报道西藏“十一五”时期兴边富农行动成就时指出：“我区地处祖国西南边陲，全区18个边境县，边界线长达4505. 8公里，164个边境乡（镇），980个边境行政村，分布在日喀则、山南、林芝、阿里四个地区。”详见涂显锋：《欣欣向荣的“国境线”——我区兴边富民建设取得瞩目成就》，《西藏日报》2011年12月25日第1版。

四　当前西藏乡镇政权改革建设的现状

经过多次改革后的西藏乡镇政权，“政府职能逐渐转变，组织结构不断优化，运行机制得到完善，服务水平逐步提高”①。当前，其改革建设状况可概括如下：

（一）步入21世纪之后，西藏乡镇政权减并基本完成，乡镇数量稳定下来。如表9所示的那样，20世纪80年代末乡镇重建完成后，乡镇数量达到了峰值。2000年后，当内地进入了第三次乡镇减并高峰之时，西藏乡镇数量一直较为稳定。2010年，山南地区还增加了斗玉珞巴民族乡。

表9　西藏各地市乡镇数量变动表　单位：个

年份	拉萨市	昌都地区	山南地区	日喀则地区	那曲地区	阿里地区	林芝地区
1989	6街道办、1区、5镇、86乡	13区、8镇、159乡	2镇、6区、144乡	2街道办、9区、10镇、205乡	12区、2镇、144乡	30区、1镇、105乡	2镇、52乡
2000	6街道办、9镇、48乡	24镇、118乡	24镇、58乡	2街道办、27镇、174乡	2镇、145乡	7镇、29乡	20镇、35乡
2005	7街道办、9镇、48乡	28镇、111乡（含1民族乡）	24镇、62乡（含4民族乡）	2街道办、27镇、174乡	25镇、89乡	7镇、29乡	20镇、38乡（含3民族乡）
2010	8街道办、9镇、48乡	28镇、111乡（含1民族乡）	24镇、62乡（含4民族乡）	2街道办、27镇、174乡	25镇、89乡	7镇、29乡	20镇、37乡（含3民族乡）
2013	8街道办、9镇、48乡	28镇、110乡（含1民族乡）	1街道办、24镇、63乡（含5民族乡）	2街道办、27镇、174乡	25镇、89乡	7镇、30乡	20镇、37乡（含3民族乡）

资料来源：根据《西藏自治区志·民政志》和《西藏统计年鉴》（2001—2014）整理所得。

当前，西藏各县区的街道办、镇、乡建制情况见表10：

① 白玛赤林：《深化行政管理体制改革，推进西藏跨越式发展和长治久安》，《中国机构改革与管理》2011年第4期。

表 10　　2014 年西藏自治区乡级政权建制表

全区	552 个乡（含 9 个民族乡）、10 个街道办事处（简称“街道”）、140 个镇，共计 702 个	
拉萨市	9 镇、8 街道、48 乡	
城关区	8 街道	赛冲康、八廓、吉日、吉崩岗、扎细、公德林、嘎玛贡桑、两岛
	4 乡	蔡公堂、夺底、热娘、纳金
林周县	1 镇	甘丹曲果
	9 乡	春堆、松盘、强嘎、边交林、江热夏、卡孜、旁多、唐古、阿朗
当雄县	2 镇	当曲卡、羊八井
	6 乡	格达、宁中、公塘、龙仁、乌玛塘、纳木湖
尼木县	1 镇	塔荣
	7 乡	麻江、普松、卡如、尼木、续迈、帕古、吞巴
曲水县	1 镇	曲水
	5 乡	达嘎、才那、南木、聂当、茶巴拉
堆龙德庆县	2 镇	东嘎、乃琼
	5 乡	羊达、古荣、柳梧、马、德庆
达孜县	1 镇	德庆
	5 乡	塔杰、章多、雪、帮堆、唐嘎
墨竹工卡县	1 镇	工卡
	7 乡	唐加、甲玛、尼玛江热、日多、扎西岗、门巴、扎雪
昌都市	28 镇、110 乡（含 1 民族乡）	
卡若区（原昌都县）	3 镇	城关、俄洛、卡若
	12 乡	芒达、约巴、妥坝、拉多、面达、嘎玛、柴维、日通、如意、埃西、若巴、沙贡
江达县	2 镇	江达、岗托
	11 乡	卡贡、岩比、邓柯、生达、娘西、字呷、青泥洞、汪布顶、德登、同普、波罗
贡觉县	1 镇	莫洛
	11 乡	相皮、哈加、雄松、拉妥、阿旺、木协、罗麦、沙东、克日、则巴、敏都
类乌齐县	2 镇	类乌齐、桑多
	8 乡	加桑卡、长毛岭、岗色、吉多、滨达、卡玛多、尚卡、伊日
丁青县	2 镇	丁青、尺牍
	11 乡	觉恩、沙贡、当堆、桑多、木塔、布塔、巴达、甘岩、嘎塔、色扎、协雄

续表

全区	552个乡（含9个民族乡）、10个街道办事处（简称“街道”）、140个镇，共计702个	
察雅县	3镇	烟多、香堆、吉塘
	10乡	宗沙、卡贡、荣周、巴日、阿孜、王卡、新卡、肯通、扩达、察拉
八宿县	4镇	白玛、帮达、然乌、同卡
	10乡	郭庆、拉根、益庆、击中、卡瓦白庆、吉达、夏里、拥巴、瓦、林卡
左贡县	3镇	旺达、田妥、扎玉
	7乡	东坝、仁果、绕金、碧土、美玉、中林卡、下林卡
芒康县	2镇	嘎托、如美
	14乡（1民族乡）	索多西、莽岭、宗西、昂多、措瓦、洛尼、戈波、帮达、徐中、曲登、木许、朱巴龙、曲孜卡、纳西民族乡
洛隆县	4镇	孜托、硕都、康沙、马利
	7乡	达龙、新荣、白达、玉西、腊久、俄西、中亦
边坝县	2镇	边坝、草卡
	9乡	沙丁、金岭、加贡、马武、热玉、尼木、马秀、拉孜、都瓦
山南地区	24镇、58乡（含5民族乡）	
乃东县	2镇	泽当、昌珠
	5乡	亚堆、索珠、多颇章、结巴、颇章
扎囊县	2镇	扎塘、桑耶
	3乡	扎其、阿扎、吉汝
贡嘎县	5镇	吉雄、甲竹林、杰德秀、岗堆、江塘
	3乡	朗杰学、昌果、东拉
桑日县	1镇	桑日
	3乡	增其、白堆、绒
琼结县	1镇	琼结
	3乡	加麻、下水、拉玉
曲松县	2镇	曲松、罗布沙
	3乡	下江、邱多江、堆随
措美县	2镇	措美、哲古
	2乡	乃西、古堆
洛扎县	2镇	洛扎、拉康
	5乡	拉日、色、生格、边巴、拉郊

续表

全区	552个乡（含9个民族乡）、10个街道办事处（简称“街道”）、140个镇，共计702个	
加查县	2镇	加查、安绕
	5乡	拉绥、崔久、坝、冷达、洛林
隆子县	2镇	隆子、日当
	9乡（1民族乡）	列麦、热荣、三安曲林、准巴、雪萨、扎日、玉麦、加玉、斗玉珞巴民族乡
错那县	1镇	错那
	9乡（4民族乡）	卡达、觉拉、浪波、曲卓木、库局、麻麻门巴民族乡、贡日门巴民族乡、吉巴门巴民族乡、勒门巴民族乡
浪卡子县	2镇	浪卡子、打隆
	8乡	张达、伦布学、多却、普玛江塘、阿扎、卡龙、白地、卡热
日喀则市	27镇、2街道、174乡	
桑珠孜区（原日喀则市）	2街道	城南、城北
	10乡	曲布雄、曲美、聂日雄、甲措雄、纳尔、东嘎、边雄、江当、年木、联
南木林县	1镇	南木林
	16乡	达那、卡孜、多角、秋木、艾玛、土布加、查尔、索金、达孜、奴玛、热当、拉布普、普当、仁堆、芒热、甲措
江孜县	1镇	江孜
	18乡	纳如、卡麦、卡堆、藏改、日朗、达孜、热索、重孜、龙马、加克西、紫金、江热、年堆、康卓、金嘎、日星、车仁、热龙
定日县	2镇	协格尔、岗嘎
	11乡	扎西宗、绒辖、曲当、措果、曲洛、长所、尼辖、扎果、克玛、盆吉、加措
萨迦县	2镇	萨迦、吉定
	9乡	雄麦、麻布加、雄玛、扎西岗、扯休、赛、拉洛、查荣、木拉
拉孜县	2镇	曲下、拉孜
	9乡	扎西宗、曲玛、彭措林、扎西岗、柳、热萨、锡钦、芒普、查务
昂仁县	2镇	卡嘎、桑桑
	15乡	达若、贡久布、措迈、雄巴、查孜、阿木雄、如萨、孔隆、尼果、日吾其、多白、切热、秋窝、达居、亚木

续表

全区	552个乡（含9个民族乡）、10个街道办事处（简称“街道”）、140个镇，共计702个	
谢通门县	1镇	卡嘎
	18乡	达木夏、查布、春哲、则许、娘热、措布西、纳当、青都、切琼、美巴切措、列巴、塔丁、荣玛、通门、达那普、达那达、南木切、仁钦则
白朗县	2镇	洛江、嘎东
	9乡	巴扎、玛、旺丹、曲奴、杜琼、强雄、嘎普、者下、东喜
仁布县	1镇	德吉林
	8乡	康雄、普松、帕当、然巴、查巴、切娃、姆、仁布
康马县	1镇	康马
	8乡	南尼、少岗、康如、萨玛达、嘎拉、涅如堆、涅如麦、雄章
定结县	3镇	江嘎、陈塘、日屋
	7乡	确布、定结、多布扎、扎西岗、琼孜、萨尔、郭加
仲巴县	1镇	帕羊
	12乡	拉让、琼果、亚热、布多、偏吉、纳久、吉拉、霍尔巴、隆格尔、吉玛、仁多、帕江
亚东县	2镇	下司马、帕里
	5乡	下亚东、上亚东、康布、吉汝、堆纳
吉隆县	2镇	宗嘎、吉隆
	3乡	差那、折巴、贡当
聂拉木县	2镇	聂拉木、樟木
	5乡	亚来、锁作、乃龙、门布、波绒
萨嘎县	1镇	加加
	7乡	昌果、雄如、拉藏、如角、达吉岭、旦嘎、夏如
岗巴县	1镇	岗巴
	4乡	昌龙、直克、孔玛、龙中
那曲地区	25镇、89乡	
那曲县	3镇	那曲、罗玛、古露
	9乡	达萨、油恰、香茂、那玛切、达前、洛麦、孔玛、尼玛、色雄
嘉黎县	2镇	阿扎、嘉黎
	8乡	忠玉、藏比、措多、夏玛、林提、措拉、绒多、鸽群

续表

全区	552个乡（含9个民族乡）、10个街道办事处（简称“街道”）、140个镇，共计702个	
比如县	2镇	比如、夏曲
	8乡	白嘎、达塘、恰则、扎拉、羊秀、香曲、良曲、茶曲
聂荣县	1镇	聂荣
	9乡	尼玛、色庆、桑荣、下曲、白雄、索雄、当木江、查当、永曲
安多县	4镇	帕那、强玛、扎仁、雁石坪
	9乡	多玛、玛曲、滩堆、帮卖、玛荣、扎曲、色务、措玛、岗尼
申扎县	2镇	申扎、雄梅
	6乡	下过、恰、巴扎、塔尔玛、买巴、马跃
索县	2镇	亚拉、荣布
	8乡	若达、加勤、赤多、色昌、江达、热瓦、嘎美、嘎木
班戈县	4镇	普保、北拉、德庆、佳琼
	6乡	尼玛、保吉、青龙、马前、门当、新吉
巴青县	3镇	拉西、杂色、雅安
	7乡	江绵、玛如、阿秀、贡日、岗切、巴青、本塔
尼玛县	1镇	尼玛
	13乡	卓尼、达果、阿索、荣玛、中仓、来多、申亚、卓瓦、俄久、文布、甲谷、军仓、吉瓦
双湖县	1镇	措折罗玛
	6乡	协德、雅曲、嘎措、措折强玛、多玛、巴岭
阿里地区	7镇、29乡	
普兰县	1镇	普兰
	2乡	巴嘎、霍尔
札达县	1镇	托林
	5乡	萨让、达巴、底雅、香孜、曲松
噶尔县	1镇	狮泉河
	4乡	昆莎、左右、门土、扎西岗
日土县	1镇	日土
	4乡	多玛、东汝、热帮、日松
革吉县	1镇	革吉
	4乡	雄巴、亚热、盐湖、文布当桑

续表

全区	552个乡（含9个民族乡）、10个街道办事处（简称“街道”）、140个镇，共计702个	
改则县	1镇	改则
	6乡	物玛、先遣、麻米、洞措、古姆、察布
措勤县	1镇	措勤
	4乡	磁石、曲洛、江让、达雄
林芝市	20镇、34乡（含3民族乡）	
林芝县	4镇	林芝、百巴、八一、鲁朗
	3乡（1民族乡）	布久、米瑞、更章门巴民族乡
工布江达县	3镇	工布江达、金达、巴河
	6乡	朱拉、错高、仲萨、江达、娘蒲、加兴
米林县	3镇	米林、派、卧龙
	5乡（1民族乡）	丹娘、扎西绕登、里龙、羌纳、南伊珞巴民族乡
墨脱县	1镇	墨脱
	7乡（1民族乡）	加拉萨、甘登、帮辛、格当、德兴、背崩、达木珞巴民族乡
波密县	3镇	扎木、倾多、松宗
	7乡	易贡、玉普、康玉、多吉、玉许、八盖、古
察隅县	3镇	竹瓦根、上察隅、下察隅
	3乡	察瓦龙、古拉、古玉
朗县	3镇	朗、洞嘎、仲达
	3乡	拉多、金东、登木

资料来源：中华人民共和国民政部编：《中华人民共和国乡镇行政区划简册》，中国统计出版社2012年版，第373—377页；双湖县于2012年11月正式成立，隆子县斗玉珞巴民族乡于2011年10月正式成立，以及日喀则、昌都和林芝撤地建市等资料，根据新闻媒体的报道和《西藏年鉴》的整理所得。

（二）从行政管理的层级上来讲，边境县的乡镇也在20世纪90年代初撤销了区级建制，确立起了县直接管理乡镇的体制，这不仅符合《宪法》等法律的规定，保证了乡镇政权的法律地位，而且减少了行政管理的层级和成本。随着西藏基础设施的不断完善与管理手段和能力的现代化，由县直接管理乡镇有利于节约管理成本，提高行政效能。

（三）西藏乡镇机构设置和人员构成情况大同小异。根据笔者的调研，全区乡镇党委的机构设置主要有党群办、综治办两个挂牌机构。人员构成是：党委书记1名并兼任人大主席团主席；党委副书记2名，其中1人兼任纪检书记，1人兼任乡镇长。另外，有组织宣传与党建干事1—2名，民宗统战专干1—2名，司法助理员1—2名，综治干事1—2名，工青妇干事1—3名。

人大机构，乡镇设人大主席团主席，“两江一河”流域等经济发展状况较好的乡镇还设有专职的副主席，没有其他机构。

政协机构，2012年以前，西藏有43个县未设立政协机构。2013年年初，县级政协实现全覆盖，所有乡镇均未成立政协组织。

政府的机构主要有政务办、经济社会发展办、财政所三个挂牌机构，在“两江一河”流域等经济发展状况较好的乡镇，正在试点成立国土、城建和环保等机构。人员构成是：乡镇长1名（绝大多数由乡党委副书记兼任），副乡镇长2—3名；另外，有专人负责教育、民政、农牧水利、兽病防治、特色产业、安居工程、扶贫等。

武装部，设部长1人，工作人员若干，负责乡镇的征兵、消防、安全生产、交通等事项。

乡镇党委书记、副书记兼纪检书记、乡镇长、第一副乡镇长、武装部部长五人为党委成员，设立人大专职副主席的乡镇，副主席为党委成员而第一副乡镇长则不是党委成员。

（四）西藏乡镇公务人员超编，事业单位缺编。通过调查可知，不论是农区、牧区还是半农半牧区的乡镇，总体上各乡镇公务员都存在人员超编现象，一般超编在30%左右，“两江一河”流域乡镇和县城驻地乡镇超编一般在50%左右。这样的后果，一方面使西藏本就捉襟见肘的财政不堪重负，另一方面，因乡镇经济社会事务相对较少，人浮于事的情况较为突出。

与乡镇公务员超编形成鲜明对比的是，教育、卫生、文化事业、畜牧、水利、兽病防治等事业编制严重缺编，在边远的高寒牧区和边境乡镇，事业编制缺编更为严重，畜牧、水利、林业保护、兽病防治等甚至至今无专业人员负责。

（五）西藏县乡管理体制方面，已进行了站所的转制工作。与内地乡镇不同的是，由于西藏乡镇经济发展严重滞后，从民主改革后乡镇的所有财政支出均由县财政拨款，乡镇从未承担过税赋功能等。因此，西藏乡镇转制后站所的功能悉数收归县直相关部门管理，公共服务支出均由县负担，乡镇协助办理。

（六）长期在压力型体制下运行。众所周知，改革开放后内地乡镇无一例外地将推动经济发展作为首要任务，当然经济发展状况也是县考核乡镇的主要指标，我们可以称之为“经济压力型体制”。而西藏的乡镇虽然没有像内地乡镇那样繁重的经济发展任务，但维护稳定是其首要的职责，也是县考核乡镇的首要指标，我们称之为“政治压力型体制”。改革开放后，尤其是“3.14”打砸抢烧暴力事件后，维护稳定成为西藏各级政府工作的重中之重，各乡镇面临着繁重的维稳任务，以确保“大事不出、中事不出、小事也不出”的“三不出”目标。因该问题将在乡镇行政环境中重点阐述，在此不再赘述。

第三篇　西藏乡镇政权的行政环境

第七章　行政环境概述

西藏自治区乡镇政权的建立、改革与发展确有其特殊的一面，行政环境方面就更直接地彰显了它不同于内地一般乡镇的特性。正是它既有一般乡镇所具有的特点和权能，又具有自身的鲜明特性，必定会深深地影响着西藏乡镇政权的运行和改革创新。这是我们在思考西藏乡镇政权的改革发展问题时必须坚持的两个维度。

一般而言，我们所讲的环境就是指人类环境。人类环境大体上可分为自然环境和社会环境两种，这是人类活动赖以生存和发展的自然、经济、政治、文化、社会及国际等条件的总和。不论是依据马克思主义的理论和方法，还是凭借一般的经验，任何个人和组织都不能离开具体的环境而存在，自身的存在与发展均受到环境中各种因素的强有力影响。正是因为如此，早在古希腊时期，亚里士多德就开始分析各种政体形成的自然条件和人文条件，孟德斯鸠通过大量的实地考察后认为，政体和法律的形成深受一国人民生活环境的影响。在此基础上，20 世纪 60 年代，诞生了一门新的交叉学科——行政生态学，专门研究行政环境与公共行政之间的互动关系。

一　行政生态学理论的形成与主要内容

生态学本是生物学的分支学科，研究的是生命有机体在其生长过程中相互之间以及与其周围环境之间发生的相互关系、相互作用。生态学认为，没有一种生命的有机体是可以孤立存在的，都必须同周围的环境进行物质交换才能够生存。

最早把公共行政同其外部环境联系起来进行研究的是美国哈佛大学的教授约翰·高斯（John Giaus），他在 1936 年发表的《美国社会与公共行政》一文中提出行政环境与行政管理的密切关系。1945 年后他在塞拉马大学作了一系列讲演，详尽阐述了运用生态学方法研究行政管理的问题。1947 年他发表了《政府生态学》一书，再次强调外部环境对行政管理的作用，正式把生态学一词引入行政学研究领域。他指出："在生态学的理论范式与行政运行其中的由相关因素组成的系统环境有很大的学理上的相似性和可比性，因此在行政学的理论研究中，完全可以借用生物界的生态理论和名词，以此来为公共行政学的理论发展寻找新的源生点。"① 但遗憾的是高斯的理论在当时并没有引起理论界的足够重视。二战后，西方国家对新独立的民族国家进行经济援助的同时，也进行"政治援助"，要求这些民族国家效仿西方建立起西方式的政治与行政制度，但收效甚微。这一现象引起了西方政治学和行政学界的关注，最终导致政治发展理论和行政生态学理论的诞生。美国行政学家里格斯（Fred W. Riggs）正是行政生态学的创始人。里格斯认为，要了解一个国家的公共行政，不应仅仅局限在行政系统本身，而应跳出行政系统，从这个国家的行政与社会环境的关系来考察行政。他认为："在现代的、过渡的社会中，一直有一种建立正式的政治和行政制度的趋势，但这些制度却仍然只是一种形式主义的制度。这就是说，有效的行为绝大部分取决于传统的结构和压力，例如，家族、宗教以及一些继续存在的社会和经济成规。因此，只有以生态学的观点，也即从非行政的因素去观察，才能了解这些国家的政治和行政。"② 这与托克维尔关于"每个民族都留有他们起源的痕迹。他们兴起时期所处的有助于他们发展的环境，影响着他们以后的一切"的思想是一致的③。

行政生态学有着非常丰富的内容，武汉大学的丁煌教授将其归纳概括为三大方面。

首先是三大行政模式的分析：第一，农业社会行政模式（亦称融合型行政模式）。里格斯认为，传统农业社会的社会结构是混沌未分的，没有明确、细致的社会分工，与之相适应，行政行为与诸如立法、司法、军事、经济等各种社会行为是混杂在一起的，更谈不上专业化的行政机构。在这种模式下，行政效能极为低下。第二，工业社会的行政模式（亦称

① 张邦辉、彭洪洋：《行政生态学理论研究述评》，《云南行政学院学报》2008 年第 6 期。

② 彭文贤：《行政生态学》，三民书局 1988 年版，第 19 页。

③ ［法］托克维尔：《论美国的民主》（上），董果良译，商务印书馆 1991 年版，第 31 页。

衍射型行政模式）。里格斯认为，这种模式下，整个社会有着明确、细致的分工，所以政府职能也非常明确，有着分工细致的行政机构，执行着各种不同的行政职能，各个行政部门各司其职、互不混杂，讲究行政效率和科学性。第三，过渡社会的行政模式（亦称棱柱型行政模式）。这种模式主要介于传统农业社会和现代工业社会之间的过渡社会，社会明显表现出同时带有传统社会和现代社会的特征，新旧并存。在行政方面，行政行为虽已逐渐与其他社会行为分化开来，但还未完全分化。虽然设立了专业化的行政机构，但还不能完全正常运作，功能有限。行政制度在执行过程中仍受着家庭、家族等各种传统势力的制约，因而行政效率低下。

其次是五种行政生态要素的分析。里格斯认为，影响一国公共行政的生态要素是多种多样的，其中最主要的是五种：经济要素、社会要素、沟通网络、符号系统、政治构架。其中，社会经济机制和生产力水平是影响公共行政最主要的生态因素，一国的行政模式基本上是由该国的经济结构所决定和塑造的。传统社会、工业社会和过渡社会相对应，也存在着“互惠—重构”、“市场—企业”和“集市—有限市场”这三种经济结构；社会要素主要是指各种社会组织，可以分为以家庭和家族等血缘为纽带结成的自然团体与以利益为纽带结成的人为团体，如教会、政党、公会、商会等。在传统社会和过渡社会中，家庭等血缘团体发挥着主要作用，社团的作用很小，而在现代工业社会中则恰恰相反；沟通网络主要包括社会的文化水平、使用语言的状况、社会舆论的力量、通信和交通等使整个社会相互“沟通”的手段。沟通网络畅通与否，极大地影响着社会的动员程度、行政系统的畅通程度和社会共识的形成；符号系统是指包括政治神话、政治准则、政治法典在内的一整套政治符号系统。里格斯认为，由符号系统所提供的“共同意识”是行政权威不可或缺的东西；政治构架，是指政治与行政应该是分开的，政治是决定政策的过程，行政是执行政策的过程，换言之，行政靠政治来领导，而政治则依靠行政来实现其目标，行政制度的有效与否是决定政治目标能否圆满实现的关键。

最后是过渡社会公共行政特点的分析。里格斯认为，20 世纪，许多传统社会在西方科学技术的冲击下，急速或缓慢地向现代社会转变。在这一转变过程中，一方面，这些社会从传统社会中走了出来，另一方面却未进入现代社会范围中。在这一过渡阶段，社会结构、价值系统、行为模式等都进入内发或外发的巨大变迁之中，但各种行政生态环境中都同时融汇着传统生态和现代生态的许多特质，呈现并存和冲突的态势，即异质性、重叠性和形式主义，从而也就造成了传统与现代并存、行政机关的机构重叠和权责不清、形式主义严重、腐化严重、权威不足等各种政治和行政问题①。

二 行政环境的内涵与特征分析

行政生态学的创始人里格斯认为，行政生态学就是研究“自然以及人类文化环境与公共政策运行之间的相互影响情形”的一门行政学分支学科。彭文贤先生认为，行政生态学主要包含两个面向：“一是探讨各国所持有的社会、文化以及历史等诸因素如何影响并塑造公共行政；二是反过来看各国的公共行政又如何影响其社会文化的变迁与发展。”②

根据里格斯本人的论述和学者们的分析，张建新认为，“行政环境是指围绕行政活动直接或间接地作用和影响行政行为以及行政效果的各种因素的总和”③。方盛举教授将行政环境界定为：“政府体系外部和内部客观存在的、对政府体系的运行及变革发展产生直接或间接影响的各种因素的总和。”④ 也就是说，不论如何界定，行政环境主要是指影响行政活动、政府管理的各种环境因素是确定无疑的。

行政环境是一个广涵的概念，包含的内容很多，对政府行政的影响也是多种多样且为持久性的，当然也和任何事物一样是变化发展的，呈现一些明显的特征：首先，复杂性。这种复杂性，一是表现在构成行政环境因素的多样性上，既有自然环境等不可变的，也有经济、政治、文化、社会、环境等可变的。既有自然、经济、政治等有形的，也有文化、社会等无形的。二是表现在对行政行为作用上，既有起主导作用的，如经济、政治等，也有起辅助作用的，如自然环境、国际环境等。三是表现在作用的方向上，有正能量的，也有负能量的作用。

其次，交织性。行政环境作为一个有机系统，构成行政环境的各要素之间具有程度不同的相关性。一方面，自然的、经济的、政治的、社会文

① 丁煌：《西方行政学理论概要》，中国人民大学出版社 2005 年版，第 201—212 页。

② 彭文贤：《行政生态学》，三民书局 1988 年版，第 19 页。

③ 张建新：《试论民族区域自治地方行政环境》，《前沿》2006 年第 11 期。

④ 方盛举：《中国民族自治地方政府发展论纲》，人民出版社 2007 年版，第 45 页。

化的和国际环境等要素本就密切地联系在一起，各种因素并不是单独地、个别地对行政系统的存在、运行与发展过程产生影响，但各种因素所产生的影响力也许会体现在性质、方向、程度上，在一切方面有着不同程度的差异甚至是根本的不同。但是，它们对行政系统的影响最终必然要以合力的形式表现出来。另一方面，人总是特定环境中的人，任何人在自己的思想和行为中都深深地融入了环境的影响。也就是说，行政环境的各要素又往往与行政人员联系起来。

再次，差异性与层次性。行政环境不同因素之间存在着地位、影响程度及影响规模等方面的差异性和层次性。就行政环境的结构而言，它本身就是一个有不同层级结构的多层系统；就特定行政系统而言，不同行政环境因素对该行政体系产生作用的方式和程度也有所差异；就影响的力度而言，也往往表现出层级性特征。

最后，稳定性与发展性。行政环境是相对稳定的，如自然环境本就是基本恒定的，文化、社会等是变化相当缓慢的，经济、政治、国际环境等虽在不断变化然而较为缓慢。但是，发展是任何事物的本质属性，本就不断变化发展的要素随着时代、政策和发展基础的不同而不断变化发展，即使是自然环境这样可以被视为不变的因素也会在不同的时代呈现不同的正负能量。如大水大山的地方，过去被视为穷乡僻壤而如今成为旅游目的地，稀缺资源的发现会很快改变一个地方的发展面貌。因而，行政环境又是动态的。

在理解行政环境的含义和特征的基础上，可以对行政环境进行科学分类，从而有利于政府更好地理解和把握行政环境要素。如果我们根据行政环境形成的原动力来划分，可将其分为自然环境和人为环境两部分。自然环境主要包括地形、气候、土壤、山水、植被、矿藏资源等。人为环境主要包括经济、政治、文化、社会等；如果我们根据各种因素的作用领域划分，可将其分为政治、经济和社会文化三大类。政治环境主要包括政治制度、政治体制、政府政策、政治文化等。经济环境主要包括经济发展层次和水平、经济制度、经济政策、经济资源的占有和开发等。社会文化环境主要包括人们的价值观念、伦理道德、社会教育、人口数量和质量、宗教等；如果我们根据对特定行政系统的作用与影响层次，可以把行政环境划分为宏观、中观与微观三个层次；如果以政府的管辖区域为标准，又可分成国际环境与国内环境两大部分。

分类标准不同，得出的结论当然会存在差异。一般而言，我们从自然、经济、政治、社会文化和国际环境这样的综合角度阐述行政环境对政府行政的影响。这样既方便研究的开展，也便于研究的深入。

三 行政环境与政府发展

如前所述，任何政府都是处于某种特定环境中的政府，政府的行政被其具体影响并塑造，反过来，政府的公共行政又深深地影响着政府所辖区域内环境要素的变迁与发展，呈现出相互依存、相互促进、相互作用的互动关系。

首先，行政环境会对政府体系的发展和变革提出要求。政府自身的发展并不总是人为的主动要求，事实上，政府发展问题往往受到惰性的困扰，一般情况下改革不是政府主动推动的，改革的目标、任务和未来发展趋势不是政府主观想象的，而是行政环境对政府体系提出的。众所周知，行政环境在演变过程中会形成各种各样的矛盾和问题，当那些主要的矛盾和问题日益突出，被社会精英所认识、批判，特别是被社会大众所感知和认识后，会以社会公众的意见、建议、要求等形式表现出来。例如，我国的行政审批制度，在改革开放以前，由于经济发展滞后，这一问题并不严重，政府自身更不会主动割舍自己的权力和以此带来的利益。当经济发展到一定程度，行政审批制度成为经济社会发展的制约之时，经济、学术和新闻媒体的精英就必然对此提出越来越强烈的批评和建议并逐步被整个社会所认知，最终成为推动全国范围内行政审批制度改革的强大动力。对于政府而言，作为公共权力机构，担负着社会管理和公共服务的职责，理应是公共利益的代表者、推动者，是公共秩序的维护者，是法治体系的提供者，应当通过有效的行政管理活动使整个社会处于有序团结的秩序和不断发展进步的状态之中。为了能达此目的，政府必须时刻保持对公众各种诉求进行有效回应的基本能力，在力所能及的范围内满足公众各种合理的愿望和要求。更为重要的是，政府持有这样的回应性仅仅是维持其合法性的最低要求，要想使政府始终保持较高的合法性，就应当主动地对自身行政环境的变化保持高度的敏感和自觉，深入研究行政环境，研究行政环境对政府自身发展提出的要求。唯有如此，才能有效地管理整个社会并为公众提供有效的和高质量的公共服务，使整个社会始终处于有序、发展和进步的轨道中。

其次，正是因为行政环境对政府的发展和变革提出要求，政府也必须对此作出回应，这就决定了行政环境往往是政府发展和变革的动力。当行政环境对政府的发展和变革提出要求，政府对这一外部的要求作出回应的时候，说明政府的改革符合外部环境的普遍性要求，受到了积极的理解和支持，从而成为政府发展强大的推动力量，政府将会以最小的改革成本获得最大的收益，当然也巩固了其合法性的基础。

当然，行政环境也可能成为政府发展和变革的障碍性因素。一方面，当政府的回应能力不强，或是给予的回应不符合环境的期望之时，政府的发展和变革，甚至是政府自身将会受到各方面的质疑和挑战，社会公众会采取各种方式阻挠、反对政府的政策，甚至是反对政府自身。严重的情况下，会导致政府瘫痪直至解体。20 世纪 90 年代的苏东社会主义政府、近年来的中东和北非一些国家的政府最终不可挽回地走向了崩溃为我们提供了这方面极好的反面例证。另一方面，当政府采取积极的政策，试图改变不利的行政环境时，也会往往遭遇环境的抗拒。如西藏自治区政府为推动经济社会持续健康发展和长治久安，努力改变行政效能低下之时，始终面临着公务员队伍中长期形成的“等、靠、要”和“拖、拉、散”思想和习惯的掣肘，甚至一些党和政府的干部阳奉阴违，存在着对达赖集团抱有幻想、追随达赖集团、破坏民族团结、损害祖国统一等违法违纪行为①。

最后，政府也并不是始终被动地受环境的制约，而是具有主动性的大型组织。当政府成功进行了变革与发展后会带来强大的能动性，往往会把这种动能转化为更强的公共管理和服务能力及对环境的改造能力。即一方面，发展了的政府体系对行政环境具有更强的适应能力。政府的变革与发展意味着政府体系的优化，意味着行政活动方式和行政关系的改善，意味着行政能力的提高。从二者的关系来讲，当政府对行政环境的内容、特征、作用等具有了更为清晰的认知，可以最大限度地避免政府体系与环境之间发生冲突，降低行政成本，提高行政效能。另一方面，发展了的政府体系对环境所提供的信息具有了更好的领悟和把握能力，更具有了逐步驾驭和改造环境的能力，主动使环境成为自身行政的动能而不是阻力。

---

① 《西藏日报》社，《继续着力弘扬“老西藏精神”》，《西藏日报》2012 年 3 月 20 日第 1 版。

第八章　西藏乡镇政权的自然环境

自然环境是指与人类社会所处的地理相联系的各种自然条件的总和，它是社会赖以存在和发展的必需条件。自然环境是一个复杂的系统，主要包括地形地貌、山脉、河流、湖泊、土壤、气候、动植物的分布、矿藏资源等。对于研究西藏乡镇的自然环境而言，不仅包括自身的特定自然环境，还深受全区总体自然环境的制约。

一　西藏总体自然环境概述

以西藏为主体的青藏高原是世界上海拔最高的高原，平均海拔在4000米以上。西藏的地形大体上可分为三个不同的自然区：北部是藏北高原，位于昆仑山、唐古拉山与冈底斯山、念青唐古拉山之间，占全自治区面积的2/3；在冈底斯山和喜马拉雅山之间是雅鲁藏布江及其支流流经的地方，是藏南谷地；藏东是高山峡谷地区，为一系列由东西走向逐渐转为南北走向的高山深谷。从地貌上来讲，可以分为喜马拉雅高山区、藏南高原湖盆谷地区、藏北高原湖盆区、藏东高山峡谷区，其中，喜马拉雅高山区位于藏南，由几条大致东西走向的山脉组成，平均海拔6000米左右。山区西部海拔高，气候干燥寒冷，东部气候温和，雨量充沛，森林茂密，植被繁多；藏南高原湖盆谷地区位于冈底斯山脉和喜马拉雅山脉之间，即雅鲁藏布江及其支流流经地区。该地区有许多宽窄不同的河谷平地和湖盆谷地，如拉萨河、年楚河、尼洋河等河谷平地，地形相对平坦，土质较为肥沃，是西藏主要的农业区；藏北高原盆湖区位于昆仑山、唐古拉山和冈底斯山、念青唐古拉山之间，包括北羌塘高原湖盆谷地和昆仑山区，由一系列的圆浑而平缓的山丘组成，是西藏主要的牧业区；藏东高山峡谷区，即著名的横断山地，大致位于那曲地区以东，为一系列东西走向逐渐转向南北走向的高山深谷，其间夹持着怒江、澜沧江和金沙江。地势北高南低，地貌极其复杂，北部海拔 5200 米左右，山顶平缓，南部海拔 4000 米以下，山势较为陡峭，顶谷高差可达 2500 米。

西藏高原独特的地形和地貌，形成了其复杂多样的独特气候。从总体上来讲，西藏气候具有西北严寒、东南较为湿润的特点，并呈现由东南向西北的带状更替，即：亚热带—暖温带—温带—亚寒带—寒带，湿润—半湿润—半干旱—干旱。除了总的趋向外，还有多种多样的区域气候。就其气候总的来说，日照多、辐射强、昼夜温差大、干湿分明，冬季干燥、多风、气压低、含氧量稀少。西藏自治区因特殊的地理条件、气候条件与其他地区有显著的不同，不仅有径向和纬向的地带性变化，而且随海拔高度的不同，垂直方向上的分布与变化更为明显，其主要的特点有：一是光能资源丰富，太阳辐射强。年总辐射值全区达 4000—8000 兆焦耳/平方米，呈自东向西递增形式分布。在藏东南边缘的地区雨云较多，年总辐射量在 5000 兆焦耳/平方米以下，雅鲁藏布江中游河谷地带，年总辐射量可达 6500—8000 兆焦耳/平方米，珠穆朗玛峰北坡有大于 8500 兆焦耳/平方米的高值中心；二是热量资源普遍较东部地区为低，且随海拔增高而减少。北部高海拔地区气温最低，没有绝对无霜期。西藏高原是全国日照时数最高的地方，全年平均日照时数为 1500—3500 小时。西部最多，阿里的狮泉河为 3417 小时，依次向东南地区减少，波密县仅为 1544 小时。西藏高原由于海拔高，地面气温远比同纬度平原低。羌塘高原为低值区，与东部平原地区相比，平均气温要低 15—20℃，藏东南边缘地区可达 18℃以上，为全区平均气温最高值地区。但不论何地，日气温变化极大，最大日气温差值在 20℃以上；三是降水集中，干、湿、风、雨季节明显。西藏高原年降水量大部分地区在 500 毫米以下。喜马拉雅山南坡和藏东南边境的一些地方可达 1500 毫米以上。总体降水状况是由东南向西北逐渐减少，藏东南地区降水量 800—1000 毫米，雅鲁藏布江下游和念青唐古拉山东段 500—800 毫米，藏北草原和雅鲁藏布江上游为 300—450 毫米，狮泉河年均降水量仅为 75 毫米；四是主要农业灾害有干旱、霜冻、强降雨、强降温、大风、冰雹等。以那曲地区为中心，东到索县，西到班戈、申扎和双湖，北到安多，冰雹日数平均为 25—35 天，是我国冰雹最多的地区之一。

西藏也是一个巨大的植物王国和动物的乐园。有高原植物 6400 多种，藻类植物 2376 种，真菌类 878 种。藏西吉隆、亚东、陈塘等地，藏东南的墨脱、察隅和珞瑜等地，构成了中国少有的天然植物博物馆。西藏也是我国最大的林区之一，保持着原始森林的完整性，森林面积达 1389.61 万公顷，森林覆盖率近 11.31%。现发现的哺乳类动物 145 种，鸟类 492 种，爬行类 55 种，两栖类 45 种，鱼类 71 种，昆虫类 3759 种。

矿产资源方面，已发现矿种 100 多种，矿床、矿点 2000 多处，但大都难以开发。最丰富的资源莫过于水能、地热和太阳能。全区水资源储量达 4482 亿立方米，平均天然水能蕴藏量约为 2 亿千瓦，约占全国总量的 30%，地表水资源总量约为 4394 亿立方米，占全国总量的 13.5%，冰川水资源总量为 3319 多亿立方米①。

二　西藏乡镇政权自然条件简述

西藏 702 个乡镇的自然环境总体上与西藏自治区的情况是一样的。与此同时，由于地域广阔，具体的条件事实上也可以说是千差万别，不可一概而论。

从乡镇所在县的地理位置来看，有边境县、农业县、牧业县、半农半牧县、"一江两河"开发县和粮食基地县的区别。具体情况见表 11。

表 11　　西藏县（区）分类表

分类	个数	县（市、区）名称
边境县	21	墨脱县、米林县、察隅县、朗县、洛扎县、隆子县、错那县、浪卡子县、定日县、康马县、定结县、仲巴县、亚东县、吉隆县、聂拉木县、萨嘎县、岗巴县、普兰县、札达县、噶尔县、日土县
农业县	35	城关区、墨竹工卡县、达孜县、堆龙德庆县、曲水县、尼木县、墨脱县、米林县、林芝县、波密县、察隅县、朗县、芒康县、左贡县、洛隆县、边坝县、乃东县、扎囊县、贡嘎县、桑日县、琼结县、洛扎县、加查县、隆子县、桑珠孜区、南木林县、江孜县、定日县、萨迦县、拉孜县、白朗县、仁布县、定结县、吉隆县、聂拉木县
牧业县	15	当雄县、仲巴县、萨嘎县、那曲县、嘉黎县、聂荣县、安多县、申扎县、班戈县、巴青县、尼玛县、双湖县、革吉县、改则县、措勤县

① 以上资料均来自于《西藏百科全书》。详见《西藏百科全书》编辑委员会：《西藏百科全书》，西藏人民出版社 2009 年版，第 1—7 页。

续表

分类	个数	县（市、区）名称
半农半牧县	24	林周县、工布江达县、卡若区、江达县、贡觉县、类乌齐县、丁青县、察雅县、八宿县、曲松县、措美县、错那县、浪卡子县、昂仁县、谢通门县、康马县、亚东县、岗巴县、比如县、索县、普兰县、札达县、噶尔县、日土县
"一江两河"开发县	18	城关区、墨竹工卡县、达孜县、堆龙德庆县、曲水县、尼木县、林周县、乃东县、扎囊县、贡嘎县、桑日县、琼结县、桑珠孜区、南木林县、江孜县、白朗县、拉孜县、谢通门县
粮食基地县	11	堆龙德庆县、林周县、波密县、芒康县、乃东县、扎囊县、贡嘎县、江孜县、白朗县、桑珠孜区、拉孜县

资料来源：西藏自治区统计局：《西藏统计年鉴2013》，中国统计出版社2014年版，第4页。

尽管总体如此，各县各乡镇的具体情况仍存在不小的区别。如谢通门县总体而言属于典型的"一江两河"开发县，是西藏的"粮仓"之一，达那达乡、荣玛乡、卡嘎乡、通门乡属于完全的农业乡，没有牧业。达那普乡、仁钦则乡、塔定乡、达木夏乡、列巴乡属于以农业为主、牧业为辅的乡镇，2011 年从事农牧业的人口分别为 2251/93 人、5520/403 人、1984/90 人、4530/70 人、1421/120 人。美巴切勤乡属于以牧业为主、农业为辅的乡镇，2011 年从事农牧业的人口分别为 98/1056 人①。

从海拔高度上来讲，从平均 1200 米到 5000 多米不等。各地区、各县（区）的情况见表 12。

表 12　　西藏自治区地（市）和县（区）面积、平均海拔一览表

地（市）、区	县（区）名	县府所在地	所辖乡、镇	面积（平方公里）	平均海拔（米）
拉萨市	城关区	吉崩岗街道办	4 乡、8 街道	523	3658
	林周县	甘丹曲果镇	9 乡、1 镇	4512	4200
	当雄县	当曲卡镇	6 乡、2 镇	1 万	4300
	尼木县	塔荣镇	7 乡、1 镇	3275	4000
	曲水县	曲水镇	5 乡、1 镇	1860	3560
	堆龙德庆县	东嘎镇	5 乡、2 镇	2704	4000
	达孜县	德庆镇	5 乡、1 镇	1373	4500
	墨竹工卡县	工卡镇	7 乡、1 镇	5512	4000
	总计	—	48 乡、9 镇、8 街道	2.95 万	—

① 2013 年调研期间，谢通门县农牧局资料。

续表

地（市）、区	县（区）名	县府所在地	所辖乡、镇	面积（平方公里）	平均海拔（米）
昌都市	卡若区	城关镇	12 乡、3 镇	1.1 万	2900—6100
	江达县	江达镇	11 乡、2 镇	1.3 万	3800
	贡觉县	莫洛镇	11 乡、1 镇	6256	4021
	类乌齐县	桑多镇	8 乡、2 镇	6147	4500
	丁青县	丁青镇	11 乡、2 镇	1.14 万	4000
	察雅县	烟多镇	10 乡、3 镇	8413	3500
	八宿县	白马镇	10 乡、4 镇	1.26 万	3500—4700
	左贡县	旺达镇	7 乡、3 镇	1.17 万	3750
	芒康县	嘎托镇	14 乡、2 镇	1.14 万	4317
	洛隆县	孜托镇	7 乡、4 镇	8108	4000
	边坝县	草卡镇	9 乡、2 镇	8894	3600
	总计	—	110 乡（1 民族乡）、28 镇	10.85 万	—
山南地区	乃东县	泽当镇	5 乡、2 镇	2021	3700
	扎囊县	扎塘镇	3 乡、2 镇	2067	3680
	贡嘎县	吉雄镇	3 乡、5 镇	2283	3750—5000
	桑日县	桑日镇	3 乡、1 镇	2633	4000 余
	琼结县	琼结镇	3 乡、1 镇	1740	3900
	曲松县	曲松镇	3 乡、2 镇	1967	4200
	措美县	措美镇	2 乡、2 镇	4492	4500
	洛扎县	洛扎镇	5 乡、2 镇	4346	3870
	加查县	安绕镇	5 乡、2 镇	4492	3200
	隆子县	隆子镇	9 乡、2 镇	10565	3900
	错那县	错那镇	9 乡、1 镇	34979	4000 余
	浪卡子县	浪卡子镇	8 乡、2 镇	8500	4500
	总计	—	58 乡（5 民族乡）、24 镇	8.02 万	—

续表

地（市）、区	县（区）名	县府所在地	所辖乡、镇	面积（平方公里）	平均海拔（米）
日喀则市	桑珠孜区	—	10 乡、2 街道	3875	3840—6646
	南木林县	南木林镇	16 乡、1 镇	8694	3790—4950
	江孜县	江孜镇	18 乡、1 镇	3881	4000
	定日县	协格尔镇	11 乡、2 镇	13970	4500
	萨迦县	萨迦镇	9 乡、2 镇	8139	4400
	拉孜县	曲下镇	9 乡、2 镇	4405	4010
	昂仁县	卡嘎镇	15 乡、2 镇	39620	4513
	谢通门县	恰嘎镇	18 乡、1 镇	1.4 万	4300
	白朗县	洛江镇	9 乡、2 镇	2489	3850—5300
	仁布县	德吉林镇	8 乡、1 镇	3146	3950
	康马县	康马镇	8 乡、1 镇	6176	4300
	定结县	江嘎镇	7 乡、3 镇	7560	4200
	仲巴县	拉让乡	12 乡、1 镇	45948	5000 以上
	亚东县	下司马镇	5 乡、2 镇	4212	3500
	吉隆县	宗嘎镇	3 乡、2 镇	1 万	4800
	聂拉木县	聂拉木镇	5 乡、2 镇	7665	1480—4800
	萨嘎县	加加镇	7 乡、1 镇	1.24 万	4600
	岗巴县	岗巴镇	4 乡、1 镇	4198	4700
	总计	—	174 乡、27 镇、2 街道	20 万	—
那曲地区	那曲县	那曲镇	9 乡、3 镇	1.6 万	4500
	嘉黎县	阿扎镇	8 乡、2 镇	1.32 万	4400
	比如县	比如镇	8 乡、2 镇	1.12 万	3800—4000
	聂荣县	聂荣镇	8 乡、1 镇	14540	4700
	安多县	帕那镇	9 乡、4 镇	26017	5000 以上
	申扎县	申扎镇	6 乡、2 镇	19.7 万	4700—6400
	索县	亚拉镇	8 乡、2 镇	5600	4100
	班戈县	普保镇	6 乡、4 镇	10.2 万	4700
	巴青县	扎西镇	7 乡、3 镇	2 万	5000 余
	尼玛县	尼玛镇	13 乡、1 镇	72499	4800
	双湖县	多玛乡	6 乡、1 镇	11.6 万	5000 余
	总计	—	88 乡、25 镇	594056	—

续表

地（市）、区	县（区）名	县府所在地	所辖乡、镇	面积（平方公里）	平均海拔（米）
阿里地区	普兰县	普兰镇	2 乡、1 镇	12505	4000 以上
	札达县	托林镇	5 乡、1 镇	1.93 万	4000
	噶尔县	狮泉河镇	4 乡、1 镇	2.2 万	4500
	日土县	日土镇	4 乡、1 镇	8.03 万	4500
	革吉县	革吉镇	4 乡、1 镇	5.5 万	4800
	改则县	改则镇	6 乡、1 镇	97437	5000
	措勤县	措勤镇	4 乡、1 镇	2.2 万	5000
	总计	—	29 乡、7 镇	308542	—
林芝市	巴宜区	林芝镇	3 乡、4 镇	10238	3000
	工布江达县	工布江达镇	6 乡、3 镇	1.28 万	3500
	米林县	米林镇	5 乡、3 镇	4500	3700
	墨脱县	墨脱镇	7 乡、1 镇	3.4 万	1200
	波密县	扎木镇	7 乡、3 镇	1.7 万	4200
	察隅县	竹瓦根镇	3 乡、3 镇	31659	2300
	朗县	朗镇	3 乡、3 镇	4200	3700
	总计	—	34 乡（3 民族乡）、20 镇	114397	—

说明：各地区、县的面积，《西藏自治区志·政务志》、各地区志、《西藏百科全书》、《西藏年鉴》、《中国县（市）社会经济统计年鉴 2011》、《西藏自治区地图册－2013》等工具书中的数据有一定的出入。本表数据以《西藏自治区志·政务志》为准。

资料来源：《西藏自治区志·政务志》编纂委员会：《西藏自治区志·政务志》，中国藏学出版社 2008 年版，第 6—8 页。

每个乡镇的海拔高度各不相同，甚至相差很大。如拉萨市的平均海拔为 3700 米，当雄县纳木错湖乡的海拔为 4700 米；林芝地区的平均海拔为 3100 米，而察隅县竹瓦根镇为 2300 米，全镇南北高低差达 1500 米。墨脱县德兴乡和背崩乡平均海拔只有 850 米；日喀则地区的平均海拔为 3800 米，而亚东县帕里镇的平均海拔则为 4370 米，被冠以“世界上海拔最高的城镇”，有“世界第一高城”之称。仲巴县的帕羊镇和亚热乡的平均海拔分别高达 5000 米和 5300 多米。谢通门县平均海拔为 4300 米，但切琼乡的海拔为 5100 米。在西藏，海拔最高条件最为艰苦的乡镇当属浪卡子县的普玛江塘乡，该乡的海拔高达5373米，被称为“人类生存极限地”①。

从土地资源方面来讲，可耕地不仅数量极为有限，而且土质差，灌溉能力低下。仅以耕地面积为例，西藏74个县区中，可耕地面积占行政区域面积超过1%的仅为15个县，当雄县等10个县根本没有可利用的耕地，其他48个县的可耕地所占比重均在1%以下。具体情况统计见表13：

表13　2011年西藏各县（区）土地面积与耕地面积统计表

县（区）名	行政区域土地面积（单位：平方公里）	年末耕地面积（单位：公顷）	耕地中的旱地面积（单位：公顷）	农田有效灌溉面积（单位：公顷）	耕地面积占土地面积比例（%）
城关区	554	1461	1461	956	2.66
林周县	4100	11355	11355	10441	2.77
当雄县	10234	0	0	0	0.00
尼木县	3266	2787	2787	2451	0.85
曲水县	1624	4162	4162	4162	2.56
堆龙德庆县	2672	5545	5545	5545	2.15
达孜县	1361	4584	4584	3920	3.37
墨竹工卡县	5492	5292	5292	5193	0.96
卡若区	10794	5442	5442	1824	0.50
江达县	13164	4918	4918	1065	0.37
贡觉县	6323	4080	4080	2000	0.65
类乌齐县	6355	2980	2980	400	0.47
丁青县	12408	8035	8035	862	0.65
察雅县	8251	3077	3077	186	0.37
八宿县	12336	2701	2701	2241	0.22
左贡县	11837	2675	2675	1769	0.23
芒康县	11576	5328	5328	3824	0.46
洛隆县	8048	5853	5853	4526	0.73
边坝县	8774	3533	3533	1548	0.40
乃东县	2185	4033	4033	3930	1.85
扎囊县	2142	4554	4554	3999	2.13
贡嘎县	2386	4930	4930	3527	2.07

① 唐志英：《中国海拔最高的乡——普玛江塘》，《四川统一战线》2012年第1期。

续表

县（区）名	行政区域土地面积（单位：平方公里）	年末耕地面积（单位：公顷）	耕地中的旱地面积（单位：公顷）	农田有效灌溉面积（单位：公顷）	耕地面积占土地面积比例（%）
桑日县	2634	1531	1531	1621	0.58
琼结县	1030	1821	1821	1821	1.77
曲松县	2070	1663	1663	1305	0.80
措美县	4187	987	987	987	0.24
洛扎县	5031	1982	1982	1982	0.39
加查县	7982	1667	1667	1418	0.21
隆子县	4385	3233	3233	3212	0.74
错那县	9894	1481	1481	1266	0.15
浪卡子县	34979	2577	2577	2568	0.07
桑珠孜区	3654	16053	16053	15513	4.40
南木林县	8113	7891	7891	5279	0.97
江孜县	3859	10799	10799	1030	2.80
定日县	13858	7066	7066	6667	0.51
萨迦县	7510	7599	7599	6757	1.01
拉孜县	4505	7893	7893	5659	1.75
昂仁县	20105	4972	4972	4971	0.25
谢通门县	13960	4065	4065	4065	0.29
白朗县	2806	8493	8493	8031	3.03
仁布县	2122	3420	3420	3203	1.61
康马县	6165	3140	3140	3121	0.51
定结县	5816	2749	2749	2356	0.47
仲巴县	43594	97	97	0	0.001
亚东县	4306	898	898	635	0.21
吉隆县	9009	1223	1223	951	0.14
聂拉木县	7903	1569	1569	1498	0.20
萨嘎县	12411	476	476	399	0.04
岗巴县	3936	1500	1500	1500	0.38
那曲县	16195	0	0	0	0.00
嘉黎县	13056	331	331	0	0.03
比如县	11680	1706	1706	0	0.15

续表

县（区）名	行政区域土地面积（单位：平方公里）	年末耕地面积（单位：公顷）	耕地中的旱地面积（单位：公顷）	农田有效灌溉面积（单位：公顷）	耕地面积占土地面积比例（%）
聂荣县	9017	0	0	0	0.00
安多县	43411	0	0	0	0.00
申扎县	25546	2582	2582	0	0.10
索县	5744	0	0	0	0.00
班戈县	2838	0	0	0	0.00
巴青县	10326	245	245	0	0.02
尼玛县	72499	140	140	0	0.00
双湖县	116637	0	0	0	0.00
普兰县	13179	621	621	621	0.05
札达县	24601	691	691	57	0.03
噶尔县	10083	827	827	0	0.08
日土县	77096	636	636	0	0.00
革吉县	46117	0	0	0	0.00
改则县	135025	0	0	0	0.00
措勤县	22980	0	0	0	0.00
巴宜区	8536	2561	2561	2523	0.31
工布江达县	12960	3013	3013	3010	0.23
米林县	9507	3053	3053	2836	0.32
墨脱县	31395	1818	1439	1535	0.06
波密县	16768	4073	4073	2305	0.24
察隅县	31305	2935	2199	2199	0.09
朗县	4114	1446	1446	901	0.35

说明：西藏各县的行政区域土地面积，《西藏自治区志·政务志》、各地区志、《西藏百科全书》、《西藏年鉴》、《中国县（市）社会经济统计年鉴2011》等工具书中的数据有一定的出入。本表的数据以《中国县（市）社会经济统计年鉴2011》公布的数据为准。

资料来源：根据《中国县（市）社会经济统计年鉴（2011）》（国家统计局农村社会经济调查司编：《中国县（市）社会经济统计年鉴（2011）》，中国统计出版社2011年版，第344—358页）、《西藏统计年鉴（2013）》（西藏自治区统计局编：《西藏统计年鉴2013》，中国统计出版社2014年版，第316—318页）和《西藏百科全书（2009年修订版）》（《西藏百科全书》编辑委员会：《西藏百科全书》，西藏人民出版社2009年版）所提供的统计数据整理、计算所得。

从基础设施上来讲，尽管西藏自治区政府为此做出了巨大的努力，但由于客观条件的限制，边远地区乡镇的基础设施仍然相当落后，一些偏远的乡镇还不通公路、光缆，50%左右的乡镇至今没有邮政和金融网点，一些海拔高的边境乡镇的电力设施严重滞后。据介绍，“十一五”期间，西藏的基础设施建设成就辉煌，“十一五”规划项目方案全面实施，全社会固定资产投资达到1656亿元，比“十五”增长1.4倍。青藏铁路胜利通车，拉萨至日喀则铁路、墨脱公路开工建设，林芝米林、阿里昆莎、日喀则机场通航，进藏干线公路基本实现路面黑色化，县通油路、乡镇和行政村通公路水平显著提高，通车总里程达5.8万公里，综合交通运输体系逐步完善。直孔、巴河雪卡水电站投产发电，全面推进无电地区电力建设，藏木水电站、青藏直流联网工程、旁多水利枢纽工程建设顺利，三大灌区和江北灌区建设效益明显，能源供应和水利保障水平逐步提升[①]。仅就乡村公路建设方面而言，“十一五”期间，全区农村公路建设投资45.70亿元，公路建设规模明显增加。截至2010年年底，全区农村公路总里程达到46374公里，新增里程14515公里，农牧区交通落后状况得到明显改善，农牧民出行难、货物运输难的问题得到初步解决。截至2010年年底，全区乡（镇）公路通达率达到99%，比2005年年底提高23%；建制村公路通达率达到81%，比2005年提高31%。附属设施建设取得新成效，重点解决了县道中桥以上、乡道大桥以上桥梁改造，提高了桥梁的安全水平，为群众出行提供了更安全、更畅通的条件，为农牧区经济社会发展提供了强有力的基础支撑，促进了农牧区经济社会的发展[②]。正是因为西藏乡镇的基础设施依旧落后，严重制约着乡镇经济社会的发展和农牧民生活水平的提高，西藏“十二五”规划计划用五年的时间，逐步完善公路网络，加强农村公路和国边防公路建设，消除省道断头路，提升公路技术等级和防灾减灾能力。力争全区公路里程达到7万公里，实现国道和主要经济干线路面黑色化，县县通油路，60%以上的乡镇通沥青（水泥）路，具备条件的行政村、农林场和所有边防站点通公路。力争实现乡乡通光缆，具备条件行政村能够上网；深入推进以安居乐业为突破口的社会主义新农村建设，加快实施水、电、路、信、气、广播影视、邮政和优美环境

---

① 《西藏日报》社：《西藏自治区“十二五”时期国民经济和社会发展规划纲要》，《西藏日报》2011年2月10日第1版。

② 常川、孙文娟：《雪域高原幸福路——十六大以来我区乡村公路建设综述》，《西藏日报》2012年11月28日第7版。

“八到农家”工程，完善配套基础设施。陈全国书记在西藏自治区第八次党代会上所做的报告中再次强调了加快乡镇基础设施建设的极端重要性和具体的建设目标①。

三　典型案例——卡孜乡、帕里镇、普玛江塘乡

西藏全区的自然环境之复杂、艰苦和险恶自不待言。由于地域广阔，各地区、各县、各乡之间的差别极大，不可一概而论。例如，拉萨市林周县卡孜乡，地处林周县南部的澎波河谷流域，县政府的西南方向10公里处，海拔3822米，属于高原温凉半干旱农牧区，乡域面积499平方公里。全乡所辖6个行政村，23个村民小组，62个自然村。据2012年年末统计，全乡共有1173户5878人。截至2012年年末该乡人均收入为5876.3元，其中现金收入为3257.51元，分别比2011年增加了19.84%、28.43%。全乡总耕地面积为18038.55亩，主要以种植青稞、小麦、油菜、土豆为主。牲畜存栏数为25367头（只、匹）。卡孜乡共有7家矿点，分别是：夕瑞德矿业开发有限公司（主矿为铅锌）、强瑞矿业开发有限公司（主矿为铅锌）、平安矿业（主矿为铁矿）、紫悦矿业有限公司（铁矿）；小宝建材公司（煤矸石矿）、宏源矿业开发有限公司（铁矿）、林卡丹有限公司（铁矿）。当前，卡孜乡为自治区级贫困乡②。

帕里镇是西藏南部贸易中心和通往锡金、不丹、印度的交通要道，位于西藏自治区正南方，喜马拉雅山脉群山之中的亚东县境内，绰莫拉利峰（海拔7314米）西南麓的帕里盆地，人口2000余人。海拔约4370米，面积3300公顷。年均气温-0.2℃，极端最高气温19.3℃。年降水量约380毫米③。

浪卡子县的普玛江塘乡，南距不丹王国25公里，海拔5373米，面积500平方公里。全乡辖那木其、措果、萨藏、萨空、下索6个行政村，有村民238户967人。其中萨空村海拔高达5700米，是中国海拔最高的村。村里居住着45户村民，他们被称为住在“人类生存极限地”的人。普玛

① 陈全国：《坚定不移走有中国特色西藏特点发展路子为实现跨越式发展和长治久安而团结奋斗》，西藏人民出版社2011年版，第10—11页。

② 2012年年底调研资料。

③ 同上。

江塘乡的气候十分恶劣，空气中的含氧量不到平原的40%，年平均气温在零度以下，冬季最低气温在零下40多度，且每天刮7—8级大风。因为交通不便，普玛江塘乡至今没有通公路，村民的主要交通工具是拖拉机。村民的主要生产方式是放牧、剪羊毛、羊毛编织、打酥油。农副产品的出售主要靠县里的收购商会定期上门收购①。

总之，西藏各乡镇在其日常的行政过程中，各乡镇的具体情况千差万别，均受到自然环境的强力限制，因工作环境艰苦，难以留得住人才。政府每年通过招录乡镇公务员和大学生村官的方式给予补充，但每年都有大量的工作人员通过各种途径调出或辞职；因为自然环境不佳，基础设施落后，招商引资困难，丰富的自然资源难以开发，农牧业的市场化水平相当低下；因为地域广阔，交通条件改善缓慢，行政的成本异常高昂。如阿里地区改则县察布乡面积达6.8万平方公里，虽然实现了村村通泥路的目标，但是，不仅村子与村子之间、村子与乡镇之间、乡镇与县城之间路途遥远（其中，木布村距离察布乡就有200公里，距离县城达360公里），而且，村子内只有自然形成的小道可供高档越野车辆或摩托车行走，普通车辆根本无法通行。据笔者的亲身体验，察布乡政府到县城办理一次公务所需的费用在1000元以上，在木布村等僻远村庄办理一次公务的费用在1500元以上。在此环境下运行的政府和工作的党政干部，久而久之不可避免地形成了极强的惰性且认为是正常的。

---

① 唐志英:《中国海拔最高的乡——普玛江塘》,《四川统一战线》2012年第1期。

第九章　西藏乡镇政权的经济环境

经济环境主要是指经济发展阶段、水平和能力、经济资源、经济关系和经济制度等要素的总和。经济环境是西藏乡镇赖以生存和发展的基石，这一基石是否牢固及是否具有自主发展的能力，不仅直接地影响着当地各族群众生产生活水平，更深刻地影响到党在西藏执政基础的巩固与整个社会的和谐稳定。概言之，经济问题涉及西藏“四个确保”战略目标的实现。总体而言，西藏乡镇政权的经济环境可以概括为以下四方面。

一　自然资源较为丰富，但资源开发受到严重限制

西藏的生物资源、矿产资源、能源资源等自然资源非常丰富，如果能够开发利用，将会成为推动西藏经济社会快速发展的契机。

首先，西藏具有多样性的生物资源。西藏是世界上生物多样性最典型的地区之一。西藏的野生动物有数千种，有 6100 余种珍奇动物、200 余种陆栖脊椎动物，已有 125 种被国家列为重点保护野生动物。多年来，中央和西藏自治区编制实施了一系列生态环境保护与建设规划，对西藏的生态环境保护与建设进行全面规划与部署。中央政府在 1998 年和 2000 年制定的《全国生态环境建设规划》和《全国生态环境保护纲要》中，将青藏高原冻融区作为全国八大生态建设区之一，进行专门规划，建立保护措施。2009 年，通过了《西藏生态安全屏障保护与建设规划（2008—2030 年)》，计划投资 158 亿元，争取到 2030 年基本建成西藏生态安全屏障。西藏自治区编制实施了《生态环境建设规划》、《水土保持规划》、《农牧区环境综合整治规划》、《生态功能区规划》等一系列生态环境保护与建设规划，并加大通过立法保护生态环境力度，近年来修订了《西藏自治区环境保护条例》，出台了《西藏自治区生态环境保护监督管理办法》等

规章①。目前，全区建立各类自然保护区47个（其中，国家级9个），总面积41.22万平方公里；各类生态功能保护区22个（其中，国家级1个）；国家森林公园8个、国家湿地公园5个、国家级风景名胜区3个、国家地质公园两个②。

西藏野生植物中药用资源丰富，目前已知的药用植物有1000多种，其中常用的中草药400多种，具有特殊用途的藏药300多种，较著名的药材有天麻、贝母、三七、雪莲、大黄和鸡血藤等。此外，有砂生槐、峨眉蔷薇和马先蒿属等众多蜜源植物；有沙棘、黑枣和红景天属等高维生素饮料植物及众多的纤维植物；菌类有200多种，其中虫草、灵芝和茯苓是珍贵的中药材，松茸、獐子菌等是名特食用菌③。

其次，西藏的矿藏资源储量较大。西藏自治区国土资源厅的统计数据表明，西藏境内发现的矿种有101种，矿产地2000余处，西藏的优势矿产主要是铜、铬、硼、锂、铅、锌、金、锑、铁等，已探明矿产资源的潜在价值在万亿元以上，其中铜矿资源储量占全国的1/3以上。已探明的矿产达70多种，已探明储量的26种矿产中，有11种的储量分别名列中国的前5位④。西藏盐湖多达600个，蕴藏着极为丰富的硼、碱、钠盐、镁盐、芒硝和锂、钕、铯、溴等盐湖矿产资源，其中代表性的扎布耶盐湖碳酸锂储量为73.56×10^4t，是世界三大百万吨级盐湖之一，盐湖卤水为中度碳酸盐型，锂以天然碳酸锂形式存在，且含镁低，是世界上少有的优质锂资源⑤。

最后，西藏的水能、太阳能、地热能和风能等可再生资源异常丰富。全区水资源储量达4482亿立方米，平均天然水能蕴藏量约为2亿千瓦，约占全国总量的30%，地表水资源总量约为4394亿立方米，占全国总量的13.5%，冰川水资源总量为3319多亿立方米。西藏的地热储藏量居全国第一。在三江（怒江、金沙江、澜沧江）构造带、雅鲁藏布江断裂带

---

① 新华社：《西藏发展道路的历史选择》，《光明日报》2015年4月16日第6—8版。

② 陈凡：《保护好西藏碧水蓝天秀美山川——学习习近平总书记关于生态文明建设的重要论述》，《西藏日报》2015年5月3日第6版。

③ 曾晋鲁：《西藏资源概述》，《西藏科技》2000年第4期。

④ 张影：《西藏矿产资源概述》，《西藏科技》2005年第6期；德吉、吴巧生：《西藏矿产资源及其可持续发展初探》，《中国国土资源经济》2011年第9期。

⑤ 吴强：《西藏矿产资源开发利用的SWOT分析》，《中国矿业》2006年第1期。

和那曲至尼木断裂带均为地热活动最为活跃的地区，已发现温泉、沸泉、间歇喷泉、放热地面等各种痕迹的地热显示区600多处，估计总热流量为每秒55万大卡，相当于标准煤约240万吨/年所释放的热量①。

尽管西藏具有不可否认也不可忽视的资源储备，但青藏高原固有的生态环境地位决定着它不仅开发难度很高，更为重要的是不能轻易开发。有学者将此称为"资源诅咒"："青藏高原是北半球气候变化的调节区和启动区，这里的气候变化不仅直接驱动我国东部和东南部的气候变化，而且对北半球气候变化具有直接影响。它是一座天然的生态屏障，使我国内地大部分地区免受寒流和风沙的侵袭，它是一座巨大的固体水库，是亚洲诸多江河的源头和上游。……但是，西藏生态环境十分脆弱，且具有不稳定性和敏感性特点，一旦破坏便难以恢复。"② 同时，西藏独特的自然地理条件决定了其大部分资源，包括水资源均不宜开发，当然，开发的巨大成本也使得西藏自然资源的经济价值大大降低。正是因为如此，在第五次西藏工作座谈会上，中央将西藏确定为国家"重要的国家安全屏障、重要的生态安全屏障、重要的战略资源储备基地、重要的高原特色农产品基地、重要的中华民族特色文化保护地、重要的世界旅游目的地"③。

二　经济持续发展，但整体发展水平滞后

和平解放前，西藏经济长期停滞不前，百业凋零，民不聊生。和平解放以来，西藏走上了持续快速发展的道路。在西藏自治区党委和政府的正确领导下，在西藏各族人民的共同努力下，在中央制定了许多特殊优惠政策，涉及金融、财税、投资、基础设施建设、产业发展、农牧业和农牧区、环保、教育、卫生、科技、文化、体育等各个方面，并在财力、物力、人力上给予大力支持和帮助下，在各省市及央企的大力支援下，西藏经济社会发展迅速。据统计，1951年西藏地区生产总值仅有1.29亿元，

① 《西藏百科全书》编辑委员会：《西藏百科全书》，西藏人民出版社2009年版，第6—7页。

② 耿香玲：《"资源诅咒"警示与西藏地区主导产业选择》，《西藏民族学院学报》2008年第5期。

③ 新华社：《中共中央国务院召开第五次西藏工作座谈会》，《光明日报》2010年1月23日第1版。

2014 年达到 920. 83 亿元，按可比价格计算增长 100 多倍，年均增长超过 2 位数。具体统计数据见表 14。

表 14　　**西藏地区生产总值**　　单位：亿元

年份	地区生产总值	第一产业	第二产业	第三产业	人均地区生产总值
1951	1. 29	1. 26	0. 001	0. 03	114
1959	1. 74	1. 28	0. 22	0. 24	142
1965	3. 27	2. 32	0. 22	0. 73	241
1978	6. 65	3. 37	1. 84	1. 44	375
1979	7. 30	3. 50	2. 02	1. 78	404
1980	8. 67	4. 64	2. 18	1. 85	471
1981	10. 40	6. 30	1. 68	2. 42	560
1982	10. 21	5. 82	2. 09	2. 30	544
1983	10. 29	5. 50	2. 59	2. 20	538
1984	13. 68	6. 38	2. 80	4. 50	702
1985	17. 76	8. 87	3. 08	5. 81	894
1986	16. 93	7. 95	2. 18	6. 82	842
1987	17. 71	8. 07	2. 13	7. 51	863
1988	20. 25	9. 65	2. 41	8. 19	964
1989	21. 86	10. 04	2. 84	8. 98	1021
1990	27. 70	14. 10	3. 57	10. 03	1276
1991	30. 53	15. 50	4. 17	10. 86	1358
1992	33. 29	16. 59	4. 46	12. 24	1468
1993	37. 42	18. 30	5. 49	13. 63	1624
1994	45. 99	21. 14	7. 88	16. 97	1964
1995	56. 11	23. 48	13. 24	19. 39	2358
1996	64. 98	27. 20	11. 32	26. 46	2688
1997	77. 24	29. 23	16. 88	31. 13	3144
1998	91. 50	31. 37	20. 14	39. 99	3666
1999	105. 98	34. 25	23. 86	47. 86	4180
2000	117. 80	36. 39	27. 05	54. 37	4572
2001	139. 16	37. 54	31. 97	69. 65	5324
2002	162. 04	39. 75	32. 72	89. 56	6117
2003	185. 09	40. 70	47. 64	96. 76	6893
2004	220. 34	44. 30	52. 74	123. 30	8103
2005	248. 80	48. 04	63. 52	137. 24	9036
2006	290. 76	50. 90	80. 10	159. 76	10422

续表

年份	地区生产总值	第一产业	第二产业	第三产业	人均地区生产总值
2007	341.43	54.89	98.48	188.06	12083
2008	394.85	60.62	115.56	218.67	13824
2009	441.36	63.88	136.63	240.85	15295
2010	507.46	68.72	163.92	274.82	17319
2011	605.83	74.47	208.79	322.57	20077
2012	701.30	80.38	242.85	377.8	22936
2013	807.67	86.82	292.92	427.93	26068
2014	920.83	91.57	336.84	492.42	29252

资料来源：西藏自治区统计局：《西藏统计年鉴 2014》，中国统计出版社 2015 年版，第 21 页。

表 15　西藏自治区城镇居民人均可支配收入、农牧民纯收入与全国情况比照统计表　单位：元

年份	全国					西藏自治区				
	2010	2011	2012	2013	2014	2010	2011	2012	2013	2014
城镇居民人均可支配收入	19109.4	21809.8	24565	26955	28844	14980	16196	18028	20023	22016
农（牧）民人均纯收入	5919.0	6977.3	7917	8896	9892	4139	4904	5719	6578	7359

资料来源：根据《西藏统计年鉴 2011—2015》整理所得。

表 16　2013 年西藏各县（区）、乡镇 GDP 平均值　单位：亿元

地市名称	地区 GDP	县（市、区）平均 GDP	乡镇平均 GDP
拉萨市（8 个县区、65 个乡镇单位）	304.87	38.11	4.69
昌都市（11 个县、139 个乡镇单位）	104.50	9.50	0.75
山南地区（12 个县、87 个乡镇单位）	86.61	7.22	1.00
日喀则市（18 个县区、203 个乡镇单位）	128.58	7.14	0.63
那曲地区（11 个县、114 个乡镇单位）	72.88	6.63	0.64
阿里地区（7 个县、37 个乡镇单位）	28.90	4.13	0.78
林芝市（7 个县、57 个乡镇单位）	81.83	11.69	1.44
全区	807.67	10.91	1.15

资料来源：根据《西藏统计年鉴 2014》整理和计算所得。

从表 14、表 15、表 16 可见，西藏经济社会发展所取得的成就是举世

瞩目的。但是，由于发展起步晚、基础差、积累少，从自治区到县乡，不论是经济总量还是人均收入，其总体的落后面貌并没有彻底改变，仍然是我国典型的连片贫困区。由于保密和统计机构不健全等，我们很难获得西藏各乡镇确切的统计数据，但平均数据也在一定程度上反映了西藏乡镇发展的实际，并与笔者实际调研中得到的数据是基本吻合的。例如经济条件较好的林芝县2011年的GDP为33.3亿元，鲁朗镇的GDP为1.82亿元；米林县2012年的GDP为8.42亿元，南伊乡当年的GDP为665.41万元，但全县8个乡镇的GDP平均为1亿元；谢通门县2011年的GDP为5.653亿元。而同一年中，中国经济百强县的GDP均超过了1000亿元，江阴市和昆山市超过了2000亿元大关，进入“全国小城镇综合发展百强”的乡镇2011年度的GDP均超过了100亿元，就是经济并不发达的陕西，2012年出现了韩城市龙门镇和洛川县交口河镇两个GDP上百亿元的乡镇。

的确，GDP值仅仅反映了经济社会发展的一个层面，如果考虑到社会经济的主要指标，如各产业的增加值、年度财政预算与支出、城乡居民存款、卫生、教育、社会保障等各项因素的话，更能显示西藏基层发展任务的艰巨性。国家统计局农村社会经济调查司编写的《中国县（市）社会经济统计年鉴2011》中，有具体的数据①。由北京师范大学政府管理学院编写的《2014年中国民生发展报告》也显示，在我国大陆的省区市中，西藏的民生实现指数和人类发展指数是最低的。

三 生产方式原始落后，经济发展层次低下

生产方式落后是西藏地区，特别是县乡基层社会的显著特征。恩格斯在《社会主义从空想到科学》一文中就曾指出：“生产以及随生产而产生的产品交换是一切社会制度的基础，在每个历史地出现的社会中，产品分配以及和它伴随的社会之划分阶级或等级，是由生产什么、怎样生产以及怎样交换产品来决定的。所以一切社会变迁和政治变革的终极原因，不应当在人们的头脑中，在人们对永恒的真理和正义的日益增进的认识中去寻找，而应当在生产方式和交换方式的变革中去寻找；不应当在有关的时代

---

① 国家统计局农村社会经济调查司：《中国县（市）社会经济统计年鉴2011》，中国统计出版社2012年版，第344—358页。

的哲学中去寻找，而应当在有关的时代的经济学中去寻找。"① 通过对西藏基层的考察调研并与基层干部交谈，我们不难发现，西藏乡镇农牧民的生产方式的典型特征即是广种薄收、单一经营、粗放管理、靠天吃饭。在传统的小农生产方式下，农牧民的受教育程度普遍较低，市场意识淡薄，经济头脑不发达，在现代市场经济中毫无疑问地处于劣势。更为重要的是，我们不能忽视西藏特殊的地理自然条件和传统习惯对农牧民的限制。西藏地域广袤，人口居住相当分散，交通不便，加之传统佛教文化的深厚影响，多种因素的交互作用使得西藏农牧民的生产生活方式具有很强的稳定性。首先，求知的积极性不高。尽管西藏自治区各级政府为提高西藏农牧民的文化素质采取了一系列的优惠政策措施，如"三包"政策、大学生就业优惠政策和免费扫盲教育等，但农牧民的积极性仍亟待提高。一位乡党委书记告诉笔者，乡镇在组织扫盲教育中最头痛的事情就是"叫不来人，钱花不出去"，一位小学校长告诉笔者，学校老师的一大重要任务就是"抓孩子们来学校上学"。这一情境反映在生产和生活方式上的必然后果就是农牧民常常不重视，甚至是排斥现代的科学技术和有商机的市场信息。其次，产业单一。农业乡镇以单一的种植业，尤其是以青稞为核心的粮食生产为主体，牧业乡镇以单一的养殖业，尤其是羊和牦牛为核心的牲畜养殖为主体且出栏率极低。最后，农牧产品以自给自足为主。这一局面不仅与西藏基层的市场经济不发达、农牧产品的加工能力低下有关，更与农牧民的观念和生产生活方式有关。笔者在山南、林芝和阿里调研时，山南和林芝两个县的县长均谈到，对口支援省市派来的挂职党委书记积极与所在省市的乳品企业和肉制品加工企业联系，分别在这两个县投资了2000 万左右生产牦牛奶制品和肉制品，但最终均因原料供应严重不足而倒闭。阿里地区改则县于 2009 年通过招商引资引入了四川的一家屠宰企业，但因当地农牧民对屠宰方式的诟病不愿意出售牛羊而很快倒闭。

在这样的生产生活方式下，西藏农牧民的收入增长乏力。尽管步入 21 世纪以来，农牧民的人均纯收入以超过 10% 的速度增加，但人均纯收入仍仅为全国平均水平的 70% 左右。具体统计数据见表 17。

① 中共中央马克思恩格斯列宁斯大林著作编译局编译：《马克思恩格斯选集》（第 3 卷），人民出版社 1995 年版，第 617—618 页。

表 17　　2010—2013 年西藏地区农牧民人均纯收入统计表　　单位：元、%

年份＼地区	拉萨市	昌都市	山南地区	日喀则市	那曲地区	阿里地区	林芝市
绝对数	—	—	—	—	—	—	—
2010	5003	3662	4330	3750	4081	3451	5411
2011	6019	4332	5183	4473	4860	4183	6433
2012	7082	4962	6065	5165	5586	5452	7498
2013	8265	5900	7099	6027	6398	6391	8612
增长速度	—	—	—	—	—	—	—
2010	20.6	16.5	17.8	17.1	14.1	15.5	18.6
2011	20.3	18.3	19.7	19.3	19.1	21.2	18.9
2012	17.7	14.5	16.9	15.5	14.9	30.4	16.6
2013	16.7	18.9	17.2	16.7	14.5	17.2	14.9

资料来源：西藏自治区统计局：《西藏统计年鉴 2014》，中国统计出版社 2015 年版，第 127 页。

四　制度创新不足，对发展的促进和保障作用有限

除了丰富的资源难以开发且开发的成本高昂，地广人稀市场狭小，投资高而回报低，经济总体发展层次和水平低下外，我们还不能忽视制度的因素。

新制度经济学理论认为，制度也是生产力，在经济社会发展中发挥着至关重要的促进和保障作用。一般而言，制度可以分为“内在制度”和“外在制度”。所谓内在制度是指习俗、伦理规范等非成文但常常被人们所自觉遵守的规范，而外在制度是指人为设计的被自上而下贯彻和执行的成文规范。实证分析表明，西藏社会制度的跨越和转型极大地促进了经济增长，使得经济规模和经济水平快速提高并促进了经济结构的演化①。同时，我们也不能否认，虽然社会制度的跨越使西藏走上了社会主义道路，极大地解放和促进了经济社会的发展，通过社会主义现代化建设和市场化改革，加快了西藏的发展进步，促进了各民族的共同繁荣。但是，一方

① 毛阳海：《西藏经济结构转型研究》，东南大学出版社 2012 年版，第 50—52 页。

面，制度是有巨大惯性的，另一方面，社会主义革命的完成和社会主义现代化建设的推进并不能自动解决经济社会的发育和制度的改革创新问题。西藏社会的发育迟滞，价值观念和行为方式的变迁等均需要一个漫长的过程。更为重要的是，外在制度的改革创新需要政府的强力介入，如产权制度、金融制度、司法体系的完善和政府决策效能的提高等都不是一朝一夕所能完成的。西藏作为我国一个特殊的边疆民族省区、集中连片贫困区，又是反分裂斗争的主战场情况下更是如此。维护西藏社会的和谐稳定事关党在西藏的执政地位，事关国家安全和祖国统一，因此，历届西藏自治区党委和政府均按照中央“一个中心”、“两件大事”、“四个确保”的治藏方针，组成两套工作班子，一套集中精力抓发展，另一套班子全力以赴保稳定[①]。在此情境下，西藏的制度创新意愿与能力被屡屡延缓或因维护稳定而被大打折扣。

正是因为西藏乡镇的经济资源较为丰富但难以开发，整体经济发展严重滞后，经济发展层次和水平不高，制度供给不足，致使西藏各乡镇的经济发展依旧处于主要依靠或完全依靠财政转移支付和各省市及央企的支援，迟迟不能实现由外力推动型发展方式向自主创新型方式的转变，进而深刻地影响到当地经济、社会的发展进步，并在二者间构成了明显的相互制约关系。

---

① 陈全国：《创新社会治理体系，确保社会长治久安》，《人民日报》2013 年 12 月 13 日第 7 版。

第十章　西藏乡镇政权的政治与国际环境

乡镇政权的政治环境主要是指那些直接或间接作用于乡镇的各种政治条件的总和，具体而言，主要包括政治制度、法律环境、民族与宗教情况以及政治风气等。在西藏，除了这些一般意义上的政治环境外，国际环境也常常影响着乡镇的具体公务活动并与自身的政治环境交织在一起。

一　“政治压力型体制”的要求

总体而言，内地乡镇的核心任务是推动经济社会的发展，经济工作的成效是上级政府考核乡镇的核心指标，我们可以称之为“经济压力型体制”。相对而言，在西藏，虽然促进当地经济社会发展，促进农牧民增收也是上级政府的基本要求，但是，这样的要求并不是硬性的，更为重要的是，这样的要求本身就是政治要求之下的附属性指标，是服从于政治要求的，维护祖国统一，促进民族团结，维护当地的社会稳定才是乡镇的硬任务和第一责任，并以“一票否决”的形式进行考评。

2011 年以来，西藏乡镇的主要工作是：协助 5464 个驻村（居）工作队开展强健基层组织、维护社会稳定、寻找致富门路、进行感恩教育、办实事解难事等五项重点工作；协助 1787 个驻寺工作队全面落实教育、管理和服务寺庙三项工作；协助 698 个便民警务站开展治安巡逻、接警出警、交通管理、服务群众、法治宣传、掌握动态、备勤处突等七项职能；积极做好非在编僧尼和信教群众的思想教育工作，积极引导藏传佛教与社会主义相适应；深入开展“五户或十户联保”群防体制等。从而形成“从自治区到地（市）、县（市、区）、乡镇、村（居委会），建立起一级抓一级、层层抓落实的责任体系”①。

---

① 陈全国：《创新社会治理体系，确保社会长治久安》，《人民日报》2013 年 12 月 13 日第 7 版。

我们姑且称这样的行政管理体制为“政治压力型体制”。

二　政治权威与宗教权威的并存

在内地，随着社会主义现代化进程的推进，基层社会的传统权威结构早已开始慢慢消融或是呈现明显的多元类型，但在西藏，传统的权威结构依旧存在，应该说它是政治权威、宗教权威和经济权威交织的权威构造。

1959 年民主改革之前，西藏处于政教合一的封建农奴制，总体而言寺庙成为了集开展宗教活动、控制一方政权、实施经济剥削、囤积武装力量、进行司法审判等功能为一体的统治堡垒。民主改革以后，党和国家实行了政教分离政策，使得寺庙这一宗教组织与政治相分离。客观地讲，由于二者分离，政治系统更能发挥它的作用，而且对信徒修炼更为纯洁的信仰有积极的作用。同时，民主改革后僧人之间的不平等现象消失，也促进了宗教关系的和谐。但是，这并不意味着宗教完全处于乡镇政权之外。

首先，西藏乡镇在几十年的发展和服务中，总体而言，通过党政官员代代牢记党的宗旨，切实践行党的群众路线，有力地促进了当地经济社会的发展进步和人民生活水平的提高，从而使中国共产党好、社会主义好、民族区域自治好、伟大祖国好和人民军队好的主旋律深入人心。因此，乡镇政权和干出实绩的党政干部享有巨大的政治权威，这是不容否认的事实。

其次，随着西藏经济社会的发展，特别是改革开放以来，除了在城市中通过创办企业而出现了一大批经济精英外，在乡村，也涌现出一批知识文化层次较高，懂得基本的经济规律和市场法则，能够充分利用党和国家的好政策，通过自己的努力而迅速致富的经济能人。当地县乡政府也积极支持他们的事业发展，并出于示范的目的有意识地将他们纳入党组织或政协机构中，或是培养成为村干部，进而在《从全区优秀村（居）党支部书记中选拔乡镇公务员工作的实施方案》（藏党发［2012］34 号）文件的规范下将他们选拔为乡镇干部。如此，西藏乡镇也存在着经济权威，并往往与政治权威结合在一起且呈现不断发展壮大的良好态势。

再次，在乡镇基层，几乎 100% 的人口是有宗教信仰的藏族及其他少数民族，宗教成为藏民族和其他少数民族群众深层的哲学思想，朴素的世界观、人生观和价值观及伦理道德观念。“追求从生到死、从早到晚，无论进行什么活动都与藏传佛教密不可分的生命历程。宗教文化支撑他们在世界屋脊的恶劣环境中能够勇敢地生存和拼搏，帮助他们在特定的生存空间里祖祖辈辈能够安安稳稳地寻找到一个永恒延续的护身符。”① 一个普通的藏族群众几乎每天都重复着宗教活动和具有浓郁宗教色彩的日常生活，如祈祷、磕头、念经、供酥油灯等，每遇到宗教节日一定会去参加大型的宗教仪式或小型的社区宗教活动，同时在家中进行一般性的宗教活动和个人形式的宗教行为。因此，西藏每一个乡镇服务的特定对象决定了其公务活动，如寺庙管理、维护稳定、引导宗教与社会主义相适应、保护宗教为核心的民族文化等本身就与宗教及宗教事务密不可分，即使是经济等本与宗教没有直接关系的事务，也往往因服务对象而打上了宗教的烙印。如前文中所述的内地企业因牲畜宰杀方式的不同而引起当地民众的反感即是鲜活的例证。同时，不容忽视的事实是，西藏乡镇干部中超过95%为藏族和西藏其他少数民族，汉族等其他民族在当地是绝对的“少数民族”。这些藏族干部中虽然大多数是党员，但他们出生、生活和工作的环境决定了让其完全抛开藏传佛教而笃信马克思主义和中国特色社会主义理论是不现实的，一些理想信念不坚定的干部常常去从事宗教活动甚至偷偷外出参加达赖集团组织的非法“法会”也是时有发生的。我们称这种现象为“隐性宗教信仰”。

最后，在西藏乡镇，还存在着活佛和大批僧人这一专门从事宗教活动的人群。目前，西藏有在编寺庙1700多座，在编僧尼约3万人，还有大量非在编的寺庙和僧尼。活佛和僧人除了在寺庙内长期从事各种宗教活动外，还要在社会中为信徒们举办许多宗教活动和婚丧等世俗事务。传统上，活佛和僧人是西藏最有文化的一个群体，时至今日，他们仍然在传播民族传统文化、保护民族文化遗存、瞧病从医、社会救济等方面发挥着特殊的作用。这些人尤其是各层级的活佛，他们是宗教上层中的特殊群体，虽然经历过了民主改革、自治区的成立、社会主义改造、改革开放等各发展阶段，但活佛在普通百姓中的地位和影响依旧深厚。在笔者的调研中，在城市和农牧区，分别有超过60%和80%的群众对活佛言行的正确性不加任何怀疑。中国藏学研究中心的嘎·达哇才让教授认为，活佛的权威资

① 嘎·达哇才仁：《藏族宗教文化论文集——解读藏族宗教文化》，中国藏学出版社2007年版，第44页。

源要素主要包括：传承制度是活佛权威存在的先决条件，宗教信仰是活佛权威生长的土壤，寺庙是活佛施展权威的平台，佛位和经济因素影响活佛权威的认同观。据此，达哇才让教授大胆提出了自己的基本假设："在西藏现代社会中，宗教信仰的恢复伴随着活佛权威的复苏，只要信徒虔诚的信仰和崇拜活佛，活佛对教徒的影响力和号召力就依然存在，活佛对西藏政治稳定所起的作用也依然存在。"①

活佛等僧人在西藏社会中所发挥的作用和影响，使西藏自治区党委在《中共西藏自治区委员会关于加强新形势下党外代表人士队伍建设的实施意见》（藏党发［2012］13 号）中明确提出要"着力培养 100 名政治上靠得住、宗教上有造诣、品德上能服众的宗教界爱国人士"。

综上所述，1959 年民主改革后，西藏乡镇基层社会的确发生了巨大的变化，党的领导、社会主义制度和民族区域自治制度、乡镇政权及其优秀的党政干部已经树立起了较好的政治权威。随着经济社会的发展，经济权威也逐渐形成，并往往与政治权威结合在一起。但西藏基层社会的特点决定了藏传佛教及其活佛僧人的地位和作用是相当突出的，应该说这是西藏基层社会传统文化与现代政治相结合的必然结果。正如有学者的调查研究所表明的那样："在藏区基层社会中，活佛的终生权威身份和信徒的虔诚信仰基础，是政治权威和经济权威与活佛权威无法比拟的。"② 从权威的结构观之，有政权基础、政绩基础和政治权力威慑力基础的政治权威是主体性的权威，而经济权威因权威者既是虔诚的宗教信徒又是忠实的活佛崇拜者，他们致富以后又向寺庙投资，是寺庙主要的施供者，因此活佛权威又优于经济权威。这是西藏乡镇各项公务活动过程中无法否认和忽视的事实③。

三　法治观念的淡漠与法治环境的缺失

法治建设是一个复杂的系统，包括立法、执法、法律意识与法治教

---

① 嘎·达哇才让：《藏族宗教文化论文集——解读藏族宗教文化》，中国藏学出版社 2007 年版，第 230 页。

② 同上书，第 231 页。

③ 栗漓澜：《藏传佛教对西藏乡镇行政的影响》，中国人民大学硕士学位论文，2011 年，第 31 页。

育、司法体系建设等方方面面。2013 年俞正声主席考察西藏时再次强调了要“坚持依法治藏方略”并在中央第六次西藏工作座谈会上加以重点强调。坚持依法治藏方略，既是全面建成小康社会的重要内容和内在目标，又是确保西藏社会持续稳定、长期稳定、全面稳定的制度基础和根本保障。在反分裂斗争愈益复杂尖锐和新矛盾新问题不断出现的背景下，就应该把依法治藏放在更加突出、更加重要的地位。坚持依法治藏方略，就必须维护法律尊严，必须坚守法律底线，必须不断完善法律法规，必须严格依法行政，必须大力开展法治宣传教育。而在这方面，西藏乡镇必将经历一个较长的历史过程。

在西藏乡镇，普通民众的法治观念相当淡薄。在少数民族地方，由于地处偏僻边远，经济社会发展迟滞，民众文化素养较低，民众法治意识普遍淡漠，在西藏乡镇这样的情况尤为突出。众所周知，旧西藏是一个封闭落后的“政教合一”的封建农奴制社会，宗教渗透到社会的各层面、各领域。尽管和平解放以后西藏的法治建设取得了辉煌的成就，为推动西藏经济社会的发展进步、维护社会稳定和民族团结发挥了至关重要的作用①，但是，旧习惯和陈旧的思维在基层和基层民众头脑中还相当顽固。农牧民群众发生纠纷后更多的是找活佛、高僧来处理而不是通过法律来解决问题，双方发生身体伤害后往往不是通过法律途径解决而是通过家族势力并按照传统的“命价”协商等现象，可以说比比皆是。另外，乡镇领导干部的法治意识还亟待提高，不依法行政、权大于法的观念和现象时有发生。同时，执法队伍建设严重滞后，素质不高。

笔者在西藏驻村期间，村里的甲、乙两名青年发生了严重的肢体冲突，乙青年受伤严重，驻村工作队立即将乙青年送至医院救治并报警。但此事的解决完全出乎工作队的预料：双方围绕着医疗费用和赔偿问题发生争执后均发动家族力量协商解决，协商的依据并不是法律规定的医疗费用和民事赔偿，而是以传统的“命价”，如砍一刀是 5 万元，乙方甚至提出了再砍甲方一刀了事。而警察中均有甲、乙双方家族出身的人，警察内部发生了严重的争执。最终在乡镇领导和当地僧人的协调下才得以解决。这些事例生动地说明，西藏乡镇营造良好的服务于“四个确保”战略目标的法治环境仍需艰辛的努力。

① 张清：《西藏 60 年法制建设主要成就、经验与启示》，《西藏发展论坛》2011 年第 5 期。

四　民族隔阂的客观存在

民族团结在国家发展进步中具有重要的地位，早在 1945 年，毛泽东就把民族团结提到了与中国革命和建设事业攸关的高度，明确指出："国家的统一，人民的团结，国内各民族的团结，这是我们的事业必定要胜利的基本保证。"① 21 世纪中，胡锦涛特别指出，"我国各民族团结进步是中华民族的生命所在、力量所在、希望所在"②。当前，在西藏乡镇，总体而言，各民族之间形成了平等、团结、互助和共同繁荣的民族关系格局，但这并不能否认民族隔阂的存在和民族纠纷的发生。从一般意义上理解，所谓民族隔阂是指不同民族成员之间因彼此民族不同而出现或存在的不了解、不理解、不来往或少来往、缺乏深交，彼此思想有距离的状况。民族隔阂的表现是多种多样的，如有的民族成员，在交友方面，更愿意与本民族的成员交朋友，不太容易或不很乐意与其他民族的成员交朋友；在居住方面，更愿意同本民族的成员做邻居，不太愿意与其他民族的成员居住在一起；在婚姻方面，更愿意同本民族的成员结婚，不太愿意与其他民族的成员通婚等。

首先，西藏乡镇人口虽然绝大多数是藏族，但还有门巴族、珞巴族、汉族、回族等十几个民族，以及还未完成民族识别的僜人、夏尔巴人等，这些不同的民族和人群之间，往往聚居在某一个特定的地方，重复甚至是守护着本民族本群体较为独特的生活方式，人际交往和通婚等也主要局限于本民族内部。

其次，因民族和人群生活上的特定性和独特性，经济和日常生活领域范围内的一些纠纷就在所难免。在西藏乡镇，这些纠纷主要是不同的民族群众之间因土地、森林、草场、矿产、水源的占有等而发生的经济利益纠纷，因相互有误解、彼此不尊重而引起的纠纷，因经商、升学、就业和日常生活中的一些问题而触发的纠纷三种类型。

最后，更为重要的是，随着经济社会的发展，内地各民族人员陆续到

① 毛泽东：《毛泽东选集（第三卷）》，人民出版社 1991 年版，第 1097 页。

② 胡锦涛：《在国务院第五次全国民族团结进步表彰大会上的讲话》，《人民日报》2009 年 9 月 30 日第 1 版。

西藏乡镇工作或从事工商业活动。一方面，这些来自内地各个地方各个民族的人，因生活习俗和文化观念的差异，尤其是语言沟通上的障碍，很容易与当地民众发生误解或相互不理解，加之一些人语言表达上不注重他人的感受，最终出现相互之间很难交往的情况。另一方面，这些来自内地各省区市的各民族的人，与当地民众相比，更懂得市场经济的规律和运作规则，往往在当地赚了不少钱，占用了当地的不少资源，也很容易引起当地民众的不满。

因此，习近平总书记在中央民族工作会议暨国务院第六次民族团结进步表彰大会上的讲话中指出，要正确认识我国民族关系的主流，多看民族团结的光明面，但更多的是，各级组织和党政干部要“善于团结群众、争取人心，全社会一起做交流、培养、融洽感情的工作；加强各民族交往交流交融，尊重差异、包容多样，让各民族在中华民族大家庭中手足相亲、守望相助；创新载体和方式，引导各族群众牢固树立正确的祖国观、历史观、民族观；用法律来保障民族团结，增强各族群众法律意识；坚决反对大汉族主义和狭隘民族主义，自觉维护国家最高利益和民族团结大局”①。

五 国际政治环境的干扰

西藏乡镇在具体公务活动过程中，也无时无刻不受到国际大环境的影响且国内自身的环境与国际大环境交织在一起，始终与复杂的国际环境和国际斗争交织在一起。

西藏自古以来就是我国领土不可分割的一部分，西藏的发展进步及其过程中出现的任何问题均纯属我国的内政，它与国际环境及国际问题联系起来，应该说是源于近代以来西方列强对西藏的觊觎和侵略。早在17世纪，随着资本主义的扩张，先后有葡萄牙、意大利、英国、法国、沙俄等国以通商、探险和传教的方式进入西藏，19世纪后更是以赤裸裸的武力侵略西藏，妄图将西藏从祖国割裂出去，进而签订了一些严重损害主权的所谓《条约》并将中央政府对西藏的主权篡改为“宗主权”，就此产生了

① 新华社：《中央民族工作会议暨国务院第六次民族团结进步表彰大会在北京举行》，《人民日报》2014年9月30日第1版。

所谓的“西藏问题”。经过各族人民几十年的英勇斗争，虽然西藏是我国不可分割的一部分之主权事实始终没有改变，但从此西藏的发展进步及其过程中产生的问题往往与国际敌对势力及其支持的达赖集团密切联系在一起，这是客观存在的事实。20 世纪 50—90 年代前，随着我国社会主义现代化建设的稳步推进和国际地位的大幅提升并显示良好的发展势头，“西藏问题”一度沉寂，达赖集团沦为“冷战孤儿”[①]。即使是 1987 年达赖受美国国会人权小组邀请在国会进行公开演讲提出了“西藏五点和平计划”，美国国务院发言人仍然认为美国国会邀请达赖去做演讲的做法是“不合时宜的”，将对中美关系造成损害。同年 10 月，当美国参议院又通过谴责中国平息拉萨骚乱的决议案时，美国国务院的官员再一次指出，参议院对西藏问题的描述是不准确的、不完全的、令人误解的，达赖的“五点和平计划”是“一个隐蔽的独立计划”，“在这个特别的时候，国会支持西藏独立就是向更凶暴的分子发出错误的信号，只能导致更多流血事件”[②]。1988 年 6 月达赖在法国斯特拉洪堡向各国记者散发的《对欧洲议员的演讲》中提到的“七条新建议”，亦没有产生大的反响[③]。这一所谓问题的问题进入国际关系的研究和国家外交处理的视野，则源于我国的崛起，从而使从所谓“西藏问题”这一历史上西方列强侵略中国的产物，在新的时代背景下演变成一些敌对势力以达赖集团为棋子牵制中国发展的一张牌。由于西方敌对势力分化瓦解中国之心不死和西方民众、媒体、政界对于“西藏问题”的偏见根深蒂固，决定了西藏乡镇政权在这样复杂的内外环境中运作的现状不会在短时间内得以改变。因此，中央第五次西藏工作座谈会上，胡锦涛同志深刻地指出，当前西藏的社会主要矛盾，除了人民日益增长的物质文化需要同落后的社会生产力之间的矛盾外，还存在着各族人民同以达赖集团为代表的分裂势力之间的特殊矛盾。做好新时期的西藏工作，“必须统筹国内国际两个大局，增强工作的战略性、预见

---

① 对所谓国际关系中的“西藏问题”之来龙去脉及影响的研究，可参见张植荣：《国际关系与西藏问题》，旅游教育出版社 1994 年版；郭永虎：《美国国会与中美关系中的“西藏问题”》，世界知识出版社 2011 年版。

② 思楚：《“西藏问题”国际背景的历史回顾》，《统一论坛》2013 年第 6 期。

③ 中国藏学研究中心：《50 年真相：西藏民主改革与达赖的流亡生涯》，人民出版社 2009 年版，第 177—178 页。

性、主动性”①。

在可预见的未来，西藏乡镇政权将长期在国内和国际环境交织的背景下运行，为西藏实现“四个确保”战略目标而殚精竭虑。

① 新华社：《中共中央国务院召开第五次西藏工作座谈会》，《光明日报》2010 年 1 月 23 日第 1 版。

第十一章　西藏乡镇政权的社会文化环境

文化作为同自然相对应的概念，是人类社会特有的现象。尽管何谓文化的界定见仁见智，但文化一定对人这一社会主体的生存、发展和最终解放具有重要的意义是毫无疑义的。文化具有传承性，“即有些文化创立以后逐渐从创立时期的政治、经济关系中独立出来变成一种跨社会制度、跨时代的有活性的意识形态，而为这种独立的意识形态的发展创造着物质要素和时间要素的总和，我们称之为文化环境”①。依据笔者的调研、研读资料和思考，不论从总体的文化特性和社会特征考量还是从个体人的受教育程度考虑，认为影响西藏乡镇政权的主要社会文化环境包括以下几方面。

一　宗教信仰的深厚影响

一提起西藏的宗教信仰，大多数人的认识即是指藏传佛教，甚至认为所言西藏藏族的传统文化就是指藏传佛教文化。事实情况远比人们的一般认识复杂得多。一般来说，西藏传统文化一直存在着两大体系，即官方文化与民间文化。官方文化是古代吐蕃王朝及后来的旧西藏地方政权所控制和扶植的文化，它是以宗教为主体的文化体系，苯教和佛教文化分别在不同的历史时期在官方文化中占据重要的地位。民间文化早在原始社会就已存在，在藏族历史发展中，“民间文化始终保持着世俗的、积极的、活泼的精神，这是藏族传统文化的生命力所在”②。当然，由于历史等原因，宗教文化对藏族的文化观或意识形态有着持久深入的影响，以至在整个藏

---

① 孙娟莹、谭庆华：《试论社会文化环境对经济发展的作用》，《理论与改革》2002 年第 2 期。

② 孙林：《适应与变迁——藏族传统文化观与现代文化观的矛盾及解决方式》，《中国藏学》1999 年第 4 期。

文化中占有非常突出的地位。正如格勒教授所指出的："在政教合一的西藏传统社会里，人们从生到死，从生产到生活，从家庭到村落，无处不受宗教信仰的影响和支配。作为西藏封建农奴制社会的主要精神支柱和意识形态，宗教已经渗透到西藏政治、经济、文化和社会生活的各个领域，并产生了广泛而深刻的影响。尤其是人们日常的生产、生活、娱乐、教育等无不蒙受宗教的影响，宗教在西藏已成为传统文化的重要组成部分并在绝大多数人的社会生活中占有十分重要的地位。"①

西藏的传统宗教信仰基本上可分为两大部分，一部分是在广大农牧区广泛流行、不分教派的"见佛就拜、见塔就转"的民间信仰。这一内容已有不少学者进行了深入的研究②。另一部分是以寺院为活动中心的理论化、系统化和规范化并控制着整个上层意识形态的神学宗教，主要是占统治地位的内部可分为宁玛、萨迦、噶举、格鲁等派别的藏传佛教和佛教传入西藏以前就已在西藏广泛流传的一种古老宗教苯教。但在长期的历史发展中，二者逐渐从最初的对立走向了相互影响和交融，相互吸收借鉴，如藏传佛教将苯教的内容加以改造利用，苯教也将佛教的内容改造为苯教的经典和理论③。

这一文化构成特征决定了西藏乡镇政权公务活动过程中特殊的社会文化环境，主要体现在以下几方面。

首先，乡镇政权的服务对象是传承了全民信教传统的藏族和西藏当地的其他少数民族。当前，西藏有人口 300 多万，藏族占 90% 以上，汉族和其他民族人口主要居住在县以上的地域，在绝大多数乡镇，几乎全部人口为藏族和西藏当地的其他少数民族。这些居住在乡村的藏族和西藏当地的其他少数民族，几乎传承了历史上全民信教的传统。这就决定了，乡镇政权必须按照自治区党委和政府的统一安排与要求，既要保证信教群众正常的宗教活动，又要确保宗教活动依法合理开展并积极引导宗教及宗教活动与社会主义相适应。

其次，乡镇政权面临着宗教管理的繁重任务。据统计，20 世纪 50 年

---

① 多杰才旦主编：《西藏封建农奴制社会形态》，中国藏学出版社 1995 年版，第 321 页。

② 孙林：《西藏中部农区民间宗教的信仰类型与祭祀仪式》，中国藏学出版社 2010 年版；孙林：《藏区民间宗教信仰的地方组织及其社会性》，《西藏民族学院学报》2008 年第 6 期；林继富：《灵性高原——西藏民间信仰源流》，华中师范大学出版社 2004 年版。

③ 东嘎·洛桑赤列：《论西藏的政教合一制度》，西藏人民出版社 2008 年版，第 21 页。

代，西藏共有2700多座寺庙，12万僧尼[①]。民主改革后，各地寺庙实现了民主管理，也有一些寺庙遭到了武装叛乱的破坏或在民主改革中大部分贫苦僧人还俗而僧去寺空，最后保留了553座寺庙，7000多僧尼[②]。改革开放后，在全面落实宗教政策，政府拨专款维修重点寺庙等等活动过程中，宗教信仰和正常的宗教活动得到全面恢复。目前，西藏有各类宗教活动场所1780余处，僧尼4.6万多人（其中清真寺4座，伊斯兰教信徒约3000余人；天主教堂1座，信徒70余人）[③]。

因宗教在西藏的广泛影响，宗教工作是一项长期复杂的特殊工作，为了加强对寺庙的组织管理，把僧尼工作作为群众工作的一个重要部分来抓，从而筑牢抵御分裂渗透和维护宗教领域的和谐稳定，西藏自治区党委和政府办公厅转发了《中共西藏自治区委员会统战部、西藏自治区民族宗教事务委员会关于开展和谐模范寺庙暨爱国守法僧尼创建评选活动的意见（试行）》（藏党办发［2011］36号），颁布了《关于加强和创新社会管理的实施意见》（藏党发［2012］1号）等一系列文件。根据这些文件精神，建立了宗教工作党委直接领导体制和各部门统筹协调机制，完善了区、地市、县区宗教工作领导体系；建立了依法管理、民主管理和社会管理相结合的寺庙管理体制，即在寺庙建管理机构、建领导班子、建干部队伍、建工作职能、建长效机制，实现寺庙管理委员会全覆盖；建立了寺庙公共服务和僧尼教育引导、关怀激励、培养使用机制，即推进惠寺惠僧的“九有”工程——有领袖像、有国旗、有路、有水、有电、有广播电视、有通信、有报纸、有文化书屋。开展“五个一”活动——驻寺干部与一至几名僧尼交朋友、开展一次家访、办一件实事、建一套档案、畅通一条联系渠道。实现僧尼医疗、养老和人身“三险”等[④]。

西藏当前的1700多座寺庙和4.6万多名僧尼只是由政府确定在编的寺庙和僧尼的统计数量，在编的寺庙和僧尼由县以上政府管理。通过实地

---

① 中共中央文献研究室、中共西藏自治区委员会：《西藏工作文献选编（1945—2005）》，中央文献出版社2005年版，第701页。

② 西藏自治区党史资料征集委员会：《西藏的民主改革》，西藏人民出版社1995年版，第198页。

③ 刘洪记：《西藏宗教50年》，《中国藏学》2009年第1期。

④ 田志林：《让僧尼真切感受到党的关爱——我区全面落实加强和创新寺庙管理工作纪实》，《西藏日报》2012年5月4日第2版。

调研我们就会发现，在广大乡村存在着遍布各村居的专门从事宗教活动的场所“拉康”和非在编的小寺庙及其数量众多的民间修行人员和非在编僧尼。这些非在编的宗教活动场所和人员不仅数量较大，而且管理任务主要由乡镇来承担。这就要求乡镇党委和政府推进寺庙的民主管理以保证党的宗教政策和宗教工作方针得到真正贯彻落实；确保乡村的宗教活动有序合法开展；保障民众正常的宗教活动；关爱民间修行人员和广大僧尼，确保“拉康”及寺庙与社会和谐；深入进行爱国爱教和法治宣传教育，不断增强信教僧众的爱国爱教和守法意识。

再次，宗教教义和宗教仪式对乡镇的影响也不可小视。西藏信教群众的戒律很多，如《十善经》中规定的“十诫”就包括了人一生中的行为、语言和思想变化方面的主要戒律（即“身三”——不杀、不盗、不淫；“口四”——不两舌、不恶口、不妄言、不绮语；“意三”——不贪、不嗔、不痴）。这些戒律中，一些戒律不论是当地群众还是乡镇干部都是必须遵守的，具有进步意义，而一些戒律就并不完全具有进步价值，如不杀生的戒律在保护高原生态的同时也致使西藏广阔的农牧区众多的牲畜不能有效地转化为经济发展成就；一些与教义相关的习惯法，如人命案和伤害案等在解决部分问题的同时也严重干扰着国家法律的贯彻执行。一年四季众多的宗教节日和宗教仪式是信教群众日常生活的重要内容，遇到释迦月等重大宗教节日，信教群众倾巢而出在促进民族团结和邻里关系和谐的同时，也极易形成并发酵涂尔干所言的“集体意识”，当然是乡镇维护稳定的关键节点，对乡镇的公务活动产生重大影响①。

最后，宗教人士，特别是大大小小的活佛在乡镇发挥着重要的政治影响力。该问题已在前面章节有所阐述，在此不再赘述。

二　社会转型的困惑

在绪论中，笔者就阐述过这样的观点：从传统到现代的转型是任何一个民族和国家都要面临的理论问题，也是一个需要在实现现代化的过程中不断思考和调适的现实问题。能否正确认识传统与现代的关系，特别是能

① 栗漓澜：《藏传佛教对西藏乡镇行政的影响》，中国人民大学硕士学位论文，2011 年，第 31—36 页。

否在现代化过程中自觉地结合本民族的实际情况尽快完成对传统的整合与转型，事关一个民族和国家能否适时抓住机遇勇赶现代化潮流的大问题。在西藏，面对社会主义现代化建设事业的稳步推进，不论是地方政府还是普通民众仍然存在着盲目固守旧有传统而故步自封的现象，同时，达赖集团力图将自己的分裂本质遮盖在维护民族传统、宗教和道德的伪装中，这就不可避免地致使西藏出现了明显的“转型阵痛”现象。

西藏地区是一个宗教信仰极其浓厚的少数民族聚居区，尽管宗教文化不是西藏传统文化的全部，但的确是传统文化的核心且传统的文化观念存在着诸多非现代性的东西，这是人们的共识。在我们所处的以实现现代化为国家目标的时代下，即艾森斯塔特所阐述的——“现代化以及追求现代性的热望，或许是当代最显著的特征。今天，大多数国家均置于这一网络之中——成为现代化国家，或延续自己现代性的特征。”① ——在这样的时代背景下，西藏基层社会普遍的文化观念与现代化的要求之间存在着不小的差距。首先，现代化对独立人格的呼唤与民众宗教崇拜之间的矛盾。现代化既包括物层面的现代化也包括人层面的现代化，而且人的现代化是物的现代化的前提，也就是要求个体的人的自我意识显著增强，具有独立思考的能力和怀疑、批判、创新精神。但在西藏传统文化观念深处，由于宗教的强烈影响，许多人对神的存在和力量从不怀疑，不知也不敢有自己的独立思考和判断，加之浓厚的政治教育氛围及对党和县乡基层政权的长期依赖，进一步强化了人们的这种遵从心理并进而形成一种习惯和思维定式。其次，民主意识匮乏和封建等级观念严重。普通民众具有基本的民主意识和民主技能，既是国家最终走向现代化的充分必要条件，也是普通民众现代性人格的核心评价指标。民主的意识就是要求民众充分认识到自己是独立的个体，人与人之间是生而平等的，理应积极参与到社会事务的管理之中，在自己所在的村落和社区充分实现“自我管理、自我服务、自我教育、自我监督”的现代治理目标。我国也正是基于这样的考量从20世纪80年代末即开始在全国范围内推广村民自治。但在西藏广大乡村，依据笔者的调研，由于长期在政教合一的旧社会下生存所形成的习惯惯性使然和受教育程度普遍较低等原因，西藏传统文化和农牧民的思想观念中还有着浓厚的

---

① ［以］艾森斯塔特：《现代化：抗拒与变迁》，张旅平等译，中国人民大学出版社1988年版，第1页。

神权观、封建等级观和特权观念遗存。这不是一朝一夕所能改变的。再次，竞争意识还没有完全树立起来。在现代社会，人不仅是独立的、自由的、有一技之长的，也需要有竞争意识和竞争能力。然而，在西藏广大贫困地区的受教育甚少的农牧民无疑是不具备的，再加上传统文化中本身因宗教所造成的封闭、守旧、保守的意识的影响，这种状况更为突出。最后，现代科技观念的落后。现代化社会是一个技术型的社会，但是在西藏基层社会，由于长期的封建农奴制统治，思想领域处半封闭状态，在一定程度上，藏族的创造力与发明精神受宗教需要的左右，从而造成藏族古代科学技术的发展在取得辉煌成就的同时也暴露出畸形发展的缺憾。

这是西藏乡镇政权在推进各领域建设过程中必须认真面对的敏感问题。

三　基层民众受教育程度低的困扰

党和国家历来重视西藏教育事业的发展。从1951年解放军建立第一所现代性的昌都小学，标志着不分阶级、不分民族、面向广大劳动人民的西藏民族教育事业的开始，经过60多年的发展，可以说基础教育硕果累累，中等职业教育蓬勃发展，高等教育稳步前进。对此，不仅《西藏统计年鉴》每年进行了统计，西藏各级政府定期进行信息发布和《西藏日报》进行了即时报道，而且有学者进行了专门的研究和总结。但由于西藏地域广阔、人口稀少、教育积淀少、办学成本高昂等客观因素和农牧民对教育的重视程度低等主观因素的制约，西藏仍然是我国民众受教育程度最低和教育最为落后的省区。

西藏农牧区是全国最早，从1985年就开始实行基础教育包吃、包住、包学习费用的“三包”政策的地区。30年来，中央和西藏先后12次提高“三包”标准，并不断扩大享受范围，到2011年年底，“三包”政策已经涵盖了西藏从学前到高中阶段教育所有农牧民子女及城镇困难家庭子女，财政投入西藏教育“三包”及助学金支出达39.5亿多元。新的“三包政策”惠及在校50多万学生①。同时，多年来，在中央政府支持下，西藏

① 颜园园：《西藏50多万学生将受益于“三包”免费教育政策》，《中国民族报》2011年4月12日第4版。

实施就业和创业帮扶政策。2006 年至 2010 年，西藏籍大学生平均就业率达到 84%。2011 年 11 月，陈全国书记在自治区第八次党代会上所作的报告中指出，力争使西藏籍大学生全部实现就业。在一系列的政策扶持下，2011 年、2012 两年西藏籍大学生就业率高达 99.32% 和 98.36%①。据西藏自治区教育厅 2014 年发布的数据显示，2013 年西藏小学入学率达到 99.59%，青壮年文盲率下降到 0.63%，全区人均受教育年限达到 8.4 年，基本实现全面全民教育②。但是，一方面，由于旧西藏出生的人本就没有接受过任何教育或正规教育，20 世纪 80 年代以前出生的人也因各种原因很少接受教育，20 世纪 90 年出生的年轻人虽然绝大多数受过一定的教育，但经过若干年后的农牧业劳动后事实上又成为文盲。另一方面，西藏的文盲主要以藏文为标准，已掌握藏文的读、写、算能力的“三会”就被认为脱盲。在这样的标准下，即使是被认定为脱盲的人事实上由于不掌握汉语和基本的现代科学技术，在现代社会中仍然是“新文盲”。笔者曾在西藏阿里地区改则县一纯牧区的村庄承担强基惠民工作。该村共 216 人，其中 18 岁以上的成年人 151 名。151 名成年人中，高中及以上文化程度者 0 人，初中文化程度者 6 人，其余 145 人均为未完成小学阶段学习和通过扫盲达到脱盲水平者。即使是 145 名脱盲者也因为长期单纯从事放牧工作而不能正确认识和书写藏语，6 名初中文化者完全不懂汉语。

更为重要的是，广大基层民众观念落后，对教育的认识仍然存在诸多不正确的方面。首先，西藏地广人稀，农牧民子女上学的成本是内地的 3—5 倍，这本就影响着人们接受教育的积极性，而且在离家庭很远的地方上学多年后，受到现代文化熏陶的孩子们不愿意再从事传统的农牧业劳动，进一步降低了农牧民送子女上学的热情。其次，特殊的生产和生活方式使农牧民对现代科学文化知识的需求很低。在西藏，生活在地市的人的确能够明显感受到知识的力量和教育对个人人生发展的影响，而在乡村，基层民众要不主要从事青稞、土豆、油菜等少量农作物的种植，要不单纯从事放牧，要不从事二者兼有的混合方式。由于生产和生活方式的过分简单，不需要什么现代文化和科学技术知识即可生活。同时，西藏基层民众

① 姚瑞峰：《大力实施积极就业政策，实现西藏籍大学毕业生全就业》，《西藏日报》2012 年 4 月 21 日第 3 版。

② 索朗德吉、黎华玲：《我区基本实现全面全民教育》，《西藏日报》2014 年 4 月 27 日第 1 版

性格坚韧，热情开朗，能歌善舞且笃信宗教，如前所述，宗教活动已经内化成为他们生活中的重要组成部分，他们认为，人长大后能干简单的农活或放牧就行，能快乐生活就行。这种很少与外界联系的生产和生活方式是农牧民不重视教育的根本性原因。最后，因西藏自然条件艰苦，难以留得住优秀人才安心从事基础教育，总体教育教学水平不高也是制约农牧民教育观念现代化的重要原因。

如何逐渐改变农牧民的教育观念和提高农牧民的受教育水平，事关“四个确保”战略目标的顺利实现，是西藏乡镇政权必须认真思考和大力解决的重大问题。

第四篇　西藏乡镇政权的改革发展

第十二章 借鉴与启示：乡镇政权改革创新思维简评与讨论

思维作为一种特殊的文化现象，是人们以不同的方式掌控具体行动的内在精神底蕴，思维方式的不同决定了乡镇政权改革发展的价值取向和具体方向及措施的差异。全面审视改革开放以来，尤其是步入21世纪后我国乡镇政权改革创新的思维方式，有利于我们根据西藏特殊的区情和乡镇具体的环境、任务和使命，去探寻西藏乡镇政权改革发展的新思路。

从思维方式上来讲，我国乡镇政权的改革创新思维可以分为机构精简改革、权力重组改革和县乡关系重构改革三种。

一 机构精简改革

机构精简改革的思维主要考虑的是通过乡镇总量和乡镇机构数量的减并，达到减少乡镇机构和冗员的目的，进而减轻财政负担，提高行政效能。

（一）乡镇的减并

改革开放后全国各省区市开始撤社建乡以来，包括西藏在内的各地乡镇减并工作从未中断过，乡镇数量每隔几年就有一次较大的数量变动过程。如表1所显示的那样，1985年，全国共有乡镇9.1万多个，1986年减并至7.2万多个，1990年减并至5.6万多个，2001年进一步减并至4万多个。近年来，一直在4.2万个左右变动。从民政部每年编制的行政区划手册的统计数据可知，从撤社建乡以来，我国乡镇有三次大规模的数量调整：第一次是撤社建乡初期（1985—1988），乡镇数量大幅减少；第二次是撤区并乡时期（1991—1997），乡镇数量减少明显；第三次是步入21世纪以来，经过2001年较大幅度的数量变动后，虽然目前稳定在4.2万个左右，但内地不少省区市仍在继续推进乡镇减并工作。西藏的乡镇减并大体与全国同步，只是因撤社建乡任务完成较晚进而导致每一步都比全国略有迟滞，且因地域广阔和各地情况不同而渐次推进。

从表5可见，21世纪90年代以前，因阿里地区的行政管辖权重新划给西藏自治区政府，以及个别县域行政区划的调整，特别是不少的边境县还没有完全建乡等，西藏乡镇数量的变动很大。步入21世纪后，西藏乡镇数量变化很小且与内地不同的是，由于民族乡设置的进一步规范，山南地区还增加了斗玉珞巴民族乡。

（二）乡镇机构的精简

与乡镇数量的减并并行的必然政策是乡镇机构的精简。随着乡镇政府的陆续建立，就乡镇政府的自身建设而言，西藏与全国的情况逐渐同质化，那就是乡镇的党政关系不规范、权能缺失和条块分割等核心问题。在乡镇政府建立的过程中及之后，人们立即发现所谓的一级政权建制只不过是一个由乡镇党委书记、乡镇长及其一两名副手和几个助理员组成，没有自身机构，没有自身的财政，也不能指挥七站八所等职能部门的空壳①。西藏一位曾担任过乡党委书记的同志深情地告诉笔者，当时他们“几乎什么也干不了，做任何事情都要向县里相关领导和职能部门领导请示”。鉴于这样的情况，山东省莱芜市于1986年率先进行了“简政放权”的改革并得到了中央的肯定。1986年9月中共中央国务院在联合下发了《关于加强农村基层政权建设工作的通知》（中发［1986］22号）这一重要文件，根据此文件要求，全国各省区市开始大规模完善和扩充乡镇机构。伴随着乡镇政权建设而至的是：首先，乡镇都建立起了党委、人大和政府等多个权力机构；其次是乡镇内部迅速建立起了管理教育、农牧、民政等事务的“委”、“科”、“办”、“所”等内设机构；最后是条块问题再次突出，有利可图的乡镇站所被县级政府相关部门控制，无利可图的站所被当作包袱丢给了乡镇。换言之，经过建设的乡镇，不仅自身迅速膨胀起来，而且条块问题也没有从根本上解决。于是，中央再次改革乡镇并硬性规定人员和机构精简20%。2006年进行农业综合改革，全国各地在大幅精简

---

① 刘新生、王彦智、王宏波：《基层地方政权机构改革的模式研究》，中国社会科学出版社2010年版，第63页。

机构和人员，转变乡镇政府职能，大多数省区市都专门制定了推进乡镇综合改革的意见，改革后的乡镇机构大都在7个以下，甚至小乡镇不设专门的机构。如陕西省在《中共陕西省委办公厅、陕西省政府办公厅关于全面开展乡镇机构改革的指导意见》中，明确要求人口在2万人以上的重点镇可以设置党建办公室、宣传文化办公室、经济发展办公室、社会管理办公室、公用事业管理办公室；1万至2万人的乡镇，设三个机构；1万人以下乡镇不设机构，设综合性岗位确定专人负责①。

在西藏，虽然从未像内地一样有农（牧）业税这样向乡村基层汲取资源的税种，但西藏自治区推行与内地一样的改革政策：无一例外地将乡镇自身机构改革为党政办公室、经济发展办公室和社会事务办公室等2—3个综合办公室，减少领导干部职数推广党政领导互兼和党委书记兼任乡人大主席等，彻底清退临聘人员，教育卫生等核心的公共服务事项完全由县负责。至此，西藏乡镇的机构和人员编制应该基本稳定下来，但是，根据西藏经济社会发展和长治久安的现实需要，从2008年第一次招录了284名大学生村官和2011年西藏推行大学生积极扩大就业政策后情况发生了很大的变化。一方面，西藏的大学生村官与内地不同的是，他们是正式在编的国家公务员，只是根据乡镇的安排和村务情况轮流在乡镇和村庄工作。另一方面，大规模扩招乡镇公务员。根据笔者的调研，西藏乡镇工作人员的超编率普遍在30%以上，个别乡镇甚至达到了50%以上。

（三）机构精简改革：一个需要进一步讨论的问题

面对膨胀而臃肿的机构，国家进行过一次又一次的改革，但总是成效不佳且始终没有摆脱“精简—膨胀—再精简—再膨胀”的宿命。因此，不少人对减并乡镇、裁汰大批乡镇机构和工作人员的政策一片叫好，同时也因乡镇自身机构的精简成效不佳而对机构的改革思维持完全否定的态度。事实上，事情并非非好即坏这样简单，有许多问题仍需要我们根据实际情况深入思考。

比如，一个乡镇的行政半径究竟多大才算合适？一提到当前的乡镇，人们就会想到我国有4万多个乡镇，随着交通的不断便利化和经济社会的发展，尤其是信息化的迅猛推进，乡镇的管理半径应该大大扩大以节约成

---

① 陕办发［2010］10号，2010年7月13日。

本，提高行政效能。这一总体性的观点本身没有错，但也的确存在着很多不清楚的地方。

首先，什么是政府管理的半径？在一般意义上，就是指在政府管理密度一定的情况下，政府的管理所辐射到的空间。但理论研究与实践经验表明，这仅仅指政府的空间半径，也就是说政府管理的地域空间大小。事实上，政府的管理半径是一个很复杂的问题，它既有人们一般意义上所理解的空间半径，“也有一直被理论研究和实践活动遗忘或没有认识到的抽象半径”①。所谓抽象半径也就是指政府管理活动中的管理层次有多深的问题。这涉及政府职能等更深层次的系列性问题。

其次，既然政府管理半径既涉及政府管理的空间大小，也包括政府管理的深度问题，这就说明，单纯扩大政府的管理空间并不一定能降低行政成本。这是因为，一方面，政府管理的深度是一个根据具体时空条件和环境而决定的很难界定的深邃理论和现实问题，因此，从洛克的政府论这些古典政治学理论到新公共管理论和新公共服务理论，人们就在不断地探讨这一问题，但时至今日也不可能达成普遍性的共识。另一方面，众所周知，政府成本不仅包括政府部门及其工作人员在行使公共权力过程中所产生的各项会计成本，也包括政府自身决策所导致的直接或间接的额外财政负担。

再次，政府的设置和运行不能不考虑成本也不能完全考虑成本。古今中外任何一个国家在设置基层政府及基层政府在运行过程中，的确需要考虑行政成本，要考虑整个国家及当地的财政负担情况，但也绝不能唯成本是从，因为政府毕竟不是以营利为目的的企业，是以公共权力为核心，以提供公共产品和服务为手段，达到安全、秩序、正义、福利和自由等政治目的的政治组织。

最后，概而言之，笔者认为，一个乡镇的行政半径究竟该多大的问题，要考量的因素一是政府承担什么样的职能及其深度，二是达到国家设置乡镇政权的目标为何及实现目标的难易程度，三是乡镇的管理空间大小，应该说是很好地达到政治与行政目标的乡镇管理半径才是最佳的选择。

再比如，乡镇的臃肿问题为什么会反复？人们对乡镇的机构臃肿和人

① 何翔舟：《政府管理半径与成本的研究》，中国社会科学出版社2008年版，第4页。

浮于事的情况深恶痛绝，党中央和国务院一次又一次地改革乡镇机构甚至强令裁汰20%的机构和人员说明党和国家对人民呼声的及时回应，对乡镇达到《党章》、《宪法》和《组织法》所设定的目标的深深期待。但乡镇机构和人员反复在精简中膨胀的事实说明，这一问题还没有完全解决。其中的原因，有些已为人们所认识，有些正在被人们所认识，而有些还存在着模糊性的认识。

首先，权力的自我扩张性和制度的不健全是乡镇臃肿的首要原因，这早已被人们所熟知，不再赘述。

其次，乡镇职能迟迟不能转变是乡镇臃肿的根本性原因。这一问题正在被人们所认识，但也是一个复杂的争议了几百年的老问题。英国著名经济学家约翰·穆勒在其《政治经济学原理》一书中指出："在我们这个时代，无论是在政治科学还是在现实政治中，争论最多的一个问题就是，政府的职能和作用的恰当界定在哪里。"① 所言职能一般是对组织的职责和功能的概括性表述，但凡组织必然是机构和功能的复合体。在亚当·斯密之前，人们一般是从哲学的视角讨论政府职能问题，认为政府的目的就是保障人的天赋权利，促进人类的福利。斯密以能否增进社会共同利益为尺度，界定了政府所应履行的三项职责，即维护国家安全、保障市场行为和提供公共产品。从此以后，不论是制度经济学派还是世界银行等经济金融机构对该问题的研究也基本上是围绕着斯密所阐述的三大职能展开的。尽管如此，笔者认为，正确认识政府职能特别是乡镇的职能有两方面的事实仍需进一步厘清。

一方面，政府职能不能是一个筐，什么都往里装，应把政府功能和职责区别开来。政府功能是政府职能的一部分，"是指政府依托国家权力，为履行其社会角色而对各种重要的社会关系进行调控的活动"。其主要包括调整国家的阶级性和社会性的关系、处理公平与效率的关系、处理集中与分权的关系、处理国家整体与部分的关系、处理国与国之间的关系。而且，在这一问题上不存在"转变政府职能"的问题，任何一个国家任何形式的政府都必须认真面对的，没有多少回旋的余地②。所谓政府职责是

① ［英］约翰·穆勒：《政治经济学原理（下）》，胡企林、朱泱译，商务印书馆1991年版，第366页。

② 朱光磊主编：《现代政府理论》，高等教育出版社2006年版，第75—88页。

政府对社会应当履行的义务，是作为国家当局或国家当局的一个组成部分应当完成的主要工作任务。根据西方发达国家的一般经验，乡镇这样的最低层级的政府主要承担的是基层的公共服务、环境卫生、基层市场管理、休闲娱乐等社会事务，政治性的事务主要集中在协助中高层政府上。

另一方面，我国乡镇政府的职能是随着国家的发展而一步步演变成今天这样不堪重负的样态的。新中国成立初期，乡镇政府的职能是执行上级政府的决议命令，实施人民代表大会通过并经过上级政府批准的决议案。1958 年的人民公社化运动过程中逐渐形成政社合一体制后，乡镇的职权增加为管理本辖区的生产建设、财政、民政、文教、卫生、治安、民兵武装等众多事宜。1983 年 10 月，中共中央、国务院联合发出了《关于实行政社分开建立乡政府的通知》中对乡镇政府的职能表述是：领导本乡的经济、文化和各项社会建设，做好公安、民政、司法、文教卫生、计划生育等工作，着重抓好社会治安，打击刑事犯罪活动，发动群众制定乡规民约，开展社会主义精神文明活动，促进社会治安和社会风气的根本好转。1995 年通过的《中华人民共和国地方各级人民代表大会和地方各级人民政府组织法》规定乡镇政府行使执行、管理、保障、保护和办理五项职责。

换言之，乡镇作为最基层的地方政权，承担了大量它自身所不能及的职能。随着乡镇职能的不断扩张，乡镇按照科层化的规律不断扩充自身的机构和人员仍感不能很好地承担起《宪法》和《组织法》所规定的职责及党和人民的期望，一个所谓合理的逻辑就是继续扩充，直至遇到党和国家的硬性要求与人民的强烈反对为止。

最后，科层制的治理方式是乡镇臃肿的重要原因。政权延伸到基层社会的每个角落是构成所有现代社会的基本前提，当然也是国家向社会汲取资源和实施社会控制的最为重要的方法。但综观中国历朝历代的统治方式可知，国家向农村社会汲取社会资源并实施控制的成效是相当有限的。中国共产党成立后，在其革命过程中，通过深入乡村建设基层政权和广泛的基层动员，一步步将国家权力深入乡村社会中，新中国成立后，通过建立自上而下的政权系统使得国家权力完整彻底地深入乡村社会①，完成了现

① 徐勇：《“行政下乡”：动员、任务与命令——现代国家向乡土社会渗透的行政机制》，《华中师范大学学报》2007 年第 5 期。

代民族国家的构建这一历史进程。但一个值得我们深入思考的问题是，在政社合一体制解体以前，我国乡镇政权始终没有要求进行严格的科层制设置，当然也不按照科层化的方式进行治理，那时候，一个乡镇不过十几个人，在西藏甚至只有几个人，未发生机构和人员膨胀、人浮于事的问题。乡镇机构和人员开始膨胀始于20世纪80年代乡镇的重建。众所周知，此次改革是以加强乡村政权建设为目标，以机构的上下同构为方式，推进乡镇的科层体制建设。很快，乡镇迅速建立起了党委、人大、政府、武装部，有的地方还建立了政协等几大班子，乡镇党委虽然只有十几人但按照组织、宣传、统战、纪检、政法、工青妇等建立了相关小组或部门，乡镇政府相应地建立了8个左右的“委”、“办”、“科”、“所”，俨然是一个标准化的现代政府。在此情况下，乡镇的机构和人员开始迅速膨胀，大有一发不可收拾的势头。同时，在科层体制下，除了机构和人员的臃肿所带来的人民负担沉重外，也出现了严重的官僚主义现象和形式主义问题，百姓反映强烈。有鉴于此，2006年后的农业综合改革，党和国家及各地下决心解决这一问题，改革后的乡镇虽然机构和人员都大为精简，但并未触动科层体制，依然是按照科层制的原则进行设置和运行的。

笔者认为，科层体制的确是现代社会中最为重要的制度创新成果，总体而言，诚如韦伯所阐述的那样，尽管科层制下极易产生令人厌恶的官僚主义，但科层制极大地提高了制度的现代化水平和行政效能是不容否认的事实，迄今为止我们还没有发现在大型的组织中能够替代科层制的安排。然而，科层制不适合乡镇，我国的基层民众还远没有现代化到按科层制的详细规定分部门逐一去解决自己的问题的程度，他们习惯的是按照乡村权力运行规则和协商解决问题的办法。

二　权力重组改革

与机构精简改革几乎同时推进的是，一些地方政府积极探索权力重组式改革，即实行乡镇党政班子交叉任职和形式多样的民主选举。

根据笔者掌握的资料，在全国，最早提出乡镇领导班子交叉任职的是安徽省，中共安徽省委和省政府在《关于乡镇党政机构改革的实施意见》（皖发［2000］15号）中指出：乡镇党委设书记1名，副书记2—3名（其中1名兼纪委书记）；乡镇人大主席由党委书记兼任的可配专职副主席1名，不兼任的配专职主席1名；乡镇政府设乡镇长1名，副乡镇长2—3名。提倡党政领导交叉任职，不设乡镇长助理。但真正开始大胆探索的是湖北省咸安区①。2003年年初，咸安区率先在横沟桥镇和贺胜桥镇进行试点。主要的做法是：在机构设置方面，乡镇的内设机构统一设置为“党政综合”、“经济发展”、“社会发展”、“财政税务”四个办公室；在领导交叉任职方面，规定党委和政府部门，设书记兼任乡镇长1人，副书记3人，其中1人兼任常务副镇长，1人兼任人大主席团主席和纪委书记，1人兼任政协工作委员会主任。副镇长3人，由党委委员兼任。群团组织部门，设武装部部长、工会主席和妇联主任，这些部门的正职可由党委委员兼任。

这一改革模式取得了不小的进步，2003年这一模式被湖北省当作蓝本在全省推广，而后绝大多数省份借鉴了这一模式，并得到了中共中央和国务院办公厅转发的《中央机构编制委员会办公室关于深化乡镇机构改革的指导意见》（中办发［2009］4号）这一文件的确认和肯定。

咸安区的改革并不止于乡镇领导班子的交叉任职，而且实施了乡镇领导班子的民主选举制度。按照中共咸宁市委、市政府的《关于进一步深化乡镇管理体制改革的决定》（咸发［2003］2号）的精神和要求，乡镇党政班子实行“两票推选、竞争择优”的办法产生。即首先，由党员和群众代表推荐党政班子成员人选，而后由党代会以无记名的方式选举党委班子9名成员，新当选的9名党委成员召开新一届的党委会，选举产生书记、副书记候选人，两名党委书记候选人分别在党委会上作竞选演讲，最后，党委全体成员无记名投票选举产生党委书记和副书记。乡镇人大和政府班子成员，首先在党员和群众代表大会推荐的基础上，由党委依法提名，经镇人代会选举产生②。

如上所述，咸安区的乡镇领导班子成员交叉任职的做法在湖北全省推广并得到了中央的肯定，全国各省区市也大体上是按照这一方式推进乡镇

① 关于咸安区乡镇改革试点的学术成果很多，不再一一注出。主要参考文献有张立荣等：《农村公共服务新模式：“以钱养事” + “无缝隙服务”——基于湖北省咸宁市咸安区的调查与研究》，《中国行政管理》2009年第7期；吴理财：《咸安政改：体制内的增量改革——咸安横沟桥镇综合配套改革调查》，《社会主义研究》2006年第1期。

② 关于咸安的改革脉络和主要措施，详见吴理财：《县乡关系：问题与调适——咸安的表述（1949—2009）》，中国社会科学出版社2010年版。

改革的。但咸安区乡镇党政班子实行“两票推选、竞争择优”的办法产生这一做法并没有在全国范围内推开。

我们应当承认，咸安区的探索是有价值的。我国乡镇党政之间的关系很是复杂也很难分开。过去，乡镇党委书记和乡镇长虽分设，但乡镇党委悄声无息地介入具体的行政事务中早就是不争的事实。在强调二者分开的情况下，往往会产生工作中的相互扯皮和推诿，权责不清、政出多门、效能低下等弊政，党政主要领导总要花费大量的心思和精力做好协调工作。同时，对咸安区及后来的安徽省宣城市各乡镇通过一定意义上的民主选举方式产生乡镇党政领导班子，华中师范大学的吴理财教授给予了较高的评价。他认为：咸安区的乡镇改革具有较强的增量改革特点，这一改革之增量不仅仅体现在乡镇领导班子的民意基础的扩展和开放政治竞争上，也体现在它从乡镇领导“两票推选、竞争择优”随后向一般工作人员的“竞聘上岗”以及乡镇站所市场化转制演进的路径上。这一改革使被改革者感觉到，他们在改革面前是人人平等的，大到乡镇党委书记，小到站所的一般职工，都同样面临着下岗、分流的竞争压力，而且这种压力是持续性的①。

笔者认为，首先，中国共产党作为我国宪法规定的唯一执政党，其执政的形式与内容必须统一起来。不要忌讳什么“以党代政”、“党政不分”的俗谈，在没有竞争性民主机制的情况下，党与政从根本上来说是分不开的，权为民所用、情为民所系、利为民所谋，执好政，用好权，很好地实现国家法律法规所规定的各项权责，达到“人民满意的政府”目标，就是好的制度安排，就是最终目标。乡镇的权、责、利应当是统一的。权、责、利的一体是充分调动组织积极性、主动性与创造性的关键之所在。过去，乡镇政权出现这样或那样的“缺位”、“越位”等问题，除制度方面的设置不合理外，权、责、利的脱节也是重要原因之一。改革后的乡镇政权，看上去乡镇党委书记兼乡镇长的权力大极了，但相应地他的责任与义务也随之增大，他必须在领导、管理、用人等各方面全面担负起自己的职责，如果出现了各种问题，他不能以这样或那样的理由推卸自己的责任，也没有相应的机构或个人为他承担责任，较好地避免了现行的“集体负

① 吴理财：《改革与重建——中国乡镇制度研究》，高等教育出版社2010年版，第73页。

责”而最终无人负责、庸才也可混迹于乡镇政权各机构的尴尬局面①。其次，至于担心乡镇党政一人一手兼而导致“一个人说了算的局面顺理成章地形成，监督机制将全面崩溃。干部个人对主要领导（书记）的人身依附关系将会更强”的问题②，或许原宣城市委书记方宁的回答是有道理的。他认为，“实践表明那种认为书记、乡镇长分设，可以相互监督的看法是似是而非的。因为从现行的官制设计上来说，党的负责人与行政首长之间原本就不存在监督制衡的关系。书记真的能够监督乡镇长吗？乡镇长真的能够监督书记吗？显然不能。监督是一个复杂的系统，它要靠专门的制度，应该在制度的设计上下工夫。欧美国家的州长不就是一个人吗？那他还不放胆受贿贪污吗？他不敢，因为有一套严格的制度在约束着他”③。当然，宣城实行乡改后也将监督制度的建设提到了议事日程上，设计了三个监督层面：一是党内监督，有上级党组织对下级党组织的监督，下级党组织对上级党组织的监督，还有党代表常任制等；二是人大监督，人大主席单设了，人大主席团的作用也相应加强了；三是群众直接监督，设置意见箱，召开群众座谈会等。相应的监督的内容也分为三项，即决策监督、财务监督、人事监督。再次，在乡镇这一层级，对任何形式的民主尝试都是应当理性对待和积极支持的。众所周知，在中国共产党建立、发展壮大和执政的历程中，人民民主不仅是一个一以贯之的理论宣示，也是一个不断摸索、总结和推进的历史过程，十八届三中全会通过的《决议》，再次郑重提出：“加快推进社会主义民主政治制度化、规范化、程序化，建设社会主义法治国家，发展更加广泛、更加充分、更加健全的人民民主。”关键性的问题是，我们需要认真思考和切实培育实现民主的基础和条件。

三　县乡关系重构改革

随着机构精简式改革成效不彰和在权力重组式改革正在推进之时，县乡关系重构式改革也被提上议事日程且大多数省区市与权力重组式改革结合起来推进。具有代表性的是乡镇站所转制与“以钱养事”改革、委托

① 刘新生、王彦智、王宏波：《基层地方政权机构改革的模式研究》，中国社会科学出版社2010年版，第93页。

② 欧阳中球：《乡镇改革不宜推行“党政合一”》，《中国乡村发现》2006年第1期。

③ 方宁：《乡镇领导体制的改革实践与思考》，《中国党政干部论坛》2010年第12期。

扩权和乡财县管四种机制。

（一）站所转制改革

在农业综合改革之前，国家为了强化对乡村的控制和更好地汲取农村资源，县级政府将其职能部门按照上下同构原则在乡镇建立相应的站所，通常称为“七站八所”。这些站所，一般情况下，如文化站、广播站、农业技术推广站、农机站、经管站、畜牧兽医站、食品站、林业站、中小学、卫生院等以乡镇管理为主，而公安派出所、工商所、法庭、交通管理站、水利站、粮管所等以县职能部门管理为主，财政所、统计站、城建所、企业办等主要实行县乡双重管理。“七站八所”的陆续设置是鉴于乡镇政府机构残缺，功能不全，“牌子大、任务重、权力小、事难办，有为农民分忧的愿望，而无为农民服务的能力”之弊端①，在撤社建乡后以加强乡镇建设的旗号下设置起来的，其本意是将乡镇建设成完整的一级基层政权。但紧随建设而来的是乡镇迅速臃肿起来，机构繁多、人浮于事、效能低下、官气十足等问题，百姓反映强烈。为了消除这些弊端，1986 年山东省莱芜市率先开展向乡镇放权的试点改革，《关于加强农村基层政权建设工作的通知》（中发［1986］22 号）显然是“莱芜经验”得到了中央的认可和推广。据此全国各地开始“简政放权”式的改革，但到 20 世纪 90 年代初，随着中央推行治理整顿政策，特别是所谓的简政放权触动了上级职能部门的利益，致使有权有利的部门大都被上级政府陆续收回，而服务性的事务和机构则被当作包袱甩给了乡镇。这场以“解决条块矛盾”、“健全和完善乡政府职能”为初衷的改革最终却成了“甩包袱”结局，“简政放权”改革宣告破产②。

虽然这次站所转制最终是不成功的，但基层经济社会的发展一定会要求理顺县乡关系，特别是 2006 年的农业综合改革的推行，使“七站八所”这些原本是乡镇政府作为一种国家从农村社会汲取资源的工具就丧失了其赋敛职能，这就“倒逼”着国家一定要再次推行改革。在 2006 年后的农业综合改革过程中，全国探索出以湖北省为代表的“以钱养事”

① 莱芜市基层政权建设办公室：《加强基层政权建设工作材料汇编（二）》，《内部资料》1988 年，第 51 页。

② 李媛媛等：《从“简政放权”到“强镇扩权”——对改革开放后两次乡镇改革的比较研究》，《社会主义研究》2013 年第 6 期。

和浙江广东两省的“强镇扩权”两种典型的新机制。

（二）“以钱养事”改革

“以钱养事”新机制是从咸宁市咸安区率先开始的，接着在湖北全省范围内推行。所谓“以钱养事”是与“以钱养人”相对的，是指在农村公共服务供给中实行的政府出钱、服务购买、合同管理、农民认可、考核兑现等一系列制度设计的总称。“以钱养事”的“钱”指的是政府财政予以提供的用来购买公共服务的专项资金，包括中央和省级财政的支农转移支付、市县对该项改革的配套资金等；“事”指的是农村的公共服务，是与农民生产息息相关的，但因为具有强外部性、弱竞争性、弱排他性等特征而农民不愿或不能自我供给服务形态，包括农业技术推广、农业设备更新、农业设施改进等服务项目，具体而言，就是以前乡镇“七站八所”提供的服务项目①。换言之，“以钱养事”政策本质上是一种通过市场化方式来供给农村公共服务的政策，其核心是政府由农村公共服务的直接生产者、提供者变成公共服务的购买者和监督者，旨在改变过去农村公共服务不强的不正常状态。

关于“以钱养事”机制，学术界众说纷纭。有人从农业技术服务的角度认为，这一机制创新了基层农技服务机制，实行公益性农技承包服务，收到了农业科技含量明显增加、服务的主动性和责任意识提高、农民满意度提高、社会服务保障体系逐步完善等一系列成效②。有人从政治体制改革和公共服务的视角认为，“以钱养事”机制的运行至少在以下六方面发挥了比较理想的效果：一是彻底打破了过去站所改革“精简—膨胀—再精简—再膨胀”的怪圈；二是实现了乡镇公共财政付费机制的根本转变，提高了农村公共服务的效能；三是实现了乡镇政府职能的根本转变，促进了干群关系的极大改善；四是群众受益巨大，基层政府的合法性大大提高；五是促进了民间社团的发育，有利于公民社会的成长；六是改

① 刘彦其：《“以钱养事”：一种制度创新》，《决策》2006年第5期；宋亚平：《湖北省乡镇综合配套改革的实践与思考——关于“以钱养事”的几点认识》，《决策与信息》2006年第10期。

② 朱小梅等：《湖北省公益性农业技术推广服务体系改革模式的利弊分析》，《中国农业经济》2005年第12期。

善了投资环境，促进了社会经济的快速发展①。吴理财教授认为，改革在一定程度上实现了乡镇政府的职能转变，降低了公共服务的运行成本，提高了公共服务的资金利用率，调动了公共服务人员工作的积极性，提高了公共服务的质量，在一定程度上满足了农民的服务需要②。

当然，反对者也不乏其人。贺雪峰教授认为，"以钱养事"改革不成功，甚至是一种错误和破坏。一方面，这一改革在理论上站不住脚，因为乡镇农技推广服务需要有专业技术的人员才能提供，离开了养人就谈不上养事。同时，由于专业技术具有很高的信息不对称，几乎没有办法对诸如农业技术服务的质量进行量化评价和有效监督，政府也因为服务市场不完备而不得不面对几乎是垄断的专业技术服务市场。另一方面，这一改革在操作上不可思议。他认为政府出钱，"七站八所"出技术，理论上这样由政府出钱向市场买技术是可行的。但政府出钱在市场上购买农民所需要的技术，而政府却并不知道农民需要什么技术，且技术卖方缺乏，以及由于制度本身存在缺陷，"以钱养事"改革后的考评流于形式和走过场③。

笔者认为，对"以钱养事"改革我们应做理性的分析和评判。首先，作为通过市场化方式来供给农村公共服务的一种探索，在没有任何现成经验可供借鉴的前提下的一种尝试，不论最终结果如何是值得肯定的。现实的情况是明确的，即在现有体制下，随着基层经济社会的发展，农业综合服务体系的创新是政府必须面对的事实，在现有体系不能很好地满足乡村建设和发展需要之时必定要有一种新的机制来替代。

其次，"以钱养事"机制的理念是创新性的。不同于传统改革思维，"以钱养事"机制不是在现有体制基础上将"七站八所"移交给乡镇或是交予上级政府管理，而是将新公共管理与新公共服务及地方治理的理念引入市场机制，通过政府向市场购买服务，发挥市场机制的作用来解决乡村公共服务难题。众所周知，大力发展市场，转变政府职能这不仅是自1992年建立市场机制以来党和国家一直大力倡导的，而且随着基层社会

① 吴理财、刘小平：《"以钱养事"：构建城乡服务型政府新机制——以湖北咸安为例》，《上海城市管理职业技术学院学报》2008年第2期。

② 吴理财、张良：《"以钱养事"：农村公共服务机制新探索》，《山东科技大学学报》2009年第2期。

③ 贺雪峰：《"以钱养事"为何不宜推广》，《决策》2008年第6期；贺雪峰、刘勤：《为什么"以钱养事"的改革不可行》，《调研世界》2008年第3期。

的持续发展进步，政府不可能也无力承担日益繁重且多样化的公共服务，一大部分公共服务职能由市场来提供，这是社会发展和政府发展的必然趋势。正因为如此，《中共中央关于全面深化改革若干重大问题的决定》中明确提出："经济体制改革是全面深化改革的重点，核心问题是处理好政府和市场的关系，使市场在资源配置中起决定性作用和更好发挥政府作用。……必须积极稳妥从广度和深度上推进市场化改革，大幅度减少政府对资源的直接配置，推动资源配置依据市场规则、市场价格、市场竞争实现效益最大化和效率最优化。……推广政府购买服务，凡属事务性管理服务，原则上都要引入竞争机制，通过合同、委托等方式向社会购买。"

再次，"以钱养事"新机制在实践中的确存在着不少的缺憾，正如有学者所指出的：在广大的农村，农技、畜牧、文体、广电等农村公共服务领域，市场尚不成熟，竞争性的市场供应主体尚未形成，在当前农村"人财物都往外流"的基本情况下，竞争性的市场供应主体短期内难以形成①；转制后的乡镇农业服务中心缺乏充分的独立性、自主性，存在着自我发展机制不完善、经费管理体制有待理顺、农技人员的相关权益没有得到应有的保障，且进一步发展所需的人力资源匮乏等一系列问题。但是，我们必须明白，所言改革均是指在条件并未完全成熟的条件下的革故鼎新，必然会面临一系列的问题且解决这些问题唯一正确的方式是积极创造条件使改革继续下去，而不应是退回来。据《南风窗》报道，湖北的改革始终面临着"翻案之心不死，复辟随时可能发生"的危险。一些乡镇已经悄悄地恢复了部分站所，据说在更高的层面上，2012 年年初甚至还专门讨论过是否应该恢复"七站八所"的问题。正如当年"咸安政改"的发起人宋亚平所质问的："这是一种传统思维，很多同志一遇到困难、问题，就想走回头路，觉得万事万物还是都由政府来亲自抓、具体管最靠谱，最放心，但这样能行吗？改革开放之前政府无所不管、无所不能、无微不至的历史不是证明过这种搞法不行吗？"②

最后，实践已经证明了并将继续证明，在新的时代背景下，大包大揽式的无限政府是落后的，不仅使得政府的管理成本高昂到了无以为继的程度，而且导致整个社会缺乏应有的生机和活力。因此，政府尤其是基层政

---

① 增润喜、方付建：《"以钱养事"改革的困境与出路》，《学习月刊》2008 年第 11 期。

② 石破：《"以钱养事"改革错了吗?》，《南风窗》2012 年第 22 期。

府的市场化改革取向是进步的必然选择。笔者认为，“以钱养事”改革的发起者宋亚平的思考和总结是值得我们认真思考的：“个人、社会、政府理应既是不同的管理层面，又是互动的有机整体。政府对于社会公益性服务包括一些微观性质的行政管理事务可以采取一种开放的政策。这种政策的基本原则是：凡是个人、家庭、家族能够依法自立自主的事情，社会就不要去管；凡单位、企业、团体、社区等社会组织能够依法自立自主的事情，政府就不要去管。政府的重要任务是充分培育、调动、发挥好个人和社会自己管理自己、服务自己的积极性与创造性，以努力追求三者之间的良性互动。即使必须由政府承担的社会公益服务责任，也应该按照‘效率’的原则去寻找其他更好的实现形式。”①

（三）委托扩权改革

在全国其他省区市在积极探索站所转制和“以钱养事”改革之时，经济发达的广东和浙江根据本地不少乡镇人口众多，经济发达，如东莞市虎门镇2004年人口就超过了60万，财政收入就达到了14亿多元②，而始终面临着责任大、权力小和能力弱的窘境，严重制约了乡镇经济社会的发展背景下开始探索委托扩权改革。广东省佛山市高明区在2005年首次尝试赋予乡镇县级管理权，浙江省迅速跟进，于2006年试水强镇扩权改革。

“强镇扩权”改革的核心内容是在暂时不触及行政区划层级的情况下，将部分县的经济社会管理权限下放给乡镇政府，以提高乡镇的管理与服务能力。以浙江省为例，这一改革大体经历了三个阶段。即：2005—2007年的初试阶段，主要是通过“委托行使管理职能协议书”的方式，把乡村治理中直接影响社会稳定、事故发生频繁，而县级职能部门又鞭长莫及、管理滞后的环境保护、安全生产、劳动用工、城建监察4项职能授予5个中心镇③；2007—2010年的扩充阶段，主要内容是按照《关于加快

① 宋亚平：《政府化与市场化：农村公共服务供给机制变革——湖北省“以钱养事”改革的回顾与评价》，《华中师范大学学报》2011年第3期。

② 国家统计局农村社会经济调查司：《中国建制镇基本情况统计资料（2004）》，中国统计出版社2005年版，第488页。据虎门镇官网介绍，该镇常住人口超过60万，2013年，全镇生产总值382亿元，镇本级可支配财政收入22.6亿元。见：http：//www.humen.gov.cn/html/gaikuang/humenjianjie/humenmiaoshu/20120620/400.html.

③ 傅白水：《权力下沉：浙江试点强镇扩权》，《南风窗》2007年第6期。

推进中心镇培育工程的若干意见》（浙政发［2007］13 号）的精神，在“十一五”期间重点培育和发展 141 个省级中心镇的目标，赋予小城镇政府部分县级经济社会管理权限①；2010 年至今为优化阶段，主要内容是扩权中心镇的数量增加至 200 个。改革内容更加具体，包括开展强镇扩权改革、推进规划体制改革、深化财政和投资体制改革、完善土地管理制度、推进农村金融制度创新、加大户籍制度改革力度、深化就业和社会保障制度改革、推进住房制度改革、深化行政管理体制改革、创新社会管理体制等②。“强镇扩权”改革的成效，浙江大学的范柏乃教授总结为促进区域经济发展、优化了公共服务的供给和提高了政府治理的效能三个大的方面③。

随着强镇扩权改革正面效应的释放，2010 年 4 月，经中央编委批准，中央编办会同农办、发改委、公安部、民政部、财政部发出《关于开展经济发达镇行政管理体制改革试点工作的通知》，强镇扩权改革在河北、山西、吉林、江苏、浙江、安徽、福建、山东、河南、湖北、广东、四川、陕西 13 省范围内展开试点。主要的试点内容包括：一是加快推进体制创新，即根据经济社会发展需要调整管理体制，完善运行机制。对一些规模较大、城镇化水平较高、条件具备的经济发达镇，适时进行区划调整；二是继续下放经济社会管理权限。按照强镇扩权的原则，赋予部分县级经济社会管理权限，着力下放城建、环保、治安等涉及城市建设和管理方面的行政管理权限。加大财政支持力度，赋予其相应财力，增强发展能力；三是创新机构编制管理。按照精简、统一、效能原则，根据经济社会发展需要，因地制宜设置机构，由所在省通过调剂的办法适当增加编制。鼓励继续创新人员配置方式，完善管理制度④。这就意味着过去只是个别省份的强镇试点“扩权改革”得到中央认可，大有在全国范围内推广的势头。

当然，“强镇扩权”正如《关于开展经济发达镇行政管理体制改革试点工作的通知》所规定的那样，主要是在规模较大、城镇化水平较高、

① 《关于加快推进中心镇培育工程的若干意见》，浙政发［2007］13 号。

② 《关于进一步加快中心镇发展和改革的若干意见》，浙委办［2010］115 号。

③ 范柏乃、傅衍：《浙江省强镇扩权改革的主要经验和路径选择》，《观察与思考》2014 年第 2 期。

④ 《关于开展经济发达镇行政管理体制改革试点工作的通知》，中央编办发［2010］50 号。

条件具备的经济发达镇开展，而且，从权力的来源和归属上讲仍然是县级政权按照经济社会发展的需要通过法定程序委托给乡镇的。因此，这样的改革被称为“委托扩权”改革更为恰当。也正是因为权力的委托性质，这一改革注定面临着很多困难。一方面是法律上的困难。根据《行政许可法》和《行政处罚法》的规定，行政机关只能在其法定职权范围内依照法律法规和规章的规定，方可委托其他行政机关实施行政许可和行政处罚。这样，一旦发生行政诉讼，权力的委托方仍然必须承担责任①；另一方面是制度上的困难。长期以来，我国政府间关系的制度安排是按照五级行政体制、下管一级的原则建立相关制度的。市县区党委和政府在对乡镇政府的管理，在财政、干部人事、绩效考核、项目审批、资源分配、公共服务等方面已经全面制度化、程序化了，很多制度的运行已经较为成熟。一旦改变权限，将面临一系列的制度难题②。同时，从利益的角度讲，改革是利益的重新分配。“强镇扩权”后权力的委托方，即乡镇的上级机关的利益必然受到了一定的损害，倘若没有更高层次的强力支持的话，权力的委托方一定会阻碍改革进程的推进。当然，随着乡镇权力的扩张，如何更好地监督权力的运行也是一个不可回避的问题。

（四）乡财县管改革

县乡关系不畅，不仅体现在机构设置和运行机制上，而且体现在乡镇的财务上。步入21世纪后，乡镇的债务问题日渐引起人们的注意。据报道，乡镇负债并非个别乡镇而是已经几乎遍布全中国。四川社会科学院研究员高宏德发表于2009年的一份研究成果表明，1998年以来，中国乡镇债务以每年至少200亿元的速度快速递增，目前已不低于6000亿元。有学者甚至认为已经超过了1万亿元，一些债务拖欠长达10多年之久，多数乡镇根本无力偿还③。如果这一问题长期得不到解决，不仅妨碍了乡村基层政权功能的有效发挥，也侵害了债权人的权益，严重制约了乡村经济

---

① 范柏乃、傅衍：《浙江省强镇扩权改革的主要经验和路径选择》，《观察与思考》2014年第2期。

② 徐越倩、马斌：《强镇扩权与政府治理创新：动力、限度与路径》，《中共浙江省委党校学报》2012年第1期。

③ 王超：《债务规模近万亿，乡镇政府还债尴尬》，《中国产经新闻报》2011年11月17日第A1版。

社会的持续健康发展，阻碍了城乡一体化建设进程，并潜伏着巨大的债务风险和诚信危机。

正是鉴于乡镇发展的困境，向来得农村改革风气之先的安徽省在农村税费改革之后，就把目光投向了“乡财县管”改革。关于为什么要选择这一改革，据安徽省财政厅介绍，首先是安徽省大部分乡镇经济规模较小，财政收入平均在500万以下，财政自求平衡和自我发展的能力弱；其次是许多乡镇财政收支不规范，支出需求无限制膨胀，就会形成以支促收的乱象；再次是安徽省的省市县三级公共财政改革已经到位，需要进一步向乡镇延伸；最后是乡镇的财政困难最严重，平均每个乡镇的负债达到了706万元，已经严重影响到了基层政权的运转和农村经济发展与社会稳定，必须改革①。

2003年，财政厅选择了和县、五河、太和、全椒、潜山、宿松、祁门、霍山、利辛9个县作为试点县，实行预算共编、账户统设、集中收付、采购统办、票据统管的财政管理方式，由县级财政主管部门直接管理并监督乡镇财政收支。具体操作办法是：县级财政部门按有关政策，结合财力实际，兼顾需要与可能，提出乡镇财政预算安排的指导意见，报同级政府批准；乡镇政府根据县级财政部门的指导意见，编制本级预算草案并按程序报批。在年度预算执行中，乡镇政府提出的预算调整方案，需报县级财政部门审核；调整数额较大的，需向县政府报告。取消乡镇财政总预算会计，由县财政会计核算中心代理乡镇财政总会计账务，核算乡镇各项会计业务。相应取消乡镇财政在各银行和金融机构的所有账户，由县会计核算中心在各乡镇金融机构统一开设县财政专户分账户。乡镇财政预算外资金全部纳入预算管理，各项财政收入就地缴入县乡国库，由县财政会计核算中心根据乡镇收入类别和科目，分别进行核算，乡镇各项采购支出，由乡镇提出申请和计划，经县会计核算中心按照预算审核后，交县采购中心集中统一办理，乡镇使用的行政事业性收费票据、农业税税收凭证等，其管理权全部上收到县级财政部门，实行票款同行、以票管收，严禁坐收坐支，严禁转移和隐匿各项收入②。2004年，安徽省在全省全面推行了

① 夏杰长、陈磊：《“乡财县管”缘起县乡财政困境》，《经济研究参考》2006年第33期。

② 《安徽省人民政府办公厅转发财政厅关于开展乡镇财政管理方式改革试点意见的通知》，皖政办［2003］29号。

“乡财县管”体制改革①。

安徽省的改革大大缓解了乡镇的财政困难，规范了乡镇的公共财务收支，取得了较好的成效。因此，2005年后，“乡财县管”改革在全国其他省区市逐渐推开。2006年7月28日，财政部下发文件，认为：“近年来，随着农村税费改革的深化和政府职能的转变，乡镇财政收入规模大幅下降，乡镇财政支出范围明显缩小，不少乡镇存在财政供养人员较多、债务负担过重、管理水平低下等问题。为推动建立县乡公共财政体制框架，规范乡镇收支行为，防范和化解乡镇债务风险，维护农村基层政权和社会稳定，迫切需要改革乡镇财政管理方式，实行乡财县管。”② 截至2014年，全国绝大多数省区市完成了“乡财县管”改革。

乡财县管公共财政管理体制改革，的确大大缓解了乡镇的财政困难，有效防止了乡镇财务危机的发生，维护了农村公共服务体系的连续性运转，而且为乡镇政府由资源汲取型向服务型转变开创了前提条件。但也存在着不容忽视的问题，通过实地调研即可知，这一改革在管住了乡镇乱花钱、乱收费和乱摊派的同时，也严重限制了其服务“三农”的意愿和动力。当前乡村治理的乱象应该说与此不无关系。如何破解这些难题，仍需从理论上和实践中不断地思考和摸索。

① 《安徽省人民政府关于全面推行乡镇财政管理体制的通知》，皖政［2004］13号。

② 《财政部关于进一步推进乡财县管工作的通知》，财预［2006］402号。

第十三章　西藏乡镇政权改革发展的协同思维与价值取向

承上所述，全国各省区市所探索的机构精简改革、权力重组改革和县乡关系重构改革三种思维，均是具有重要的借鉴价值并为我们思考西藏乡镇政权的改革发展提供了诸多启迪。虽然西藏乡镇从20世纪80年代末完成乡镇重建后，本就没有设立像内地乡镇那样繁多的机构，机构精简改革主要限于乡镇的减并且在2000年后大体完成。21世纪后进行的权力重组式改革也在2010年前后大体完成，而县乡关系的重构，因西藏民主改革后乡镇本就不承担从乡村汲取资源的功能且公共服务职能主要由县级政权承担。正因为如此，西藏乡镇的人员编制也从未像内地那样螺旋式膨胀，2008年后人员严重超编的原因主要是政策推动。但是，一方面，西藏乡镇政权承担着乡镇的一般权能外还必须肩负起诸多特殊职能，需要在改革实践中进一步强化和完善，另一方面，当前西藏乡镇的运行及效能与党和人民的期待之间仍然存在不小的差距。在全国深入推进“四个全面”改革创新的时代背景下，如何通过改革，使西藏乡镇政权切实承担起自己的职责，为西藏顺利实现“四个确保”战略目标奠定坚实的基础，需要在新的思维和价值指导下进行艰辛的探索。

一　县乡协同改革思维：西藏乡镇政权改革发展的出路所在

从权能、地位及其改革的总体思维方式上来讲，西藏乡镇政权与内地是完全一样的，并不存在特殊性。改革开放以来历次的乡镇改革建设过程与成效已经证明，就乡镇自身的改革建设而改革是不可行的。众所周知，乡镇作为我国最为基础的一级政权组织，它自身就是一个较为完整的系统，党委、人大、政府和其他机关（武装部、工青妇等群团组织和政协等）或是以完整的形式存在或是多次改革后以隐性的方式存在。因此，单纯将政府这一行政系统作为改革的对象而党委、人大等其他机构未能进行改革的情况下，行政系统改革的成效必将受到极大的掣肘，会从根本上影响改革目标的实现。同时，包括乡镇在内的地方政府的机构改革与制度创新大计绝不能仅仅满足于机构的减并和人员的裁汰，把改革创新大计和大部制改革简单地理解为成立几个功能综合的办公室即可，而且应从整个地方政权建设和巩固党的执政基础这一高度出发，从顶层上谋划党与政的关系，人大、政府、司法各政权机关之间的关系，以及各种关系间的协同改革创新问题。

县乡基层政权之间存在着直接的隶属关系，在各种资源的占有方面有着不可分割的联系。因此，不将县乡地方政权，甚至是市、县、乡三级地方政权作为一个系统来统筹谋划基层政权建设是不可能的。县是我国机构和功能完备的一级地方政权，不仅掌握着县域内绝大多数的资源，更是通过政治领导、人事控制和部门指导等，牢牢掌握着乡镇改革发展的主导权。正是因为如此，中央部署的农业综合改革从政策设计的初衷而言，其定位是“农业综合改革”，要求建立有效服务于“三农”的“服务型政府”，绝不单纯是指乡镇，而应是“农村基层政府”。温家宝总理在全国农业综合改革工作会议上的讲话中有清晰的表述①。在此情境下，学术界关于乡镇改革的话语已经开始发生转变——乡镇改革的关键在于县政改革②，变“乡镇改革”为“县政改革”③，进而主张县政改革应是我国下一步改革的关键所在④。

县乡之间不可分割的关系以及县在农业综合改革中的主导性地位，决定了县政改革的先导性作用和前提性地位。县级政权在我国处于特殊的地位：从权能地位上来讲，如前所述，它是机构和功能完备的一级地方政权建制；从国家与社会的关系上来讲，它是城市与乡村、传统与现代、中心与边缘的接合部；从政治权力的运行上来讲，它是基层与中央、中央领导与地方治理、权力运作与权力监控的接合部，发挥着承上启下、沟通条

① 温家宝：《不失时机推进农业综合改革，为社会主义新农村建设提供体制保障》，《求是》2008 年第 18 期。

② 覃道明：《乡镇改革的关键在于县政改革》，《中国党政干部论坛》2008 年第 11 期。

③ 张德元：《变“乡镇改革”为“县政改革”如何》，《乡镇论坛》2007 年第 8 期。

④ 樊红敏：《县政改革：中国改革下一步的关键点》，《中国行政管理》2011 年第 1 期。

块、连接城乡的枢纽作用[①]。因此，在县级政权的改革不能协同推进的情况下，乡镇的压力和职能依旧，问题也就会长期存在并成为积重难返之势。当然，县政存在的问题并不比乡镇少，甚至是更为严重，后果更为可怕。从2008年的瓮安群体性事件以来，每年都有大量类似的群体性事件见诸报端并呈直线上升的趋势，进一步凸显了县政这一枢纽和结合部的脆弱性，理应成为农业综合改革的重心[②]。

如果以上所述县乡协同改革思路，只是改革开放以来我国历次乡镇改革之教训总结的话，20世纪70年代“协同学”的诞生和90年代末发端于英国并迅速在澳大利亚、新西兰、加拿大等国推开的“协同政府（Joined-up Government）”，也可以称为“整体政府（Whole of Government）”或“全面政府（Holistic Government）”理论与实践，为我们提供了理论上的启迪和实践上的借鉴。20世纪70年代，德国物理学家赫尔曼·哈肯（H. Haken）创立了“协同学”。“协同学”方法主要研究系统内各子系统之间、系统与系统之间、系统与环境之间由于存在着非线性的作用而形成协调合作的关系。只有系统内各子系统、子系统与系统、系统与环境之间相互配合协同，才能超越各要素自身的单独作用，形成整个系统的统一与联合作用，达到亚里士多德所讲的“整体大于部分之和”的效果[③]。1999年，英国发表了“现代政府”白皮书，该白皮书制定出了一个推行“协同政府”的改革规划。“协同政府”改革的理念是为克服新公共改革运动的弊端，尤其是为了改变各部门以自我为中心、各自为政，致使政府部门“碎片化”及反应迟钝等相反的措施提出来的政府改革理论[④]。“协同政府”的含义十分广泛，波利特（Christopher Pollit）在总结相关文献的基础上，认为：“协同政府”理念和改革实践是一种通过横向与纵向协调的思想和行动以实现预期利益的政府治理模式。这种治理模式旨在排除相互破坏与侵蚀的政策情景，更好地使用公共资源，使管理者在

---

① 刘新生、王彦智、王宏波：《基层地方政权机构改革的模式研究》，中国社会科学出版社2010年版，第102页。

② 郑永年：《“君”民联手，县政突破》，《南风窗》2009年第12期。

③ ［德］赫尔曼·哈肯：《协同学——大自然构成的奥秘》，凌复华译，上海译文出版社2005年版，第1页。

④ Sylvia Horton and David Famham. Public Administration in Britain. Great Britain：Macmillan Press LTD，1999，p. 251.

政策网络中协同工作，为社会和公众提供无缝隙的公共服务①。

诚然，肇始于西方的“协同政府”理论与实践，其文化背景与我国有不少不可通约之处，但也可以为我国的农业综合改革提供有价值的思路。首先，“协同政府”强调在提高行政效能的基础上，通过层级和部门的整合协调达到为民众提供无缝隙公共服务，实现整个社会的公平正义的理念，与我国不懈追求的建立中国特色社会主义行政体制目标：扩大公共服务，完善社会管理，促进公平正义，建设人民满意的服务型政府之目标不谋而合。其次，“协同政府”追求建立一种规模较大、功能整合良好的大部门体制，对我国改革当前县乡基层政权机构重叠、权限不明、职责不清、政出多门等弊端是大有裨益的。浙江省富阳市已进行了类似的改革并有学者对此进行了研究分析②。再次，“协同政府”注重公共服务主体间形成跨部门的伙伴关系，不排斥市场主体等非公共组织的参与。在我国农业综合改革过程中，县乡政府永远也不可能完全具备独自提供良好公共服务的能力，必须实行县乡内部部门的联合协同、县乡的联合协同和政府与市场主体的联合协同，改变传统的完全依靠政府来提供公共服务的供给模式，方可为规模庞大的乡村社会和人口提供高效、公平的公共服务③。最后，“协同政府”注重管理信息系统的建设和运用。这与国家不断推进政务网络建设，期待实现基层公共服务供给体系的信息共享，围绕着城乡民众生产生活需要加强公共服务主体的现代信息服务、培训、沟通能力建设之政策追求并无二致。

二　西藏乡镇政权改革发展的价值取向

与改革思维密切联系在一起的是改革的价值取向问题。综观现有文献，我们不难发现，不论是学者还是地方政府官员在论述地方政权机构改革与制度创新的价值取向时，大都指向了民主。的确，民主是一个极具感召力的词汇和政治价值，也符合中国共产党从诞生之日起对建立一个独

① Christopher Pollit. Joint-up Government A Survey. Political Studies Review. Jan. 2003, Vol. Issue 1, pp. 34—49.

② 王四方：《“协同政府”：县级政府机构改革的方向》，《党政干部学刊》2010 年第 2 期。

③ 莫德昊：《后农业税时代乡镇公共服务供给探——基于“整体政府”的视角》，《内蒙古农业大学学报》2011 年第 1 期。

立、富裕、民主的社会主义新中国的政治夙愿。但我们必须充分考虑到我国的具体国情，特别要考虑到以西藏为代表的少数民族地方的特殊性。

（一）民主取向——一个美好的愿景

民主的确“是个好东西”，自从古希腊人提出并初步实践后，就受到人们的青睐，人类社会步入近代后，民主更是成为文明政治的标识。自18世纪以来，从总体上客观地来讲，在自由民主理念的指导下，自由民主国家不仅实现了经济的持续发展、政治稳定及其整个社会的善治，成为西方国家真正持久且有力的意识形态，而且通过相互学习、西方国家的宣传示范，甚至不惜使用高压手段强行推广，自由民主理念逐渐传布全世界①，为不同文化背景的国家所接受，成为当今世界的主导性话语，尽管各国对该理念的理解，特别是对实现该理念的方式与制度安排存在着不小的分歧②。

诚然，世界上不存在完美无缺的社会制度，理想与现实之间总会存在不小的差距，当前的自由民主制度也不例外，如表象层面上的效率低下、一些国家频繁的政府更迭所导致的政策不连续问题等；现实层面上的三权分立的原则与行政权力扩张必要性间的关系、民主的成本、国家安全与公民权利间的平衡问题等；实质层面上的理想民主——大众民主与实践中的民主——代议民主、精英民主间的冲突等不一而足。但是，理论研究与实践经验都已证明，首先，专制政治所崇尚的是个人的力量和作用，排斥的，至少不相信的是社会绝大多数人的力量和作用，而人这一主体，又毕竟是有独立性、自主性、创造性的，在人的主体性地位不断得以彰显的现代社会是不可能长期承受专制政治的压力的。所以，二战后专制统治从来就是不能长久的。而民主政治则与之不同。虽然民主政治不可能像专制政治那样在短时间内体现出罕见的效能，但是，民主政治崇尚的是社会大众的力量及其公平竞争，从而激发主体的人不断战胜和超越自我，提高竞争力，使国家的政治活动更趋客观、公正，更有利于整个社会的全面发展。

---

① James Bohman, From Demos to Demoi: Democracy across Borders, Ratio Juris, Sep 2005, Vol. 18, Issue 3, pp. 293—314.

② Michael McFaul, Democracy Promotion as a World Value, Washington Quarterly, Winter 2005, Vol. 28, Issue 1, pp. 147—163. Larry Diamond, Universal Democracy? Policy Review, Jun/Jul. 2003, Issue 119, pp. 10—13.

这一切恰恰是一个社会持续发展的不竭动力；其次，民主制度反对任何形式的至高无上的权力，按照权力分立与制衡的原则创设政治制度，这就较好地突破了阿克顿勋爵所总结的至理名言："权力导致腐败，绝对权力导致绝对腐败"的"政制铁律"①，进而人亡政息的政治"黄宗羲定律"；再次，由于权力不是绝对的，政治活动中充满了激烈的竞争，任何政策的制定与执行都是在较好的监督下进行的，这就使得整个政治制度具有了强有力的渗透能力、纠错功能及其不断发展的机会与空间；最后，上述三方面的原因决定了，从长远观之，民主制度是最有效率的，它使整个社会以最小的代价获得了持续平稳的发展。正如民主理论家卡尔·科恩所言："如果可以说没有任何政体是没严重缺陷的，而民主则是所有政体中危险最小、坏处最少的，这样来为民主辩护，也可能是言之成理的。"②

正因为如此，二战后，特别是20世纪70年代末以来，借鉴自由民主理念的合理价值，实现本国政治体制的民主化与管理手段的现代化，建立起符合本国国情的现代政治管理体制就成为世界上大多数国家所追求的现代化目标之一。毛泽东早在1945年时就曾指出：只有让人民来监督政府，政府才不敢松懈，只有人人起来负责，才不会人亡政息③。邓小平同志进一步指出："没有民主就没有社会主义，就没有社会主义的现代化。……社会主义愈发展，民主也愈发展，这是确定无疑的。"④ 21世纪初，胡锦涛主席对实现政治上的民主在国家各领域建设中的重要意义作出了精辟的概括："坚持和发展社会主义制度下的人民民主，是亿万中国人民掌握自己的命运、焕发建设国家的强大创造力量的必由之路，是实现国家富强、人民幸福和社会长治久安的必由之路，是团结海内外中华儿女共同为中华民族的伟大复兴而奋斗的必由之路，也是中国共产党始终保持同人民群众的血肉联系、永远保持马克思主义政党的性质和作风的必由之路。"⑤

但是，我们必须明白，实现民主的过程是漫长而艰辛的，需要一系列

---

① ［英］阿克顿：《自由与权力》，侯健、范亚峰译，商务印书馆2001年版，第342页。

② ［美］科恩：《论民主》，聂崇信、朱秀贤译，商务印书馆1988年版，第210页。

③ 中共中央文献研究室编：《毛泽东年谱（1893—1949）》，中央文献出版社1993年版，第609—610页。

④ 邓小平：《邓小平文选（第二卷）》，人民出版社1994年版，第168页。

⑤ 新华社：《在首都各界纪念全国人民代表大会成立50周年大会上的讲话》，《人民日报》2004年9月15日第1版。

的基础和条件，而且这些基础和条件的成熟亦需要条件。根据成熟民主国家及二战后走向民主的国家之经验，实现民主至少需要物质条件（核心是经济的发展程度及具体制度安排）、法治条件（如广泛的权利和自由、政治竞争、权力的和平交替、法律至上的制度安排等）、思想文化条件（如普通民众具备现代政治文化素质，具有基本的政治技能和民主经验等）和心理条件（如政治体系及其公民应当有错误难免的态度、宽容、怀疑、批判的精神，具有对制度坚定的忠诚等）等，而这些条件的实现需要时间与适宜的环境。

随着中国社会经济的快速发展，公民观念的急剧转变，没有人否认推进政治体制民主化的必要性。但客观地讲，我国这样一个超大规模的社会和特殊的社会政治制度，实行民主的基础和条件仍然是不充分的。除了经过几十年的经济发展所积累的经济实力与进一步发展的潜力表明我国能够承担民主运行的成本外，其他条件还远未具备。众所周知，人的观念指导行为，新的价值理念的创新是制度创新的前提，在前提还不具备的情况下谈民主制度的创新无异于纸上谈兵。在我国，推行依法治国多年，制定了一部又一部的法律规范，法治体系，即邓小平同志提出的“有法可依”已经基本确立，但法治环境还是严重欠缺，“有法必依、执法必严、违法必究”还没有达到要求，其根源是法律至上的观念与制度安排还未建立起来。迄今为止，我国的绝大多数公民根本不具备现代政治文化修养和基本的心理要求，这在十几年的基层民主实践当中体现得淋漓尽致。宪政民主的理论与实践表明，法律赋予拥有现代政治理念与修养的公民广泛的权利与自由，有序竞争的政治安排对民主而言是绝对必要的。同时，从近代中国的历史发展及当代中国的变化角度考察中国社会，中国共产党可谓不辱使命，是一个能够在不断总结成就与失误中进行理论与实践创新的政党，是一个合格的、有能力带领中国走上繁荣富强之路的政党。在没有现成经验可供借鉴的情况下寻找、实现中国共产党领导下的社会主义民主绝非一朝一夕所能完成的，其中有许多东西仍然值得深入研究。

非洲国家的民主化实践表明，在一个远未具备民主条件的国度推行民主，往往就使这种选择蜕变为一种把民主的种子撒在贫瘠的土地上幻想即刻长大成树的危险选择。因此，塞缪尔·亨廷顿在考察非洲国家的民主化实践后，集中论述了发展中国家的政治发展与政治衰败问题，认为，“各国之间最重要的政治分野，不在于它们政府的形式，而在于它们政府的有效程序”①。也就是说，发展中国家的政治发展过程实际上是建立有效社会控制，谋求政治稳定的政治程序过程。

随着人类步入21世纪，国际国内环境发生了巨大的变化，出现了许多新的情况，提出了诸多新的问题，对我国的政治经济与社会的发展提出了严峻的挑战，也正面临着千载难逢的机遇。机遇把握的好，政策制定的好，运用的好，中国完全有可能走一条不同于以往大国崛起的道路，实现中华民族几代人渴求的民族伟大复兴。在实现国家崛起，民族复兴的过程中，国家面临的一系列的挑战甚至是危机，涉及政治、经济、社会、文化、环境等各领域。对此，党和国家有清晰的判断。客观地讲，我国所面临的问题是每一个民族国家在建构过程中都不同程度地存在的问题，是无法逾越的，只不过这些问题在发达国家中，由于国家掌握的资源较为充足，而且高度发达的经济、社会及其文化冲淡或降低了问题的烈度，从而使国家有较为充足的时间来应对。相反，在广大发展中国家，国家所拥有的资源本就匮乏，但各种问题在国家快速发展过程中却以十分集中的方式出现，且各种问题往往交织在一起，从而形成经济起飞国家十分危险的发展阶段。更为重要的是，在发展中国家的普通公民由于各种各样的原因对问题的艰巨性缺乏了解，对国家的发展方向难以达成共识，对制度的忠诚度较低的情况下，倘若复杂的问题不能较快得到解决的话，全国上下经常会涌动着一股急躁感，进一步降低了国家的权能甚至最终丧失解决问题的大好机会。发达国家的经验表明，在平稳度过困难的过程中，社会经济保持持续快速发展的势头，中央及其各级地方政权加大制度创新的力度，一方面为经济社会的发展创造条件，另一方面显著增强国家的整合能力，保持良好秩序。这是国家应对诸多挑战所充分的和必需的条件和要素。在成熟的民主国家，整个经济社会的持续快速发展，国家能力的增强、国家秩序的保持都与民主有着千丝万缕的联系，两者相生相长，形成良性互动的政治过程。这一过程之所以能够平稳有序地进行，关键在于其民主是建立在稳固的基础之上的，公民对国家制度有着坚定的忠诚，即使是政治反对派也是“温和的反对派”，反对的是具体的某一届政府的某项政策或其行政首长而不是整个国家的制度。相反，在一个民主条件欠缺的国家，民主

① ［美］塞缪尔·亨廷顿：《变化社会中的政治秩序》，王冠华等译，上海三联书店1989年版，第1页。

制度的实行不但不能带来秩序和发展，反而带来的是整个社会的分裂、无序与严重的政治衰败。民主不是国家进一步发展强大的动力，而是国家发展史上的一场灾难。非洲与苏东地区的民主化实践的经验教训值得我们认真思考。

当然，我国也实在没有必要在实现国家民主化这一重大问题上遮遮掩掩，一味以历史悠久且受封建专制影响深厚、人口众多、公民思想文化落后等理由去面对一些自认为是坚定民主人士的人的质疑，而理应是，一方面，理直气壮地讲中国共产党从成立之日起就以实现人民民主为己任，改革开放以来我国政治体制改革所取得的显著成就[①]，理应给予正确地认识和评价。另一方面，明确我国实现民主化的条件及其艰巨性，为国家最终走向民主化奠定基础和开创条件，并大胆探索适合中国具体国情的社会主义民主模式。

有鉴于此，笔者认为，基层政权机构的改革发展应是在宪法体制下，通过机构改革和制度创新，为经济社会的发展提供充足的制度供给，并尽最大努力，充分且合理利用本地区的各种资源推动经济社会的全面发展，团结和带领当地群众走上富裕之路；通过教育的普及和现代价值观念的传播，以渐进的方式培养公民的现代政治素养和成熟的心理，为最终走向高度发达的社会主义民主奠定基础才是积极而稳妥的方策。

（二）核心问题——党政关系不规范、责权利不统一、行政效能低下

首先，不论是在内地还是在西藏的基层实地调研，广大基层民众、党政干部及笔者自身的一个深切感受就是县乡党委的领导核心作用未能很好地发挥出来。县乡党委长期在“全能型领导”和党政分开间徘徊、游走，忽而以加强党的领导的名义强力介入具体的行政管理之中，当面对中央强调加强党的领导必须改善党的领导之要求，或面对行政的“反抗”及民众的质疑时，又或悄声无息地或大张旗鼓地退回来。正是县乡党委陷入繁杂的具体事务之中，致使加强党的思想建设、组织建设、作风建设、反腐倡廉建设和制度建设长期不能有效地开展，也加剧了党政之间的内耗，直接造成或大大加剧了本就权、责、利不统一的状况。坦率地讲，基层党委

① 中国社会科学院中国特色社会主义理论体系研究中心：《新中国60年社会主义民主政治建设》，《求是》2009年第17期。

如此这般地过度作为，而应大有作为的地方却不作为或作为不充分，最终伤害的还是党自身及我国发展势头良好的现代化建设大业。

其次，任何政治组织及其机构在运作过程中必须在权、责、利之间保持动态平衡，才能充分发挥其积极性、主动性和创造性。遗憾的是，这一似乎是常识性的知识并没有在县乡政权的运作中体现出来。通过实地调查就会发现，一方面，有利益的公共事务各部门争着管，而没有利益的服务性事务却严重疏于管理；另一方面，享有权力的主要领导者，在获得实际利益的同时并没有承担起应有的责任，而没有权力的实际操作者却承担了本不该承担的责任。从一个领导集体方面讲，由于我国实行集体领导、集体负责的领导体制，其初衷是使每一个人都承担起自己应负的责任，充分发挥集体的智慧，作出正确的有创见的决策，但在实际过程中，逐渐演变为领导集体人人享有一定的权力，可一旦出了问题，却无人负责的尴尬局面，或者集体领导体制异化为个人领导但集体成员仍需负责的不正常状态。因此，在基层政权机构改革与制度创新过程中必须对各部门和各部门领导的权力、责任和利益有切实可行的界定。

最后，政权体系的每一个层级应有各自的侧重点，否则，就政治、经济、文化等各方面层层满把抓，实践已经证明了，其效果并不理想[①]。如前所述，县乡基层政权的最大特点就是直接面对人民群众，核心任务是具体落实大政方针政策，推动本地经济、社会、文化的发展及环境保护，团结和带领本地区人民群众走上繁荣富裕之路。笔者认为，县乡基层政权的确需要通过机构改革与职权重置，改变目前层层对口且几大班子间需要大量的协调工作，浪费人力、物力、财力和领导人精力的弊端，使其成为一个高效运转的领导班子，理应是基层政权机构改革考虑的重要问题。

（三）根本任务——实现经济社会的持续健康发展

如果说上述两方面的内容主要是共性的东西的话，推动经济社会的持续健康发展和维护稳定则凸显了以西藏为代表的少数民族地方的特殊性。这是我们在研究乡镇等基层政权机构改革创新时必须充分考虑到的重大问题。

---

① 刘新生、王彦智、王宏波：《基层地方政府机构改革的模式研究》，中国社会科学出版社2010年版，第5页。

众所周知，自新中国成立以来，在国家的大力扶持下，在全国各省市的有力支援下，特别是在西藏各族人民的不懈努力下，西藏各领域的发展均取得了举世瞩目的成就，这是任何人都无法否认的事实①。但是，我们也应该看到，由于“经济发展起步晚、底子薄、积累少、实力弱；社会事业总体水平相对滞后，社会保障能力较低；部分城乡居民特别是一些农牧民生活还比较困难，农牧区公共服务基础较差。”② 如前几章节中的西藏及其乡镇经济社会发展状况统计表所显示的那样，西藏自治区与东部地区相比存在着很大的差距，就是与全国平均水平相比较也有不小的差距。西藏基层社会长期发展相对滞后是影响西藏和谐稳定的重要原因，与全国一样，整个社会的主要矛盾是人民日益增长的物质文化需求同落后的社会生产力之间的矛盾。因此，俞正声主席在庆祝西藏自治区成立五十周年大会上的讲话中指出：西藏“要坚持从实际出发，大力推动经济社会发展，突出民生导向，逐步缩小地区差距，切实加快全面建成小康社会步伐。要适应经济发展新常态的要求，进一步深化改革，激发市场活动，提高自我发展能力”，“不断提高经济发展质量和效益”③。

笔者认为，在今后相当长的时间内，西藏基层政权的核心任务始终是以经济建设为中心，以改善民生为重点，推动经济社会的持续健康发展，为确保基层社会的长治久安奠定坚实的基础。因此，乡镇等基层政权机构改革和制度创新的首要价值选择是通过改革创新，为基层社会的持续健康发展和长治久安提供更为有效的制度供给。

（四）维护稳定——一切工作的前提

西藏基层政权除根据《党章》、《宪法》、《组织法》等相关法律法规所规定的一般职能外，还必须承担起《民族区域自治法》及党和国家关于民族地方的治理与发展的其他特殊任务，诸如维护国家的团结统一、保护与促进民族语言和文化的发展、促进民族关系的和谐、管理与引导民众

---

① 国务院新闻办公室：《民族区域自治制度在西藏的成功实践》，《光明日报》2015 年 9 月 7 日第 14—15 版。

② 陈全国：《坚定不移走有中国特色西藏特点发展路子为实现跨越式发展和长治久安而团结奋斗》，西藏人民出版社 2011 年版，第 2—5 页。

③ 俞正声：《在西藏自治区成立五十周年庆祝大会上的讲话》，《人民日报》2015 年 9 月 9 日第 2 版。

的宗教信仰、培养少数民族干部等。更为重要的是，如上所述，西藏除了人民日益增长的物质文化需求同落后的社会生产力之间的矛盾这一普遍性的主要矛盾之外，还有一个不同于其他地方的特殊区情、特殊矛盾——各族人民同以达赖集团为代表的分裂势力之间的特殊矛盾。西藏地处祖国西南边陲，是保卫国家安全的重要屏障。长期以来，达赖集团一直处心积虑地破坏西藏的发展与稳定，不断组织策划分裂破坏活动。1959 年叛逃国外以来，以达赖为首的分裂主义集团不愿看到西藏的繁荣进步，打着民族、宗教和民主的幌子图谋“西藏独立”，妄图恢复其反动统治，从未停止干扰破坏国家安全和西藏稳定的活动，而西方敌对势力则利用“西藏问题”长期牵制、遏制我国，企图实施西化、分化中国的战略，使西藏处于更加错综复杂的形势之中。在全国其他各级地方政府以经济建设为中心，一心一意谋发展之时，西藏还得应付达赖集团及其分裂势力的种种干扰破坏。西藏这一特殊的区情决定了，这些特殊的任务，尤其是维护稳定往往是西藏基层政权的首要任务。因为没有持久的稳定就不可能实现持续的发展，并保证到 2020 年同全国一道实现全面建成小康社会的宏伟目标。因此，西藏自治区党委在“关于制定‘十三五’时期国民经济和社会发展规划的建议”中郑重提出：“发展和稳定是西藏工作的‘经纬线’。必须以稳定保发展，坚定不移开展反分裂斗争，创新社会治理，完善治理体系，加强民族团结，维护祖国统一和社会稳定，为推进经济社会持续健康发展营造良好环境。必须以发展促稳定，用发展的理论、发展的手段解决社会的主要矛盾和转型中出现的问题，巩固社会稳定基石。”① 实践中，2008 年“3・14”暴力事件以来，西藏基层政权始终以维护稳定为核心工作的局面也清楚地昭示，西藏基层政权所承担的特殊使命不仅具有重要性，而且是艰巨的和长期的，当然也是光荣而神圣的。

三　改革思维与价值取向：西藏乡镇政权改革发展需要重视的问题

改革开放以来历次乡镇改革的成效不彰，现实中乡镇不仅自身的运行

① 《西藏日报》社：《中共西藏自治区委员会关于制定“十三五”时期国民经济和社会发展规划的建议》，《西藏日报》2015 年 12 月 31 日第 1 版。

不畅，而且始终未能很好地承担起自身的权责，这无不彰显着党和国家不断推进乡镇改革之深谋远虑。乡镇的确存在着不少不容忽视的问题，但从根本上来讲，“不是‘乡镇’问题，而是‘政府’问题。如果非要说是乡镇自身的问题，也只能说，是政府问题在乡镇层面的体现”①。实践已经证明，单纯依靠层层下达命令的方式推进乡镇的机构减并和冗员裁汰，而有意无意地忽视乡镇和县政自身是一个小系统，县乡地方政权是一个大系统，根本无法有效解决乡镇自身的问题和乡村治理的乱象，必须走乡镇和县政内部的联合协同、县乡的联合协同改革之路。同时，随着中国特色社会主义民主制度的不断完善和全社会民主法治观念的持续增强，在深入推进“四个全面”改革创新的背景下，单纯依靠层层下达行政命令的方式推进改革，是背离基本民主程序的不严肃的、短视的行政行为，必须走专家充分调研论证、决策机构政策选择、立法机构讨论通过、行政机构执行、监督机构监督这样的法治化道路。只有从基层政权建设和巩固党在基层的执政地位之高度，从县乡的协同改革入手统筹谋划乡镇建设，才能最终使乡镇政权成为一个领导有力、有方，责、权、利一体的高效率的组织结构，使其切实承担起法律所赋予的职能，承载起党和基层民众的殷切期望，团结和带领基层民众走上富裕安康之路，并以渐进的方式培养民众的现代科学文化素质和政治素养，最终为国家走向社会主义现代化奠定基础。同时，虽然在政治上建立起高度发达的社会主义民主制度是我们党和国家所追求的至关重要的现代化建设目标，但是，整个国家的具体国情、民情决定了实现这一目标的长期性，在可预见的未来，将民主化设定为乡镇政权机构改革与制度创新的价值导向是不切实际的。而且，长期制约乡镇政权顺畅运作的根本性问题是党政关系不规范，责、权、利不统一，及由此而导致的行政效能低下三大问题。这三大问题的出现的确与民主的缺失有关，但最根本的原因是乡镇政权与整个基层政权的机构设置及其各机构的权能配置不合理，这些问题完全可以在现有宪政框架内解决。另外，西藏自治区除经济、社会发展相对滞后，且始终面临着人民日益增长的物质文化需求同落后的社会生产力之间的矛盾这一主要矛盾外，还必须面对同达赖集团为代表的分裂势力作斗争这一特殊的矛盾。这一特殊的区情决定了西藏乡镇政权承担的特殊任务与使命的艰巨而神圣。

① 赵树凯：《乡镇政府之命运》，《中国发展观察》2006 年第 7 期。

简言之，整个国家的特殊国情和西藏自治区特殊的区情决定了稳定前提下的经济、社会持续健康发展才是西藏基层社会的首要价值需求。正是因为如此，西藏乡镇政权的改革创新，应当是通过机构改革与重置、权能的调整配置及制度创新，使其成为一个领导有力、有方，权、责、利一体的高效率的组织结构，充满信心地团结和带领基层各族群众，千方百计地推动经济社会持续健康发展，引领当地民众走上富裕安康之路，培养民众的现代科学文化素质和政治素养，不断提升他们对伟大祖国的认同、对中华民族的认同、对中华文化的认同、对中国共产党的认同、对中国特色社会主义道路的认同。进而，在最短的时间内实现其经济社会发展主要依赖国家政策扶持及各省市援助的“外力推动型”发展模式向自主发展转变，彻底改变基层社会长期在经济社会发展落后与和谐的民族关系受困的不利环境中进步的现状，为西藏全区实现“四个确保”战略目标做好做实基层基础。

第十四章　西藏乡镇政权改革发展的目标选择

乡镇政权的改革创新大计，不仅要关注其改革的思维方式和价值取向，也要关注其在思维方式和价值取向规制下的改革目标。对西藏这样一个特殊的边疆民族省区而言，乡镇政权的改革发展在充分考虑到基层政权建设的一般性和现代性与特殊性和民族性的前提下，究竟要达到什么样的目标，仍然需要我们深入思考。

一　西藏乡镇政权改革发展的目标——一个需要研究的问题

关于乡镇政权改革的目标在不同的时段有所不同，总体而言似乎是清楚的。中发［1983］35 号文件设定的目标是“政社分开，建立乡政府”。全国普遍重新建立起了乡镇政府后，国发［1986］22 号文件更明确地提出了通过乡镇撤并，从党政关系、县乡关系、条块关系和政企关系的改革规范着手，“把农村基层政权建设成为密切联系群众、全心全意为人民服务，并且能够有效地领导和管理本行政区域的政治、经济、文化和各项事务的有活力、有权威，高效能的一级政权”。可以说，以后历次改革均是围绕着这一目标展开的。经过了 1994 年至 2004 年十年的规范化改革后，2005 年中央明确提出了建立服务型政府的总体目标。据此，国发［2005］24 号文件提出了转变乡镇政府职能、努力建立服务型政府和法治政府的目标。中办发［2009］4 号文件又将此目标升华为“建立人民满意的服务型政府”。2013 年《中共中央关于全面深化改革若干重大问题的决定》和 2014 年《中共中央关于全面推进依法治国若干重大问题的决定》发布后，再次将各层级政府的改革目标统一确定为建设“法治政府和服务型政府”。

如果说上述乡镇政权改革建设的目标完全是由中央根据特定发展需要确定的话，20 世纪 90 年代后，关于乡镇改革建设的目标就已进入了学术界的视野。1990 年即有学者提出，乡镇政权改革建设的目标应是："能够密切联系群众，全心全意为人民服务、职能健全、机构精当、人员精干、高度民主、法制完备、有权威、高效能和充满活力的一级政权。"① 步入 21 世纪后，随着经济社会的持续发展进步和社会管理的日益复杂化，面对新的形势，乡镇政权的不适应性明显体现出来，学术界对这一问题的讨论也更趋热烈。总体而言，如前几章所述，可以总结为"保留论"、"取消论"和"自治论"三种，改革建设的模式可以总结为"县政乡派论"、"乡村自治论"、"乡政自治论"、"乡治村政论"、"乡政村治论"五种。

综观中央提出的目标和学术界的各种观点，总有许许多多不清楚的地方。关于学术界各种观点的讨论与评述，相关章节中均有较为详细的阐述；关于中央提出的人民满意的服务型政府，仍有许多亟待深入讨论的地方。1998 年张康之先生第一次提出"服务行政模式"的构建问题，认为行政模式的发展应该是从"统治行政"到"管理行政"再到"服务行政"的过程②。从此以后，尤其是 2005 年温家宝总理在政府工作报告中明确提出构建服务型政府后，学术界对服务型政府进行了热烈的讨论。但是，首先，时至今日，关于服务型政府的理论体系尚未形成，有的学者注重从历史的视角研究服务型政府，有的学者注重从政府与社会的关系进行研究，有的学者注重从政府职能的角度去探讨，也有的学者从政府工作方式甚至是执政党执政方式角度进行阐述。其次，服务型政府的研究内容主要集中在对服务型政府理念的介绍和必要性等问题的阐述上，关于服务型政府的价值、目标与方向、相关制度及体制机制安排等一系列问题尚未形成可供决策参考和指导改革实践的理论支撑；最后，正是因为如此，学术界的研究明显缺乏中国元素。在现有的研究成果中，一部分是介绍西方国家行政改革的经验及新公共管理理论、新公共服务理论及公共治理理论的，一部分是简单地套用西方国家的经验或理论范式来说明我国的问题，鲜有从中国的具体实际出发系统性地思考我国的服务型政府建设的。换言之，一方面，不论是中央还是学术界，对乡镇政权改革建设的目标之阐述

---

① 吴贵民：《中国乡镇政权建设目标论》，《宁夏社会科学》1990 年第 1 期。

② 张康之：《行政道德的制度保障》，《浙江社会科学》1998 年第 4 期。

都是不够的，还不足以为中央的决策和改革实践提供理论支持。对服务型政府的研究仍存在不少的理论盲区，对此有学者专门进行了分析①。另一方面，关于民族地区尤其是西藏这一特殊的民族边疆省区的乡镇政权改革建设目标之研究还没有真正展开。当前，我们所能检索到的仅有少数关于民族地区服务型政府或法治政府建设的相关文献。这些文献虽然为我们深入研究西藏乡镇政权的改革建设提供了丰富的资料和研究视角及方法论上的启迪，但是，自西藏民主改革以来，不论是从西藏乡镇的政权建制设置与运行，还是特殊的行政环境与职责使命上来讲，都具有诸多不同于全国其他地方的鲜明特性。

综观中国共产党创建乡镇政权及新中国成立后60多年的乡镇改革建设，乡镇政权在基层党建、政权建设、经济社会发展、社会管理、生态环境保护等各方面发挥着至关重要的作用，而且通过直接服务人民群众，肩负着正确落实党和国家的大政方针政策，给当地人民群众带来实实在在的利益，从而使他们体察到国家的主人翁感，体验到中国最广大人民群众利益的代表者中国共产党的性质与执政能力等重大使命。因而，党和国家历来重视乡镇政权建设。正反两方面的经验教训也表明，重视乡镇政权建设并有一个较明确的目标，乡镇政权建设就会较健康地发展。反之，就会削弱以至取消这一重要的人民民主专政政权的基础。

二 三层次目标论——西藏乡镇政权改革发展的必然要求

作为我国不可分割的一部分，西藏乡镇政权改革发展的目标既要与党中央的统一要求相契合，体现出现代政府发展的一般性要求，更要体现出西藏实现“四个确保”战略目标对乡镇政权的新期待，即体现出“中国特色、西藏特点”。笔者认为，西藏乡镇政权的改革发展应当追求三个层次的目标。

（一）国家层面的目标

西藏是一个典型而特殊的民族边疆地区，综合西藏的内外环境、战略

① 凌学武：《服务型政府建设的理论困境和反思》，《四川行政学院学报》2008年第5期。

地位和发展需求，中央第六次西藏工作座谈会上将西藏定位为：重要的国家安全屏障、重要的生态安全屏障、重要的战略资源储备基地、重要的高原特色农产品基地、重要的中华民族特色文化保护地、重要的世界旅游目的地、重要的“西电东送”接续基地、面向南亚开放的重要通道。因此，西藏的发展目标即确保国家安全和西藏长治久安，确保经济社会持续健康发展，确保各族人民物质文化生活水平不断提高，确保生态环境良好。作为直接服务各族群众的最为基层的一级政权，西藏乡镇政权的改革发展应当体现出鲜明的国家发展需要。

1. 稳疆固土。西藏作为我国的边疆省区，西北、东北、北部与新疆维吾尔自治区和青海省交界，东隔金沙江与四川省相连，东南与云南省和缅甸相接，南与印度、尼泊尔、不丹等国毗邻，西与克什米尔接壤，边境线长约4000公里。通过对元王朝以来历代中央治藏史的简要考察即知，虽然历代中央的治藏政策存在一定的差异，但总体的方略具有明显的传承关系①，其中，最为核心的政策目标即稳疆固土②。在稳疆固土的伟大历程中，西藏21个边境县和110个边境乡的任务更为繁重，但这绝不意味着稳疆固土的重责仅是边境县乡的事情。事实上，对于西藏这一地处西南边陲且同印度存在着领土纠纷并深受达赖集团分裂势力困扰的边疆省区而言，一方面，从整个国家主权统一与领土完整的视角观之，西藏120多万平方公里的每一寸土地均是边疆，因此，不论西藏的乡镇是否属于边境乡镇，国家在人口稀少甚至不足百人的地方创建乡镇建制，其本身的目的也自然饱含着守卫每一寸土地的高度政治期待。例如，山南地区隆子县的玉麦乡，在西藏和平解放以后隶属于扎日区，1999年7月撤销扎日区，保留玉麦乡的基础上建立玉麦乡。1979年至1996年，在全乡1967平方公里的辖区内只居住着1户3口人，即卓嘎一家，父亲桑吉曲巴是乡长，两个女儿是乡民。一直到1996年，县里为玉麦乡派来了一位乡党委书记，父亲桑吉曲巴退休，大女儿卓嘎继任乡长，一名医生兼任教师和副乡长。该乡的人口发展状况是：1998年4户21人，1999年5户22人，2000年7户23人，2001年7户25人，2002年7户26人，2006年7户30人，

① 黄伟：《历代中央政府治藏方略的演变传承》，《国家行政学院学报》2012年第4期。

② 孙勇：《对走中国特色西藏特点发展路子命题内涵的思考》，《西藏日报》2009年8月26日第03版。

2007 年 7 户 31 人，2008 年 8 户 32 人，2009 年 8 户 32 人，2011 年 8 户 35 人。这里的 35 人不愿也不能离开这个封闭的“世外桃源”，就是因为他们知道，玉麦的每一个人都是国家的坐标，守护土地就是守护国家，留在这里就是守卫我们的国家[①]。另一方面，西藏 120 多万平方公里土地是各乡镇的行政区划密切联系在一起的，彼此之间在经济、民族、宗教与文化等各领域紧密交织。

因此，稳疆固土是西藏各级地方政权首要的神圣使命和每一位公民应尽的光荣义务。西藏乡镇政权的改革创新之首要目标理应是不断增强其稳疆固土的责任感、使命感及能力，确保国家的主权统一和领土完整。这也正是习近平总书记“治国必治边”战略思想的首要内涵。

2. 守边固本。与稳疆固土密切联系在一起的另一层面问题即是守边固本，如果说稳疆固土是“面”上的事情，是总体上的国家领土完整，可以通过政治、军事等强力手段得以维护的话，守边固本则是更为深层次的“里”上的事情，是运用强力手段所不能及的问题。可以说，守边固本是稳疆固土深层次的基础，只有夯实基层，打牢基础，方能为稳疆固土奠定坚实的基础。2013 年 8 月，俞正声主席在藏考察调研期间就特别强调指出，要坚定不移做好基层基础工作，紧紧抓住国家深入实施西部大开发战略、加大支援西藏发展力度等宝贵机遇，大力加强基础设施建设，大力培育特色优势产业，大力推进生态建设和环境保护，推动经济社会发展不断迈上新台阶。要坚持把改善民生作为衡量发展质量的重要标准，着力办好一些群众迫切需要的大事实事，使各族群众共享改革发展成果[②]。

因此，西藏乡镇政权改革创新的重要目标即是将其建设成为权责利一体、机构精干、运转协调、行为规范的一级地方政权，从而使其切实承担起宪法和组织法赋予的权责，充分利用党和国家的好政策与全国对口支援西藏的大好机遇，推动当地“五位一体”的社会主义现代化建设，为国家的团结统一和领土完整奠定坚实的政治基础、经济基础和社会文化基础。

3. 维护稳定。稳疆固土和守边固本两大目标，主要是从政治层面和

① 李成业等：《雪域边陲的国土守望者——记中国人口最小的乡玉麦乡》，《西藏日报》2011 年 8 月 15 日第 5 版。

② 顾瑞珍：《俞正声主席在西藏考察时强调：扎实推进社会主义新西藏建设，奋力开创西藏更加美好的未来》，《人民日报》2013 年 8 月 7 日第 1 版。

国家总体的主权统一与领土完整角度审视的，从“五位一体”社会主义现代化建设的环境和西藏社会发展的视角审视，也即维护全区的稳定局面。众所周知，西藏除了人民日益增长的物质文化需求同落后的社会生产力之间矛盾这一普遍性的主要矛盾之外，还有一个不同于其他地方的特殊区情、特殊矛盾——各族人民同以达赖集团为代表的分裂势力之间的特殊矛盾。这就使得西藏始终处于反分裂斗争的第一线，全区的稳定安全形势错综复杂。同时，在西藏迅速推进现代化建设的社会转型阶段，“西藏的社会矛盾开始凸显，并与族群矛盾结合在一起，特别是社会矛盾转换为族群矛盾的可能性增长，从而使得民族地区的矛盾愈益复杂化”①。2008 年的“3. 14”暴力事件和花样不断翻新的分裂图谋昭示，西藏维护稳定的任务艰巨而神圣。

因此，通过改革创新，不仅不断增强乡镇政权维护稳定的责任感和使命感及能力，而且推动乡镇政权根据本地的实际情况和特点，大力创新维护稳定的工作机制和方式方法，这是整个国家稳定发展的现实需要，是西藏基层社会社会主义现代化建设的现实需要，是西藏各族人民群众最大的福祉所在。

4. 促进和谐。和谐是一种价值、一种状态，是社会主义核心价值观的重要内容，是中国特色社会主义的本质属性，是我们党不懈追求的目标。在西藏，除了内地所追求的一般性目标外，主要是指民族关系的和谐与宗教及其文化与社会主义相适应的问题。正如本书第九和第十章中所指出的，虽然和平解放后，西藏的民族关系总体上是和谐的，绝大多数宗教领袖和信徒是爱国爱教的，但这并不能否认在新的内外形势下，西藏不同的少数民族之间、西藏各地的藏族之间、西藏的少数民族与不断增多的到西藏从事经商活动的各族人民之间，因资源纠纷、语言和文化的差异及日常生活中的误解等产生各种各样的矛盾。虽然这些矛盾大多数属于人民内部矛盾，与民族问题无关，然而，县乡基层政权一旦不能及时处置或处理不当很容易诱发民族矛盾。同时，尽管绝大多数宗教领袖与信徒是爱国爱教的，但是，西藏几乎全民信教的社会特征和藏传佛教文化习俗深深扎根于民间的现实，不仅深刻地影响到西藏“五位一体”的社会主义现代化建设，尤其是社会的转型发展，而且一些宗教信仰浓厚民族情结较重的

① 傅景亮：《西藏乡镇建设反思》，《南风窗》2009 年第 18 期。

人，包括少数党员干部很容易受到达赖集团“民族”、“宗教”、“文化”、“环境”等歪曲事实论调的蛊惑而成为西藏和谐稳定大局的威胁。拉萨“3.14”事件中暴露出来的，不少僧尼参与骚乱，甚至有一些党员干部立场不够坚定，态度暧昧，少数干部还对达赖抱有幻想，公开追随达赖和人民为敌等问题①，说明推进宗教与社会主义相适应的任务依旧任重而道远。因此，2014 年中央第四巡视组在巡视西藏时，发现西藏的“反分裂斗争形势依然复杂严峻，少数党员干部政治立场不坚定”等问题②。

民族团结是我国各族人民的生命线。如何通过改革创新，使乡镇政权建立起一支在维护祖国统一、开展反分裂斗争这一重大原则问题上，始终做到旗帜鲜明、立场坚定、认识统一、态度坚决、步调一致的高素质的少数民族干部队伍；使乡镇政权善于做团结群众、争取人心的工作，不断加强各民族间的交往交流交融，引导当地各族群众牢固树立正确的祖国观、历史观、民族观、宗教观，运用法律来保障民族团结等，不断推进民族关系的和谐和宗教与社会主义相适应的历史进程，亦是西藏乡镇政权改革发展的重要目标。

（二）政党层面的目标

中国共产党是我国的执政党，在我国政治生活中发挥着至关重要的作用，特别是党在革命与社会主义现代化建设过程中，不仅在全国各族人民心目中，尤其是在西藏翻身解放的农奴及其后代中树立起了崇高的威望，而且通过较好的执政绩效强有力地维护着自己的合法性基础。西藏和平解放 60 多年来的实践经验也证明，没有中国共产党就没有新中国，也就没有新西藏，做好西藏工作，关键在党。因此，笔者认为，西藏乡镇政权的改革发展，除了国家层面的四个目标外，也应具有明确的政党层面的目标。

1. 夯实基础。基层组织始终是党发展壮大与保持纯洁性和战斗力的基础，加强西藏乡镇及乡村的基层党组织具有特殊的政治价值。如何在西

---

① 金书波：《以改革创新精神推进反腐倡廉建设，不断取得党风廉政建设和反腐败斗争新成效——中国共产党西藏自治区第七届纪律检查委员会向中国共产党西藏自治区第八次代表大会的工作报告》，《西藏日报》2011 年 11 月 21 日第 1 版。

② 《西藏日报》社：《中央第四巡视组向西藏自治区反馈巡视情况》，《西藏日报》2014 年 11 月 4 日第 1 版。

藏广阔的基层加强党组织的建设，把广大党员紧密团结在党的旗帜下，为实现党的奋斗目标提供坚强的组织保证，始终是西藏自治区党委必须认真思考和下大力气解决的重大问题。西藏和平解放前，西藏没有共产党组织，西藏和平解放后至平叛改革前，仅建立了一些宗（相当于县）党委，没有建立区、乡党组织，仅在机关内部和社会上发展了少数党员。1952年年底，全区仅有机关党支部57个、党员877名。自1959年10月起，在完成民主改革的基础上，西藏开始有计划有步骤地在农村发展党员、建立党组织[①]。但是，由于西藏地处祖国西南一隅，地域广阔而人烟稀少，长期以来，乡镇囿于基层党政干部和农牧民群众文化素质不高，对党组织建设的认识不到位，党员活动场所有限等主客观因素的制约，一方面，2010年以前，仍有11个党支部"空白村"和258个联村党支部[②]。另一方面，乡镇党委及其领导下的乡村党组织的干部队伍建设滞后，党在基层的新生力量不强。为此，自治区党委于2011年下发了《关于实施"强乡带村"工程的意见》，着力抓好以乡村两级党组织书记为重点的基层干部队伍建设。同时，进一步加大选派县乡机关优秀年轻干部和从高校毕业生中考录乡镇公务员到村（居）任职的工作力度，选派2470名机关干部和1300多名大学生到村工作，从年轻致富能手、大学生"村官"、复退军人中培养了10906名村（居）党支部书记后备干部，并大力提高基层党干部的待遇[③]。截至2013年年底，"全区党员共27.9万余名，其中农牧民党员13万余名，占全区党员总数的49%，占全区农牧民人口总数的5.96%"[④]。

笔者认为，西藏乡镇政权改革创新的政党层面的目标之一即加强乡镇党委及其领导下的乡村党组织建设，在现有党组织实现全覆盖并呈现良好发展势头的基础上，进一步提高西藏基层党建工作的水平，及时将优秀的民族干部充实到乡镇党委和党组织的干部中去，使基层社会的各族群众紧密团结在乡镇党委和党组织周围，不断加强党在西藏的执政基础，不断提

---

① 《西藏日报》社：《雪域党旗分外红——和平解放以来我区党的建设综述》，《西藏日报》2011年11月6日第1版。

② 尹德明：《进一步夯实党在西藏执政的组织基础》，《党建》2011年第5期。

③ 《西藏日报》社：《打牢党执政的组织基础——5年来我区发展稳定辉煌成就系列述评之六》，《西藏日报》2011年11月7日第1版。

④ 《西藏日报》社：《我区基层党建工作亮点频现》，《西藏日报》2014年7月4日第1版。

升党执政和政府施政的合法性水平。

2. 争取人心。“同十四世达赖集团的较量，本质上是争取人心的较量”①，做好民族工作，“最管用的是争取人心”②。可以说，谁争得了人心谁就赢得了未来。西藏和平解放以来，西藏经济社会持续发展进步，取得了举世瞩目的成就，这是谁也不能否认的事实，也赢得了绝大多数各族人民群众的衷心拥护。建党 90 周年之际，家住日喀则的 74 岁老党员扎西边觉在接受《西藏日报》采访时动情地说：“每每看到祖国的日益强大和西藏翻天覆地的变化时，我都非常激动，这一切都归功于我们伟大的中国共产党，归功于一代又一代共产党人同人民群众一道顽强拼搏。”③ 笔者 2013 年在阿里地区改则县从事强基惠民工作期间，也深深感受到基层民众对党的热爱、对伟大祖国的热爱。这是西藏之所以能够维护总体和谐稳定局面的根本性原因。同时，我们也应看到存在的问题。一方面，如前所述，达赖集团的分裂图谋和西方敌对势力的挑拨不是在短时间内所能改变的，特别是转型期的社会矛盾与族群矛盾的结合，使西藏的反分裂形势依旧严峻；另一方面，一些人甚至是个别党员干部政治立场不够坚定，还对达赖集团抱有幻想。更为重要的是，笔者在从事强基惠民活动期间的调研可知，M 村 151 名成年人中，对新旧西藏对比感受明显或比较明显的人只占 61.59%，这些人绝大多数是年龄超过 60 岁的具有一定历史记忆的老年人和长期受党教育的党员干部，而年龄在 45 岁以下的中青年，由于历史记忆的消退和自身知识文化层次的低下，则认为自己的感受“不明显”或“无所谓”。这些事实说明，在西藏基层社会中，乡镇政权如何通过改革发展，不断提高自己的服务能力，不断争得人心尤其是青年一代人的人心之任务依然艰巨。

为此，笔者认为，西藏乡镇政权改革创新的政党层面的另一目标就是认真贯彻习近平总书记在第六次民族团结进步表彰大会上的讲话精神和俞正声主席“争取人心”的指示要求，充分认识推进民族团结进步事业的

---

① 《西藏日报》社：《坚定不移确保社会持续稳定——四论认真学习贯彻俞正声同志重要讲话精神》，《西藏日报》2013 年 8 月 11 日第 1 版。

② 新华社：《中央民族工作会议暨国务院第六次全国民族团结进步表彰大会在北京举行》，《人民日报》2014 年 9 月 30 日第 1 版。

③ 巴桑次仁：《永远跟着共产党，建设美好新农村》，《西藏日报》2011 年 7 月 6 日第 1 版。

极端重要性，进一步增强做好民族团结工作的自觉性、坚定性、责任感和使命感；团结和带领当地各族群众不断增强对“三个离不开”和“五个认同”的认知，让广大人民群众自觉与十四世达赖集团划清界限；切实践行全心全意为人民服务的宗旨，不断夯实民族团结进步事业的根基。

3. 强化战力。党组织的战斗力是党的创造力和凝聚力有机结合和不断升华的结果。不论是加强西藏党的基层组织建设，夯实基础，还是全心全意服务基层民众，争取人心，其最终目的都是提高党组织的战斗力，为西藏最终实现“四个确保”战略目标贡献力量。笔者认为，党组织的战斗力不是一个抽象的概念，主要体现在审时度势的眼力、驾驭全局的能力、战胜困难的毅力、开拓进取的创新力四个方面。

为达此目标，西藏乡镇政权的改革发展，就是要从严治党，树立西藏在党风廉政建设和反腐败问题上没有任何特殊性的思想；就是要严守政治纪律，始终坚定政治方向、政治立场，对执行党的民族宗教政策时，在反分裂斗争中患得患失、对十四世达赖集团抱有幻想、追随十四世达赖集团、参与支持分裂渗透破坏活动的党员干部，要依法依纪严肃查处；就是要坚持和健全民主集中制，充分发扬民主，充分调动各族群众的积极性、主动性和创造性，同时进行正确的集中，凝聚乡镇全党的力量和意志，维护党的团结和统一；就是要在工作实践中，切实践行党全心全意为人民服务的宗旨和群众路线，始终与各族人民群众同呼吸共命运，想群众之所想、急群众之所急，最大限度地增强群众对党和政府的信任。

（三）政府层面的目标

西藏乡镇政权的改革发展在完成国家和政党层面的目标前提下，也要积极探索和推进符合西藏实际情况的政府改革创新。笔者认为，政府层面的目标主要体现在以下六个方面。

1. 机构精干。调研发现，不论是内地还是西藏，20 世纪 80 年代以前，乡镇政权的机构都很少且没有明显的功能分化，每个乡镇只有十几个干部。乡镇机构的膨胀是改革开放以后逐步发展起来的。当前，西藏乡镇政权虽然经过农业综合改革后也像内地一样，乡镇设有党委、人大和政府及武装部，俗称“三套”或“四套”班子架构，乡党委和政府主要领导交叉任职的权力结构，政府内部建立起了三个至四个综合性的机构。但是，一方面，历次机构改革均是改革乡镇政府机构，党委和人大的机构并没有多大的变化，乡镇司法机关的改革建设也很少提及，另一方面，政府建立起三个至四个综合性的机构，变的只是机构的牌子而已，人员编制非但没有减少，反而在培养少数民族干部和维护稳定的需求驱动下，大大增长了。在西藏实地调研中，据当地的组织人事部门估计，当前西藏全区乡镇超编人员达到了6万多人。

因此，在全国谋划深化改革之际，西藏乡镇的改革发展理应统筹谋划乡镇政权的改革建设，而不单纯是政府机构的改革。也就是说，乡镇党委、人大、政府都应纳入改革进程之中，同时，随着《中共中央关于全面推进依法治国若干重大问题的决定》的颁布，在西藏乡镇建立或创新司法机关的设置也应提上议事日程。西藏乡镇政权改革发展的最终目标之一即建设机构精干的一级地方政权。

2. 权责统一。任何政治组织及其机构在运作过程中，只有在权、责、利之间保持动态的平衡，才能充分地发挥其积极性、主动性和创造性。遗憾的是，这一似乎是常识性的知识并没有在西藏乡镇政权建设中体现出来。笔者多次阐述过，在西藏乡镇，有利益的公共事务，各部门、各级政府争着管，而没有利益的服务性事务却像甩包袱一样疏于管理。另外，主要领导者在享有巨大权力且获得利益的同时并没有承担起应有的责任。这样的局面，严重影响着乡镇政权及其具体工作人员工作的积极性。

因此，西藏乡镇政权的改革发展，理应摒弃传统的改革思维，树立起县乡协同改革、从国家政权建设的高度统筹谋划乡镇政权的改革发展之思维，确立起权、责、利统一的意识，使乡镇政权既有充足的权力，也必须承担起《宪法》和《组织法》所规定的职责及党和人民的期待，并获得应有的利益。

3. 行政效能。不论是我国的政府改革经验总结还是西方国家的实践经验借鉴，政权体系的每个层级都应有各自的侧重点，否则，层层满把抓，其效果并不理想。笔者认为，在我国，中央政府的主要职责是搞好政治领导、思想领导和组织领导，搞好经济宏观调控，制定好国家层面的大政方针政策，并通过政治、经济、文化、外交、国防等手段为国家的建设和发展创造良好的环境与条件。省区市这样的中层政府，有立法权，它们的主要职责是发挥好中央与地方的桥梁作用，为地方“五位一体”的社会主义现代化建设制定方针政策，创造经济社会发展所必需的各方面条件。这两个层级的政权应当充分构建几大班子相互配合又相互有所制约的体制，这样才能为社会主义现代化事业的健康发展抓好大事，把握好方向，将决策的失误降到最低并使制度具有纠偏的功能。而乡镇政权只有执行权，即使是民族自治乡镇也并不具备自治权，其最大的特点是直接面对基层各族民众，具体落实中央和省区市制定的大政方针政策，主要任务是推动地方发展，团结和带领当地群众走上富裕安康之路。另外，长期以来，西藏乡镇在特殊的行政环境下形成的“慵、懒、散”惰性比内地更为突出。尽管经过多次整治，到党的群众路线教育实践实施之时，依旧有不少干部存在漂浮、懒散问题。对此，陈全国书记一语中的地指出：“十四世达赖集团并不可怕，可怕的是我们有些干部的作风不扎实。”①

因此，西藏乡镇政权改革发展的重要目标即使乡镇成为一个机构精干，责、权、利统一的高效率结构，提高西藏乡镇政权的行政效能，为西藏最终实现“四个确保”战略目标奠定坚实的基层基础。

4. 依法行政。我党高度重视法治建设，十一届三中全会以来，党领导人民在宪法的框架下不断推进依法治国进程，取得了历史性的成就。当前，中国特色社会主义法律体系已经形成，法治政府建设稳步推进，司法体制不断完善，全社会法治观念明显增强。但是，从全国的总体情况来看，我们必须清醒地看到，我国的法治建设和依法治国进程同党和国家事业发展要求相比，同人民群众期待相比，同推进国家治理体系和治理能力现代化目标相比还存在许多不适应、不符合的问题，这些问题，违背社会主义法治原则，损害人民群众利益，妨碍党和国家事业发展，必须下大气力加以解决②。从西藏的特殊区情来看，西藏发展稳定仍然面临不少困难和挑战，同时随着各种利益诉求的日益增多，新矛盾新问题不断出现，要求西藏各级政府必须把全面推进依法治藏放在更加突出、更加重要的地位，坚定不移地以法律武器维护国家统一，增强反分裂斗争的主动性；以法治建设维护社会和谐，防纠纷于未起，化矛盾于未发；以法治方式加强社会管理和服务，积极推进改革发展稳定工作③。

---

① 陈全国：《立破并举，扶正祛邪，坚持不懈抓好作风建设》，《西藏日报》2014 年 6 月 10 日第 1 版。

② 新华社：《中共中央关于全面推进依法治国若干重大问的决定》，《人民日报》2014 年 10 月 29 日第 1 版。

③ 玉珍：《自治区召开大力弘扬宪法精神全面推进依法治藏座谈会》，《西藏日报》2014 年 12 月 5 日第 1 版。

“行政法治是指国家行政机关及其工作人员管理国家公共事务的行政权力必须依据法律而获取与行使，不得恣意妄为的一种公共行政的普遍原则和社会控制方式。”① 实践证明，依法行政水平与廉洁高效呈正相关。由于西藏乡镇政权是在封建农奴制社会的基础上发展起来的，因此，先天的法治积累薄弱。民主改革后，西藏乡镇尽管经过几十年的社会主义现代化建设，但由于法治文明建设的先天积淀不足、经济社会发展水平总体滞后等综合因素的影响，导致今日的依法行政能力和水平依然处于较低的层次。因此，西藏乡镇政权改革创新的重要目的之一即推进乡村社会的法治。首先，健全西藏乡镇的司法体系，在有条件的乡镇设立法庭，暂不具备条件的乡镇可以考虑设立流动法庭；其次，大力宣传和普及宪法和相关法律法规，使社会主义法治精神真正进乡村、进机关、进学校、进寺庙，不断提高占人口总数80%以上的农牧民的法治观念和意识，尤其是要不断增强乡镇干部和僧尼的法治观念，在全社会形成学法、知法、遵法、守法的良好氛围；再次，在实际行政过程中，坚持依法治藏方略，善于运用法律这个武器，统一思想，统一认识，统一行动，坚决依法打击一切分裂祖国、危害国家安全的违法犯罪活动；严厉打击利用宗教、民族幌子进行的非法活动；最后，大力推进依法行政，使各项事务的开展走向依法行政、依法管理、依法办事的轨道，切实维护好国家的最高利益、社会的整体利益和最广大人民群众的根本利益。

5. 管理民主。西藏乡镇政权管理的民主化水平有利于平衡各民族的利益关系，有利于减少决策失误的发生，有利于地方经济社会的发展进步，能够有效防止民族间利益的失衡导致民族和谐关系的损害，防止决策失误导致普通的行政问题最终演变为民族问题，防止“三拍现象”，即重大决策靠首长“拍脑袋”、行政执行靠部门领导“拍胸脯”、出了问题相关责任人“拍屁股”现象的发生。当然，管理的民主化也是提高行政效能和推进依法行政的重要手段和制度保证。正如民主理论家科恩所言：“如果全体（或大多数）社会成员参与决策过程，所做出的指导性决定比一个或少数人做出的更可能是公正的。”②

在西藏乡镇，一方面，与内地特别是全国其他少数民族地区一样，由

① 王乐夫主编：《行政管理学》，高等教育出版社2000年版，第297页。

② ［美］科恩：《论民主》，聂崇信等译，商务印书馆1988年版，第219页。

于传统文化的影响和传统社会的民主积淀薄弱，不论是党政干部还是普通农牧民都还没有树立起强烈的民主管理观念，另一方面，长期在“压力型体制”下运行的乡镇，核心的任务是维护稳定。在维护稳定实践中，因党委书记是第一责任人，层层落实维稳责任，维护了乡村社会总体稳定的过程也一定是强化党委书记权力的过程。笔者在调研中，深刻地感受到，西藏乡镇的权力中心几乎都集中到了乡镇党委并最终集中到党委书记一人手中，最终，“一言堂”的现象非常普遍，有的乡镇因而导致书记和乡镇长的关系到了水火不容的程度。更为糟糕的是，一般情况下，西藏乡镇党委书记和乡镇长由不同民族的干部担任，二者权力的争斗最终一定会与民族问题联系起来。长此以往，必将深刻地影响到乡村社会和谐稳定与发展的大局。

因此，管理民主化理应是乡镇政权改革发展的重要目标之一。

6. 培育文化。扬弃传统文化，培育和塑造具有民族特色和地方特色的先进的现代文化，是西藏乡镇政权改革发展的重要条件，当然也是重要的发展目标。通过实地调研和参与可知，西藏乡镇的文化，特别是行政文化有厚道务实、团结互助、勤和节约的一面，也存在着官本位思想，宗法等级观念，重人治轻法治，人格化权威认同，“等、靠、要”思想严重等弊症，且这些思想观念与宗教因素和民族因素结合在一起之时，将会严重影响到乡镇政权的运行、现代化发展及基层社会转型的进程。

因此，培育现代政治文化、行政文化、法治文化、市场文化等，也应是西藏乡镇政权改革发展的重要目标之一。

三　简要总结

对于西藏乡镇政权而言，特殊的区情和特殊的行政环境及党和国家的殷切期待，决定了其改革发展目标应当是多层次的，必须兼顾稳疆固土、守边固本、维护稳定和促进和谐的国家目标；必须兼顾夯实基础、争取人心和强化战力的政党目标；必须兼顾机构精干、权责统一、行政高效、管理民主、推进法治、培育文化的政府目标。可以说，国家层面的目标是任何社会制度下和任何政党领导下的政府必须完成的政策目标，是完成政党层面目标和政府层面目标的首要前提，是自元以来的历代中央政府矢志不渝的追求。新中国经略西藏的根本性目标和习近平总书记“治国必治边，治边先稳藏”的战略思想及俞正声主席“依法治藏，长期建藏”的指示，无不是首先着眼于国家目标的。政党层面的目标之完成，是西藏乡镇政权机构改革与制度创新的组织保证，并为政府层面的目标之达成创造了有利的环境和条件。没有政党层面的目标的完成，政府层面的目标的完成就丧失了领导力量，当然也会多走弯路甚至是步入改旗易帜的邪路。同时，政府层面的目标之达成为国家层面的目标和政党层面的目标之完成奠定坚实的基础。三者之间存在着密不可分的关系，只有同时兼顾三个层面的政策目标，西藏乡镇政权的改革发展才会取得成功，最终为西藏顺利实现确保国家安全和长治久安，确保经济社会持续健康发展，确保各族人民物质文化生活水平不断提高，确保生态环境良好战略目标的实现奠定坚实的基础。

第十五章　西藏乡镇政权改革发展的思考与讨论

承上所述，尽管笔者已在较为详细地阐述乡镇政权改革创新的内地经验借鉴和参照基础上，提出了在西藏乡镇政权改革发展的县乡协同改革思维、稳定前提下的发展价值取向，以及国家、政党、政府三层次的目标论，但是，认真思考西藏乡镇政权的改革发展大计仍旧是一个困难而敏感的课题。笔者的思考与讨论仅是一些不成熟的思想碎片。

一　西藏乡镇政权改革发展的指导思想与基本原则

西藏乡镇政权的改革发展必须高举中国特色社会主义伟大旗帜，以马克思主义、毛泽东思想和中国特色社会主义理论体系为指导，坚持以“四个全面”战略布局为统领，坚持党的治藏方略，坚持依法治藏、富民兴藏、长期建藏、凝聚人心、夯实基础的重要原则，把维护祖国统一、加强民族团结作为一切工作的着眼点和着力点，把改善民生、凝聚人心作为经济社会发展的出发点和落脚点，坚定不移开展反分裂斗争，坚定不移促进经济社会发展，坚定不移保障和改善民生，坚定不移促进各民族交往交流交融，为全区顺利实现确保国家安全和西藏长治久安，确保经济社会持续健康发展，确保各族人民物质文化生活水平不断提高，确保生态环境良好战略目标而不懈奋斗。最终目的，就是要将西藏乡镇政权建成权、责、利统一的一级地方政权，使其成为当地“五位一体”的社会主义现代化建设的推动者，当地各族群众走上富裕文明之路的引领者，党全心全意为人民服务的宗旨和群众路线的第一实践者及光辉形象的体现者，从而为西藏顺利实现“四个确保”战略目标奠定坚实的政治基础、经济基础和社会文化心理基础。

政治与行政是有区别但又密切联系在一起的，政治是决定政策的制度安排、过程与结果，行政是执行政策的制度安排、过程与结果。行政靠政治来领导，政治则靠行政来实现目标，任何一个民族和国家的发展永远也离不开政治与行政的良性互动。笔者认为，西藏乡镇政权的改革发展应在上述指导思想的规制下，坚持以下四个基本原则。

首先，国家与政党目标完成原则。西藏乡镇作为国家政权体系的末梢，在我国这样一个幅员辽阔的统一多民族国家的发展过程中具有重要的地位和作用，是整个政权体系的基础和有机组成部分。在国家快速走向现代化的伟大历史进程中，一方面，其同内地乡镇一样，肩负着具体落实国家大政方针政策和法律法规，肩负着具体组织基层“五位一体”社会主义现代化建设的重任。乡镇直接联系和服务人民群众的特点决定了，乡镇政权是否廉洁高效、行为规范、运转协调，很好地服务当地民众，直接关系到党和政府在人民心目中的形象。在西藏基层，在广大少数民族群众心中，乡镇本身就是他们所认识的“公家”和“国家”，是他们体察和体验到国家的存在、发展和主人翁感的首要主体。另一方面，西藏作为我国一个特殊的边疆民族省区，乡镇政权的建制不仅寄托着国家对它守卫好每一寸国土，保证国家的领土主权完整，筑牢祖国统一和民族团结的高度政治期待；同时，由于中国共产党是我国唯一合法的执政党和为我们的国家我们的民族的生存发展壮大做出卓越贡献的领导者，自西藏和平解放以来，党在西藏基层人民心中具有崇高的威望。如何进一步巩固党在西藏的执政基础，不断强化基层党组织的感召力、凝聚力和战斗力，使基层群众紧紧团结在乡镇党委周围，不仅是党自身的建设应当认真考虑的问题，更是与稳疆固土、守边固本、维护稳定和促进和谐的政治目标，以及乡镇政权自身的发展和基层社会的进步密切关联在一起的。

其次，权、责、利统一原则。组织行为学和新中国成立以来乡镇政权的改革建设之经验均已表明，乡镇政权的改革发展应当使其在权、责、利三者间统一起来。也就是说，一方面，从整个县乡基层政权体系上来讲，乡镇政权在承担着繁重的责任的同时，必须按照《宪法》和《组织法》的规定，切实赋予它法律法规所规定的权能，并相应地获得该得到的利益。另一方面，从乡镇主要领导人和普通党政干部上来讲，领导人在享有主要权力并获得实际利益的同时，必须承担起《中国共产党章程》与相关系列性规定的领导职责，绝不能让实际操作者承担了本不该承担的领导责任，普通党政干部也必须正确履行《中华人民共和国公务员法》等法律法规规定的干部职责。

换言之，乡镇政权的改革发展绝不应当是取消或弱化乡镇，而应将乡镇建设成为权、责、利相统一的一级地方政权。不论是对内地的乡镇还是对西藏的乡镇而言，从自治或民主的价值出发，罔顾几千年来乡镇建制的历史和历史留给我们的理性传统，罔顾后发现代化国家的乡镇建设事关国家权力在乡村社会的延伸及乡村社会的稳定与发展进步这一事实，罔顾我国统一多民族国家的复杂情况与边疆民族省区的乡镇建设直接关系到领土主权完整和祖国统一的重大问题，都是极端有害的思想言行。

再次，精干与效能原则。乡镇机构的精干与否同其效能是直接联系在一起的，而且，机构臃肿必然导致人员膨胀、人浮于事和官僚主义、形式主义的产生与泛滥。经过若干次的改革调整，西藏的乡镇减并及其机构整合基本稳定下来，也已确立起了县直接管理乡的体制，但远未达到机构精干与高效运转的目标。西藏乡镇政权在今后的改革发展中，应围绕着国家、政党和政府三层次的目标，从机构和岗位的设置及权能的重新配置出发，推动政府职能的转变和行政效能的提高。也即，一方面，西藏乡镇政权的机构设置和人员编制及岗位设置要以乡镇承担的职能为依据，摒弃不适于西藏乡镇实际情况的科层制治理方式，按照乡村社会发展的需要和各族人民群众的意愿，机构和人员配备及岗位设置尽可能的少一些，综合一些，办事程序尽可能的简化一些。可以说，西藏乡镇政权机构设置和人员配置及岗位设置是否符合精干的要求，直接关系到地方的财政负担，直接关系到官僚主义和形式主义的克服，直接关系到基层各族人民群众对党和政府的满意程度。另一方面，西藏乡镇政权的运转要体现出效能的三个目标：效益目标、经济目标和时效目标。即乡镇能够正确贯彻执行国家的法律法令与大政方针政策，正确履行以《宪法》和《组织法》为核心的法律法规所规定的权责，能够给基层社会带来实实在在的利益，能够增进各族群众的福祉，不断巩固和发展着平等、团结、互助的民族关系，不断推进宗教与社会主义相适应的历史进程；用较低的经济成本多办好事、实事，尽可能地减少人力、物力和财力的消耗，追求效益的最大化；在规定的时间内完成规定和计划好的事项，时时重效率，事事讲效率，而不是始终在“等、靠、要”和“慵、懒、散”的不正常状态中徘徊。

最后，民族化与现代化统一原则。西藏乡镇政权的改革发展，从政治发展和政府发展的一般性要求观之，必定要随着整个国家现代化建设的稳步推进和当地政治、经济、社会、文化、生态的发展，通过自我的变革和创新，实现管理理念、制度与体制安排、管理方式方法等由传统向现代转变。只有如此，才能不断推进当地“五位一体”的社会主义现代化建设，才能勇于抓住国家现代化的潮流和契机，并充分利用党和国家的利好政策及全国对口支援的难得机遇，实现基层社会由基本稳定向长治久安转变，由快速发展向持续健康发展转变，实现2020年同全国人民一道步入小康社会的奋斗目标。与此同时，从边疆民族省区乡镇的特殊行政环境和职能职责方面考量，西藏乡镇政权的改革发展又必须体现鲜明的民族特性。即西藏乡镇政权的改革发展必须与当地的实际发展需要及服务对象的传统文化和心理需求相适应，从当地传统文化中吸取发展动力和创造才能，并使其改革发展与民族的文化价值、社会发展现状和现实需要有机融合起来。只有这样，才能为乡镇政权的改革发展提供良好的政治生态支撑，才能保证乡镇政权在完成基层政权的一般任务基础上，出色地完成边疆民族省区乡镇应当承担的特殊职能。

西藏乡镇政权在改革发展过程中坚持民族化与现代化的有机统一，既是实现推进基层政权现代化发展的必然需求，又是贯彻党和国家民族政策与宗教政策，实现当前又好又快发展的现实需要。如果走两个极端，为实现现代化而牺牲民族化或为民族化而不愿走向现代化，都会造成非常恶劣的后果①。

二 西藏乡镇政权改革发展的紧迫性

西藏自治区党委和政府非常重视乡镇政权的改革建设，在全国统一的安排下，改革开放后，先后于1982、1988、1993、1998、2003和2009年进行了六次改革。应该说，通过机构改革，“政府职能逐步完善、组织结构不断优化、运行机制得到完善、服务水平逐步提高。尤其是2009年的政府机构改革，在理顺部门关系、强化经济调节职能、提高公共服务水平和积极探索大部制方面取得了积极成效，有力地推动了西藏经济社会又好

① 方盛举:《中国民族自治地方政府发展论纲》，人民出版社2007年版，第117页。

又快发展”①。但是，迄今为止，不论是与西藏基层社会的现实需求相比，还是与党和政府及人民群众的期待相比，西藏乡镇政权仍然存在许许多多的问题，亟需改进完善。

首先，从经济社会发展的需求上来讲，西藏基层虽然保持了连续20多年两位数的增长，农牧民纯收入连续10多年保持两位数的增长，2014年全区生产总值达925亿元，农村居民人均可支配收入达7471元，增长了14%，城镇居民人均可支配收入达22026元，增长了8%。强农、惠农、富农政策全面落实，财政支农资金达168亿元，增长6.5%。农牧业再获丰收，全区粮食产量达98.5万吨，创历史新高。农牧民工资性收入增长明显加快，占可支配收入的1/4。农牧民专业合作经济组织蓬勃发展，达到2937家，增长55%。全面启动建设353个乡镇农牧综合服务中心。大力实施扶贫攻坚，减少贫困人口13万。改造农村危房6.3万户，完成1000个行政村人居环境建设和环境综合整治，行政村移动通信全覆盖、通邮90%以上，农牧民生产生活条件不断改善，农牧业基础进一步夯实②。然而，乡镇发展基础薄弱，经济结构单一，现代企业发展乏力，经济社会发展的环境不佳等问题依旧突出，西藏全区特别是基层农牧区仍然是我国典型的连片贫困区，乡镇面临着比内地更为繁重的发展任务。

其次，从公共服务上来看，西藏120多万平方公里的土地上，只有300多万人，其中240多万人居住在乡村，人口密度是每平方公里2.5人，地广人稀，公共服务的半径很大。这就决定了乡镇提供公共服务的难度和成本很高，而效益很低。虽然国家每年都投入了大量的资金，但是，基层社会的道路、通电、通邮、通信等基础设施建设，农牧民的基础教育和卫生、计生服务，五保户和孤儿的救助，农牧民的技能培训、特色优势产业的培育和生产生活方式的转变等等公共服务问题，仍需下大力气解决。

再次，从乡镇特殊任务的完成上来讲，西藏乡镇处于稳疆固土和守边固本的第一线，维护祖国统一和民族团结的第一线，维护稳定和反对分裂

① 白玛赤林：《深化行政管理体制改革，推进西藏跨越式发展和长治久安》，《中国机构改革与管理》2011年第4期。

② 洛桑江村：《政府工作报告——2015年1月18日在西藏自治区第十届人民代表大会第三次会议上》，《西藏日报》2015年2月4日第1版。

的第一线，当然也是民族干部培养、生态环境保护、民族文化弘扬等工作的基层阵地。应该说，西藏乡镇为这些特殊而神圣职责的完成付出了艰辛的努力，但是，西藏的维稳任务长期在高位上运行，反分裂斗争的主动性和前瞻性不足，基础不够牢固的事实说明，在保持维稳的大方向不变的情况下，从政治、经济、社会、文化与生态等各个方面仔细分解和分析各个时期、各个阶段的具体目标和任务，并针对可能出现的影响社会稳定的因素，制定具有操作性的应急预案，通过采取具有根本性、决定性意义的举措，既能有效击中敌人的软肋，又不至于浪费太多的人力、物力和财力，既要保证维稳工作取得突破性进展，又要保证社会经济发展不因此而受影响等重大问题上，仍需要艰辛地努力和不懈地探索。

最后，从乡镇自身的体制机制上来讲，远未达到建立服务政府、责任政府、法治政府和廉洁政府的目标，还不能完全为基层社会的持续健康发展和长治久安提供有效的制度供给。正如洛桑江村主席在自治区十届人大三次会议上所作的政府工作报告中所指出的那样：“个别地方和部门懒政、懈怠、不作为，落实力度不够，依法行政意识和能力有待进一步提高”，在转变政府职能建设有为政府，强化依法行政建设法治政府，践行群众路线建设为民政府，坚决严惩腐败建设清廉政府等方面仍有大量的工作需要跟进①。

上述问题，单就某一个问题而言并不会危及国家的领土主权完整和民族团结进步的大局，也不会影响党在西藏执政地位的巩固。但是，我们必须明白，这些问题都是密切联系在一起的，任何一个问题不能及时处理必将会影响到其他问题的逐步解决。更值得我们重视的是，在西藏这样的边疆民族省区，大量非民族、非政治问题，在长期得不到有效解决的情况下必将演变成“民族问题”并为达赖集团的分裂图谋和敌对势力的挑拨瓦解提供了口实，最终一定会深刻地影响党和政府在人民心目中的形象和合法性基础的巩固。因此，在全国深入推进“四个全面”改革创新和西藏举全区之力实现“四个确保”战略目标背景下，加快乡镇政权的改革发展不仅具有明显的紧迫性，而且，一方面，在这一背景下加快乡镇政权的改革建设是各项条件最为成熟，国家能够承担改革成本的最佳时期。另一

① 洛桑江村：《政府工作报告——2015 年 1 月 18 日在西藏自治区第十届人民代表大会第三次会议上》，《西藏日报》2015 年 2 月 4 日第 1 版。

方面，因乡镇政权的层级低这一特点，决定了乡镇政权改革发展的震动能量最小，具有试错的机会并能为更高层级政权的改革创新提供有益的经验。

三　西藏乡镇政权改革发展的动力机制

在全国深入推进“四个全面”改革创新和西藏努力实现“四个确保”战略目标这一综合背景下，推进西藏乡镇政权的改革发展不仅具有紧迫性，而且是条件最好的时期。但有一个问题需要我们进一步思考，那就是改革发展的动力机制。从理论上来讲，作为一种社会现象，任何改革的背后都有一系列因素的驱动，这些因素通过不同的传导渠道作用于改革主体，从而形成某种合力，当这种合力达到一定的程度时，改革就不可避免地发生了。西藏乡镇政权的改革发展需要背景条件的支持，更需要动力机制的驱动。

在学术界，对改革动力机制的系统性理论研究始于心理学和社会学等学科，随后逐渐扩展至管理学、政治学和公共行政学领域。德国心理学家库尔特·卢因（Kurt Lewin）的群体动力理论认为，人的心理和行为决定于内在的需求和周围环境的相互作用，是内在需求与外部环境相互作用的结果。卢因的观点被美国著名的管理学家、组织行为学权威人物斯蒂芬·P. 罗宾斯（Stephen P. Robbins）认为只适用于相对和平有序的环境下的变革，而现实社会中的变革往往是在不确定和动态变化中的变革，主要是大规模的危机出现并成为动摇现状的震源和领导人的变化带来的新价值观及更强的危机反应能力①。行政生态学则注重从社会环境与行政系统的关系来考察改革的动力，认为，在传统到现代转型的社会中，政府改革的压力主要来自国外压力和国内压力两个方面，当二者共同发挥作用时，可称为“共生的变革”。理查德·M. 沃尔克（Richard. M. Walker）主要是立足于发达国家的经验，提出了政府改革动力的四个理论模型：一是公众压力模型（public pressure model），公民压力既表现为要求政府“工作更好、成本更小”，也表现在要求效仿其他地方创新经验改进工作；二是学习模

① ［美］斯蒂芬·P. 罗宾斯：《管理学》，黄卫伟等译，中国人民大学出版社 1996 年版，第 317—325 页。

型（learning model），政府在面临新的挑战和难题时，会效仿其他国家行之有效的创新措施，这有利于简化决策过程并降低风险；三是竞争模型（competition model），竞争可能源于国内其他公共部门，也可能源于其他国家，改革创新目的在于获得竞争优势或者避免竞争劣势；四是纵向影响模型（vertical influence model），即上级明确要求并建立相应机制来推进某项改革或创新。关于四种改革动力的相对重要性，沃尔克的研究表明：公众压力最为重要，竞争次之，纵向影响有利于推进改革，但同时会减少创新机会并束缚下级的创造性。至于学习，在缺乏其他压力的情况下，它对改革的推动作用非常有限①。根据这些理论的阐述，有学者将改革的原动力到具体的改革行动与效果之间的连锁反应链条划分为两个相对独立的过程：一是公众需求转化为改革意志的自下而上的过程，具体环节包括公众需求的生成、表达、传递，政府官员对公众愿望的体认、整合和回应，最终形成改革的意志，包括决心、理念、方向和战略；二是改革意志转化为改革行动和效果的自上而下的过程，具体环节包括改革理念和大政方略具体化为操作目标和具体措施，上级政府驱动下级政府贯彻落实改革措施，并根据效果和客观情况进行调适等②。也有学者在综合各家之言的基础上，将改革动力机制分为主体动力和客体动力两部分。主体动力的结构虽然比较复杂，但主要包括利益效用、意识形态、认知结构和意志品质四方面。客体动力主要包括利益、意识形态、思想观念和心理承受力等。改革的动力就是在主体动力和客体动力相互作用下生成的③。

对我国而言，一方面，改革的动力来源是多方面的，多元的动力源头包括中国与世界的互动、行政组织与组织环境的内外互动、经济—政治—社会—文化—生态与政权系统的互动等各个方面④。另一方面，必须具体问题具体分析，不同时段的历次大规模的改革创新都是在特定的背景下展开的，每次面临的环境和任务都是每次改革的直接动力⑤。因为社会环境

① Richard . M. Walker, Innovation Type and Diffusion: An Empirical Analysis of Local Government, Public Administration, 2006, 84 (2): 311—335.

② 周志忍：《论行政改革动力机制的创新》，《行政论坛》2010 年第 2 期。

③ 周荣华：《改革主体与改革动力生成》，《南京理工大学学报》2015 年第 1 期。

④ 胡佳：《中国行政改革动力研究综述——行政改革动力的多维分析》，《理论与改革》2009 年第 4 期。

⑤ 何颖：《中国政府机构改革 30 年回顾与反思》，《中国行政管理》2008 年第 12 期。

总是不断变化发展的，政权体系只有不断适应内部和外部环境的变化进行反复调整，才能较好地实现政权建立与发展的各项目标。笔者认为，我们可以按照动力的来源，将其归纳为外部动力、内部动力和实践动力三方面，从改革动力的作用方向上分为正向力量和负向力量。

西藏乡镇政权的一般性和现代性与特殊性和民族性的特性，决定了自身改革发展的动力既有全国乡镇同样的动力，也有自身的诸多特点。

（一）西藏乡镇政权改革发展的正向力量

笔者认为，西藏乡镇政权改革发展的正向力量既包括以经济社会发展为核心的外部驱动，也包括以乡镇自身为适应行政环境的变化而不断调适自己及党政干部的改革意志为主要内容的内部动力，亦包括多次改革后所积累起来的革新冲击力等实践动力。

1. 从改革动力的外部来源看，首先，国家宏观层次的改革设计与整体推进及国内乡镇的改革创新是西藏乡镇改革发展的宏观背景和首要动力。党的十八大以来，在党和国家的发展历史上，首次成立了全面深化改革领导小组，首次颁布了《中共中央关于全面深化改革若干重大问题的决定》和《中共中央关于全面推进依法治国若干重大问题的决定》两个具有典型顶层设计意义的文件，并围绕着这两个文件就国家的经济、政治、社会、文化和生态等各领域的改革建设出台了一系列的规定。中央以强烈的历史使命感，最大限度集中全党全社会智慧，最大限度调动一切积极因素，敢于啃硬骨头，敢于涉险滩，以极大的决心冲破思想观念的束缚、突破利益固化的藩篱，推动中国特色社会主义制度自我完善和发展。各省区市都根据中央的统一部署并结合自己的特点，全面深化改革，深入探索新的改革创新路径，不断推进治理体系和治理能力的现代化，进一步释放改革红利。这是新中国成立以来政治体制改革上最强有力的部署和完善社会主义制度最高意志的体现。同时，2015 年 2 月 1 日，中共中央和国务院再次发布《关于加大改革创新力度，加快农业现代化建设的若干意见》，就继续全面深化农村改革，加快转变农业发展方式、加大惠农政策力度、深入推进新农村建设、加强农村法治建设作再部署，以期达到“在提高粮食生产能力上挖掘新潜力，在优化农业结构上开辟新途径，在转变农业发展方式上寻求新突破，在促进农民增收上获得新成效，在建设新农村上迈出新步伐，为经济社会持续健康发展提供有力支撑”的目标①。

乡镇作为我国政权体系的基础和行政管理体制的末端，当然紧跟国家的改革步伐并在稳步推进中。更为重要的是，2009 年，更确切地说是 2006 年全国启动农业综合改革以来，全国各省区市的乡镇改革就从未停止过，一直持续至今。这既给西藏乡镇政权的改革发展以巨大的压力，也为其改革创新提供了有益的借鉴和参照。

其次，西藏全区的改革发展是乡镇政权改革发展的直接推动力。在党和国家的统一领导、部署下，西藏自治区也在积极努力推进行政管理体制改革。如前几章节所述，同全国一样，改革开放以来，西藏进行了六次大规模的政府改革，按照国家统一部署，立足西藏实际，着力建设服务政府、责任政府、法治政府和廉洁政府，着力转变职能、理顺关系、优化结构、提高效能，努力做到权责一致、分工合理、决策科学、执行顺畅、监督有力，为实现稳定和发展提供体制保障的总要求，不断推进政府职能转变、组织结构优化、行政效能提高、政府法治化建设推进及事业单位的改革等进程②。西藏全区的政府机构改革不仅为乡镇政权的改革发展提供了直接的推动力，而且为其改革发展创造了较为宽松的整体政治环境。

再次，西藏乡镇经济社会的持续发展进步是乡镇政权改革发展的决定性力量。经济基础决定上层建筑，经济社会的发展推动上层建筑的发展完善，这是马克思主义的重要观点，更是人类社会发展历史的真实写照。乡镇政权作为基层社会上层建筑的核心组成部分，其变革与发展必然受到当地经济社会发展状况和水平的直接影响。恩格斯曾精辟地论述道：“所以一切社会变迁和政治变革的终极原因，不应当在人们的头脑中，在人们对永恒的真理和正义的日益增进的认识中去寻找，而应当在生产方式和交换方式的变革中去寻找；不应当在有关的时代的哲学中去寻找，而应当在有

---

① 新华社：《关于加大改革创新力度加快农业现代化建设的若干意见》，《人民日报》2015 年 2 月 2 日第 1 版。

② 杨军录：《和煦春风满眼来——我区开展政府机构改革工作综述》，《西藏日报》2009 年 11 月 24 日第 1 版；常川：《洛桑江村主持自治区政府常务会议，研究政府职能转变机构改革事宜，部署当前改革发展稳定有关工作》，《西藏日报》2014 年 4 月 9 日第 1 版。

关的时代的经济学中去寻找。”① 的确，随着西藏乡镇经济社会的持续发展，一方面，西藏基层经济的发展壮大，物质财富积累的不断增多，能够为乡镇政权的改革发展提供较好的物质基础，另一方面，西藏乡镇经济的发展促进了市场多元主体的出现，这些不同的经济主体各有各的利益，各有各的要求，而且乡镇已经不可能再用传统的方式去应对。这些经济社会主体要求乡镇进行体制改革，将乡镇政府由过去直接的经济运行主体转变为市场经济运行的监管者、调控者、服务者，将过去的管控职能转变为保护市场主体的合法收入、规范市场行为、维护市场秩序、保护公平竞争。众所周知，市场及市场经济就是法治经济、效率经济，必定会要求乡镇的机构更为精简高效，要求乡镇的行政更加规范透明，以适应经济的发展需要。同时，经济的发展必然带动以文化教育为核心的社会的发展。

复次，伴随着西藏经济社会的发展而来的即是基层人民群众素养的提高、民主法治观念的增强和政治参与的扩大等一系列积极的政治后果。在过去，由于西藏基层民众文化素养过低，用笔者在西藏乡镇调研期间一位乡镇领导干部的话说，“过去很多事情可以糊弄老百姓的”，但现在，西藏基层各族群众大体上明白了党和国家的优惠政策，逐渐明晰了利在何处、惠从何来，也逐渐明白了自己作为国家主人中的一分子应有的各项民主权利，甚至会主动参与到各层级的民主选举、民主决策、民主管理和民主监督公共事务中来。在此情境下，乡镇不仅很难再糊弄百姓，而且乡镇自身也的确存在着诸多不尽人意的地方，比如官僚主义比较严重、办事效率低下且缺乏透明度、权钱交易及腐败现象时有发生等，与当地各族人民群众的期望之间形成了不小的反差。人民群众的要求也就顺理成章地成为乡镇改革发展的重要力量之一。

最后，维护稳定的高压线是西藏乡镇政权改革发展的重要推动力量。西藏乡镇长期在维稳的政治压力下运作，这虽是西藏乡镇改革发展的重要阻力，但任何事情都具有两面性。当维护稳定成为上级考评乡镇及其主要领导绩效的核心内容时，在传统的体制、机制和工作方式不能奏效或成效不佳的时候，乡镇及其主要领导也会深入思考和探索乡镇政权自身的改革发展问题。2014 年 8 月笔者在山南地区一乡镇调研期间，一位长期在乡

① 中共中央马克思恩格斯列宁斯大林著作编译局编译：《马克思恩格斯选集（第 3 卷）》，人民出版社 1995 年版，第 617—618 页。

镇担任党委书记的藏族干部讲，“单靠层层下达维稳任务和靠人手围堵是不可能实现长期稳定的，最终得靠体制机制的创新和群众的群策群力去完成”。尽管他本人至今并未主动去探索乡镇政权的改革问题，认为那是上级领导的事情，但他的认识已经显示维稳压力对乡镇改革发展的推动力量。对此，已有学者提出了用党的群众路线指导西藏发展稳定工作，即各级政府通过切实践行群众路线，全心全意为人民服务的方式，夯实基础，争取人心，同时发动群众维护稳定的新思路①。

2. 从改革动力的内部来源看，首先，西藏乡镇内部存在着权力配置、机构设置、人员编制等方面的不合理弊病，面对当地经济社会的持续发展进步、各族人民群众的要求，以及新形势下维护稳定的特殊要求等外部环境的变化而难以进行有效的回应，致使乡镇本身在运行的过程中产生障碍，从而使乡镇产生了自身发展的需求，也应是情理之中的事情。

其次，西藏乡镇公务员队伍建设取得的巨大成就，成为推动乡镇改革发展的核心内部动因。自西藏和平解放以来，党和国家历来重视西藏的干部队伍尤其是基层干部队伍的建设。2013 年，习近平总书记在参加十二届人大一次会议西藏代表团审议时的重要讲话中指出，要加强干部队伍建设，注重培养选拔优秀藏族干部和其他少数民族干部，发挥好援藏干部的作用，教育引导干部切实改进工作作风，大力弘扬“老西藏精神”，把服务群众、造福百姓作为自己最大的责任，始终与各族群众心连心、同呼吸、共命运。自治区党委和政府根据习近平总书记的指示精神，对西藏干部队伍建设作出了新的部署②。近年来，西藏通过向高校招录乡镇公务员和现任公务员的培训及外出挂职锻炼等方式，乡镇公务员队伍建设取得了显著的成绩，其政治素质建设经受住了考验、职业道德素质建设趋于良好、能力素质建设不断加强、知识素质逐步完善③。这些具有较好素质的乡镇干部的推动，也是西藏乡镇政权内部改革发展的重要力量。笔者认为，这一重要力量可以细化为价值目标动力、晋升动力、制度利益动力和理性动力四方面。近年来，党和国家不断倡导和推进各级政权组织对民

① 李宏：《用群众路线指导西藏稳定发展工作》，《西藏日报》2014 年 4 月 26 日第 3 版。

② 吴英杰：《深入贯彻落实习近平总书记重要讲话精神，切实加强西藏干部队伍建设》，《新西藏》2013 年第 6 期。

③ 刘治运、王辉：《西藏公务员素质建设的回顾与经验总结》，《西藏发展论坛》2014 年第 2 期。

主、平等、人权等价值的追求，最大限度地增进社会公共福利和团结一致改革创新的共识。这些价值目标因素不仅直接指导着乡镇的改革大计，而且，或多或少影响着乡镇党政干部的心理。当这种价值目标追求内化为乡镇干部较为稳定的心理预期时，乡镇干部自身就会成为推动乡镇改革发展的领导者和推动者。我们更不能忘记，作为国家的公务人员，西藏乡镇党政干部为了晋升，为了实现自身更大的价值，也会在工作中追求与政府倡导的方向相一致的政绩，当乡镇政权的某种制度创新与干部的绩效考核相符合时，他们便积极促成制度创新。同时，乡镇干部在社会和生活中作为普通的民众，当乡镇的改革创新促进当地经济社会的发展进步时，也一定会给他们带来实实在在的利益。从长远来讲，更有利于包括党政干部在内的所有基层民众的生活和发展，更能满足作为基层社会公务人员和普通民众双重角色的乡镇干部的心理预期，对体制改革具有较强的心理动力。

最后，科技手段的运用也是西藏乡镇改革发展的重要内部因素。网络信息技术的运用已经成为社会生活不可或缺的一部分，不可避免地使社会经济、政治、思想、文化等各领域发生了全面深刻的变化。将信息技术与政府建设结合在一起，必将为乡镇的改革发展注入强大的动力。虽然西藏乡镇的信息化建设远远落后于内地乡镇，但是，西藏自治区始终为实现政府的信息化不懈努力，特别是2010年10月26日，工业和信息化部与西藏自治区人民政府在拉萨签署了《关于共同推进西藏工业和信息化发展的合作协议》后，西藏乡镇的信息化建设驶入了快车道。据报道，从2002年到2014年，西藏电信累计在藏通信投资达到70多亿元，2004年实现“县县通光缆、乡乡通电话”，2007年实现“乡乡通传真”，2011年1月实现“村村通电话”，2011年6月“乡乡通宽带”工程完成。截至2013年年底，西藏电信完成了665个乡镇通光缆，乡镇通光缆率为97.5%；累计实现3231个行政村通宽带，行政村通宽带率为61.41%[①]。一方面，西藏乡镇信息化的建设促进了行政组织结构的变革。传统的西藏乡镇是一种自上而下、层级节制、呈金字塔形的科层组织结构形式，机构重叠、职能交叉和冗员充斥，是这种组织结构的必然结果。网络信息技术的应用，由于技术上具有知识管理，强调信息共享，重视管理组织中的横

① 张黎黎：《信息“天路”连雪域——我区信息化建设综述》，《西藏日报》2014年11月10日第1版。

向交流，支持目标管理、自我管理和互动管理等特点，为原来金字塔形的行政组织向扁平型的行政组织改革提供了条件。另一方面，网络信息技术的应用有助于乡镇政府转变职能，创造新的行政行为方式。众所周知，网络信息技术在行政系统中的应用，有助于政府职能由管理向服务的转变，建立电子化政府，有助于实施政务公开，向社会组织、个人提供所需信息，有利于公众对乡镇及其行政人员实行监督，通过不间断的信息反馈，逐步优化服务的质量，也有利于简化行政流程，提高行政运行效率。同时，网络信息技术的应用有利于提高乡镇决策的科学化水平。过去，西藏乡镇受各方面条件的限制，凭经验、拍脑袋决策等现象较为普遍且广受批评。网络信息技术的应用，大大缓解了决策过程中信息的收集、加工、处理及应用难题，大大增强了决策过程的透明度，为社会公众参与决策提供了技术支持，他们可以就决策目标的设定、决策方案的选择表明自己的态度，发表自己的意见，使行政决策民主化程度提高，进而也使决策更加科学和合理并提高公众接受、贯彻、执行决策的自觉性。

3. 从改革动力的实践来源看，改革开放以来西藏乡镇政权进行了六次较大规模的改革，这是在中央的统一安排下，乡镇政权对自身不能适应西藏基层经济发展的体制机制进行的革新和调整活动。这些改革的目的是精简机构，转变职能，提高效能，从而充分发挥乡镇对基层社会实现稳定发展的促进及体制机制的保障作用。如前所述，西藏乡镇实现了20多年的持续快速发展，农牧民的收入连续10多年达到了两位数的增速，这与乡镇自身的一系列改革是分不开的。在与乡镇干部的交流中，我们能够切实体会到，西藏不少的乡镇领导干部满怀对稳边固土和守边固本的崇高政治意识与推动当地经济社会发展的责任感使命感，希望在充分利用历次改革带来的冲击力基础上，通过乡镇的信息化建设、创新文化建设、体制机制建设、公务员队伍建设、改革僵化保守的政府体制等措施，在推动乡镇自身发展的同时，更好地推动当地经济社会的发展，改变西藏基层社会长期在经济社会发展滞后与维稳压力中受困的被动局面。

笔者认为，这也是西藏乡镇改革发展的重要动力，更是党和国家在谋划全面深化改革进程中大力倡导和扶持的力量。

（二）西藏乡镇政权改革发展的负向力量

西藏乡镇政权改革发展的动力并非都是正向的、积极的推动力量，的确也存在着不少制约乡镇改革发展的负向力量。笔者认为，这些负向力量主要包括以下几种。

1. 维护稳定的政治压力。维护稳定是西藏乡镇的首要职责，在新的反分裂斗争形势下，很好地完成这一任务具有极端重要的政治意义，因此，维护稳定是政治高压线，当然也是上级考核乡镇及乡镇领导干部的首要指标。正是在这样的“政治压力型体制”下，乡镇及其党政干部将主要的精力放在了维护稳定上，在敏感和特殊时期，乡镇一定是全员在岗、24 小时轮流值班，全力维护稳定。在这样特殊的行政环境中，乡镇自身及其领导干部自然很难有时间有精力去思考和探索乡镇自身的改革发展问题。

2. 公务员的整体素质不高。尽管党和国家历来重视西藏的干部队伍建设，尤其是少数民族干部的培养工作，改革开放以来，西藏乡镇干部队伍建设取得了显著的成绩，但是，作为一个特殊的边疆民族省区，由于各种因素的制约，公务员的能力素质建设受到了严重的制约。首先，西藏乡镇公务员长期在较为封闭落后的基层工作且长期奋战在维稳工作第一线，不仅外出进修学习的机会很少，而且很容易受到当地长期形成的“等、靠、要”和“慵、懒、散”思想观念的影响，思想不解放，畏难情绪多，能力提高诉求低是普遍现象。其次，正因为上述原因，西藏乡镇公务员的思维方式传统，缺乏现代管理理念和改革创新的意愿。党和国家也极其体谅西藏乡镇公务员的艰辛，时至今日也没有建立客观的可量化的考核办法，只要他们能够较好地完成特殊的任务即可。在笔者的调研中，不少的乡镇领导干部直言：“我们能在这里睡大觉就是为党和国家做贡献。”再次，西藏乡镇公务员的录用主要的考量因素并非岗位需要和专业化建设，而是出于维护稳定的需要安排大中专院校的毕业生的就业问题。最后，因为自然条件极其艰苦，为了维护稳定超额录用乡镇公务员，而西藏全区的财力非常有限，绝大多数乡镇在自身没有任何财源的情况下，西藏乡镇公务员的待遇很低，很难留得住人才。每年都有一批基层公务员因身体不适、待遇低下等原因辞职就是最直接的体现。

3. 经济社会发展总体水平较低。更为重要的是，时至今日，西藏乡镇经济社会发展水平与内地相比仍然存在着巨大的差距，除了靠近城区的乡镇和“两江一河”流域的乡镇有少量的工商企业外，绝大多数乡镇只有小卖部、小茶馆等个体经营的小商户，没有任何成规模的企业。笔者曾在阿里地区改则县察布乡从事强基惠民工作。察布乡6.8万平方公里的土地上只有2300多人，全部为四季游牧的牧民。乡镇不通油路、不通自来水、不通邮、不通网络，没有银行，城镇的全景仅是一条不足150米的土路上矗立着一栋由中国移动公司援建的三层结构的乡镇办公楼、一栋国家教育专项资金修建的标准化的中心小学和土路两旁没有经过任何规划的十二间藏式土坯房。改则县的物玛乡、洞措乡、先遣乡、古姆乡、麻米乡等乡镇与察布乡大同小异。

西藏乡镇经济社会发展水平的低下，致使大多数乡镇的改革发展不仅没有必要的财力、物力支持，而且改革创新的需求较低，这是制约西藏乡镇改革发展的核心负向力量。

4. 乡镇自身的改革创新劲头正在减弱。我国乡镇真正的改革建设始于改革开放后。当时的改革之所以能够顺利进行，得益于广大乡村社会的极度困难，也就是学术界所讲的危机推动变革，并且改革是从最困难的乡村开始的，因此得到了基层民众的广泛支持。国家摆脱危机的现实诉求和基层民众摆脱生存危机的强烈愿望汇集成一股强大的改革动力。更为重要的是，这场改革实质上是一种帕累托式的改进，国家和其他社会成员均从不断发展的经济社会中获得了利益。正如经济学家戴维斯和斯诺的研究那样："如果预期的净收益超过预期的成本，一项制度安排就会被创新。"[①]但步入21世纪后，随着帕累托式改进的改革潜力基本耗尽，乡镇及其党政干部的利益成为改革的对象时，乡镇自身的改革劲头必然会减弱甚至是遭到阻挠。客观地讲，这是具有内在必然性的。首先，经过多年的改革，西藏基层社会的生存危机早已解决并在向小康社会迈进的过程中，维持现状的惰性就开始占据上风，社会成员也不愿意再继续承担改革的风险或再支付改革的成本；其次，改革的不确定性因素的不断增多，导致乡镇组织与社会成员参与和支持改革的热情也在减退；最后，全面深化改革必然会使一部分人特别是乡镇党政干部这样的既得利益者的利益受损，他们当然不会成为改革的急先锋和领导者[②]。而且，随着利益受损者的增多，越来越多的人加入了反对改革的行列。有学者认为，改革的潜在抵制者包括

① ［美］斯诺等：《财产权利与制度变迁》，生活·读书·新知三联书店、上海人民出版社1991年版，第274页。

② 张福运：《关于改革动力的回顾与思考》，《毛泽东邓小平理论研究》2010年第9期。

“社会富裕阶层、经济发达的地方政府、各色各样的利益集团、国有垄断行业、掌握公共资源的政府部门等，不仅潜在抵制者的队伍在壮大，而且出现了从‘孤军奋战’到‘联手行动’的趋势”①。

在这一问题上，党和国家也并不讳言。《中共中央关于全面深化改革若干重大问题的决定》中就明确指出：“我国发展进入新阶段，改革进入攻坚期和深水区”，只有以强烈的历史使命感，最大限度集中全党全社会智慧，最大限度调动一切积极因素，敢于啃硬骨头，敢于涉险滩，以更大决心冲破思想观念的束缚、突破利益固化的藩篱，才能推动中国特色社会主义制度自我完善和发展。

（三）凝聚改革共识，增强改革动力

在任何社会制度中，在任何时代背景下，改革是人类社会发展进步的不竭动力，但同时也始终面临着改革正向力量和负向力量间的交织共生，在很多情况下，外部动力、内部动力和实践动力之间的界限也是模糊的。但有一点是清楚的：对于西藏乡镇而言，改革的正向力量是主要的，负向力量是次要的，在全面深化改革的背景下，如何凝聚共识，不断增强改革动力，是我们在谋划西藏乡镇政权改革发展必须认真思考的重大课题。

首先，凝聚改革共识是西藏乡镇政权改革发展的首要前提。历史和现实、理论和实践都深刻表明，对整个国家来说，不改革，我国的改革成果就会前功尽弃，就会错失大有可为的发展机遇期，实现中国梦和民族伟大复兴的理想就会成为一纸空文，最终，中国特色社会主义事业就会半途而废。对西藏乡镇政权而言，不全面深化改革，就不能有效承担起《宪法》和《组织法》赋予的权责，就会辜负党和人民的期待，西藏基层社会就会长期处在贫穷落后与稳定受困的境地中。因此，西藏自治区党委和政府及各乡镇政权必须采取一切必要措施，将党政干部和基层各族人民群众的思想统一到中央关于全面深化改革的总目标——完善和发展中国特色社会主义制度，推进国家治理体系和治理能力现代化。必须更加注重改革的系统性、整体性、协同性，加快发展社会主义市场经济、民主政治、先进文化、和谐社会、生态文明，让一切劳动、知识、技术、管理、资本的活力竞相迸发，让一切创造社会财富的源泉充分涌流，让发展成果更多更公平

① 周志忍：《深化行政改革需要深入思考的三个问题》，《中国行政管理》2010 年第 1 期。

惠及全体人民——这一论述上来，大力凝聚改革共识，不失时机地推进各领域和关键环节的改革，为西藏最终实现“四个确保”战略目标注入强大的动力。

其次，推进西藏基层经济社会的持续健康发展，不断提高农牧民和乡镇党政干部的收入水平。正如中央民族工作会议上所指出的，新形势下做好民族工作，“关键是帮助自治地方发展经济、改善民生”。西藏基层农牧民的收入虽然连续10多年保持了两位数的增长，但仍与内地存在着不小的差距，乡镇党政干部的工作环境差、待遇低的现实尽管进行过多次调整但时至今日还没有明显改观。这都是客观现实。通过推进基层经济社会的持续健康发展和一定的利益补偿机制，使广大农牧民和基层党政干部充分享受到改革发展的成果与党和政府的关爱，进而不断增强他们支持和推动乡镇改革发展的意愿和能力。

再次，西藏乡镇政权的改革发展需要基层民众的广泛参与以体现改革的公平公正性。从利益分配的角度看，改革就是利益的重新分配过程，而且这一过程是由乡镇党委和政府组织领导的。为了保证乡镇改革发展的公平公正性，必须大力弘扬人民民主，建立健全人民群众的利益表达和政治参与通道，进一步激发广大农牧民参与改革发展的热情。

复次，要加大政治体制改革的力度，惩治腐败，改善社会风气，提高机关办事效率，改善干群关系，使改革有持续发展的外部动力资源。改革过程中出现的最大的不公平和最为人民群众痛恨的是腐败问题。腐败严重侵蚀着党和政府的合法性基础，严重挫伤着人民群众参与改革的积极性。因此，严惩腐败，强力改善基层社会的社会风气和干群关系，是推动西藏乡镇政权改革发展的重要手段和力量来源。

最后，切实转变政府职能。正如有基层干部所指出的那样：“我国改革动力的消减，原因之一是有了既得利益集团，有了这种利益集团与广大人民群众的对立，特别是当既得利益集团与政府部门有着千丝万缕联系的时候，情形更为严重，因而打破这种关联是我国改革动力再次释放的必然要求。而做到这一点，最关键的是转变政府职能，规范行政行为，保证政府的公正性。”①

① 洪国政：《改革动力探析》，《农村工作通讯》2013年第13期。

四　西藏乡镇政权改革发展的外围关系层构建

我们如果从整体性的“三农问题”进行研究，认为，我国是世界上乡村人口最多的国家和农业劳动力最多的国家，乡村承载了太多的事情，这就决定了“三农问题”始终在国家的建设和发展中具有举足轻重的地位，怎么强调其重要性也不过分。自“三农问题”进入社会大众和国家决策层的视野以来，政府需要在“三农问题”中承担主要责任，这已经成为社会各界和决策层的共识。同时，政府作为解决“三农问题”的重要主体，但并不意味着它是唯一的主体，它需要在市场、社会的互动中解决农业农村发展问题，因为，乡村社会的发展首先体现为经济发展问题，就需要市场在其中发挥应有的作用，同时体现为缩小城乡差距、实现社会公平公正发展的问题，因而这也是一个社会问题。同样，我们如果从政权体系的整体性进行研究，认为，一方面，乡镇自身和乡镇治理下的乡村社会存在的问题是严重的，现有的改革成效是有限的，改革的思维是“贫困”的。因为大量的乡镇问题，其原因大都在乡镇之外。另一方面，乡镇政权作为整个国家政权体系的有机组成部分，其改革与发展不可能脱离整个政权体系的系统创新战略而另起炉灶，只有从整个系统的角度与自身的结构和功能进行综合考量和统筹谋划，方可实现预期的目标。

有鉴于此，笔者认为，理顺县乡关系、国家与社会关系、政府与市场关系三个核心的外围关系层，对深入推进西藏乡镇政权改革发展是绝对必要的。

（一）县乡关系的构建

由于乡镇与县之间存在着直接的隶属关系，县掌握着乡村社会稳定与发展的主要资源，掌握着乡镇改革与发展的主导权，掌握着乡镇主要领导的任免权等。如第二、第三等章节中所阐述的，乡镇政权本身及其治理下的乡村出现这样或那样的问题，大多数问题与县乡关系不顺畅是直接相关的。笔者认为，谋划西藏乡镇政权的改革发展问题，必须在县乡关系上做一系列的调整。

首先，从西藏乡镇政权的数量与分布结构上来讲，在今后的一段时间内，西藏应以现有的702个乡镇单位为基础，稳定当前的布局和结构，总体上不宜进行乡镇的减并工作。西藏现有的乡及民族乡、镇、街道办是西藏和平解放以来，在尊重历史和民族特点的前提下经过几十年的建设逐步形成的，基本反映了当前和今后一段时期西藏4个地市和3个地区总体的历史、自然地理和人口分布等状况，与各地的经济社会发展水平和完成自身特殊的职责使命的需要大体相符，不宜照搬内地经济较为发达的省区大规模调整乡镇的经验。在地市周边地区和“两江一河”流域，根据经济社会的发展需要或者其他实际情况，对乡镇的数量和辖区进行一定的调整，“应在小范围内进行局部的适度调整，又要在充分听取相关各方意见的基础上慎重进行，并应从‘稳定压倒一切’的前提出发，注意维护社会安定，注意保护国家和集体的资产，防止在调整过程中出现公共资产流失”①。

其次，从西藏乡镇政权改革发展的主导思想上来讲，应将乡镇政权建设成为权、责、利相统一的一级地方政权。在内地，一方面，乡镇基本可以说不承担着稳疆固土、守边固本、维护祖国统一和民族团结等政治任务，而且经济社会发展状况较好，乡镇政权的减并与辖区的进一步扩大，甚至是撤销一大部分乡镇并不会引起严重的政治问题。另一方面，笔者完全赞同北京大学潘维教授的观点：内地调整乡镇的最终目的仍然应是加强基层政权，而不是削弱或者取消基层政权。在西藏，乡镇政权的改革发展更应是将乡镇建设成为权、责、利一体的一级地方政权，以便于使乡镇政权切实承担起《宪法》和《组织法》等法律法规所赋予的权能，切实肩负起党和人民的殷切期望，牢牢抓住发展和稳定两件大事，确保国家安全和当地的长治久安，确保基层经济社会持续健康发展，确保基层民众的物质文化生活水平不断提高，确保当地生态环境良好，充满信心地为建设团结、民主、富裕、文明、和谐的社会主义新西藏贡献力量。

再次，从西藏乡镇政权的权能分配上来讲，为了达到上述目标，应适当放权给乡镇，大大增强乡镇的自主性。迄今为止，我国县乡关系的法律规范主要见于《中华人民共和国地方各级人民代表大会和地方各级人民政府组织法》且很不明确，在没有明确法律规范的约束下，乡镇的权能往往会被县级政权一步步地肢解，又在政策的调节下忽放忽收，丧失了政

① 孙宏年、倪邦贵主编：《西藏基层政权建设研究》，中国藏学出版社2010年版，第296页。

权建设的严肃性。笔者认为，推进治理体系和治理能力的现代化，创新社会管理体制，应按照“小政府，大社会”的理念，打造有限政府、责任政府、法治政府、廉洁政府。没有任何明确权责规范的“无限政府”的最终后果必然是不负任何责任和不廉洁的政府。西藏自治区可充分运用制定地方性立法的权力，制定相应的法律规范，明确县、乡镇各自的权责及县、乡之间的权力界限，探索赋予乡镇在规定的权限范围内，按照“精简、统一和效能”原则，根据各自的实际情况在规定的机构、编制和领导职数范围内设置机构的权力；探索赋予乡镇独立的社会管理权。西藏地广人稀，社会管理的难度大，事务多，而乡镇是最直接与当地各族群众打交道的权力机构，最清楚老百姓需要什么、管理什么、放手什么等；探索赋予乡镇行政管理自主权。按照中央“重心下移，能放就放”的要求，大大扩展乡镇的行政自主权，以便于乡镇快速准确地作出行政决策、执行、审批和处罚，并积极探索内地已有乡镇所探索的“一站式”服务与管理，从而简化行政环节，提高行政效能；探索赋予乡镇一定的人事任免与考核权。当前，西藏乡镇一切干部的任免权均在县里，所有公务员的考核都是按照全区统一的标准各自填写一份公务员年度考核表和干部考核表即可，完全没有顾及每个人创造性地开展工作的情况。笔者建议，乡镇党委书记和乡镇长的任免权仍然留在县委，但副科级及以下干部的任免赋予乡镇，乡镇负责对每个公务员的考核，考核结果作为县委提拔任用干部的核心依据而不单纯由县委领导的长官意志所决定。

最后，减轻“政治压力型体制”的负面效应，并将更多的公共服务职责转移至乡镇。明确划分了县乡权责后，必然还有不少是属于县乡共同承担的职责。如维护稳定、民政、卫生、教育、民宗事务、城乡建设等工作应由具有鲜明政治特性和能力的县级政权承担，乡镇积极配合；公检法司、国土资源保护、环境治理以及县域内重大的基础设施建设等，这些事关县域全局和动用大量人财物的管理工作，应由县承担；安居房建设、危房改造、计划生育奖补、农牧业奖补、优抚优待等乡镇无力承担而县又存在组织困难的工作，可以将其以法定程序委托给乡镇并给予一定的人财物支持。

概而言之，理顺县乡关系，就是为了将乡镇政权建设成为权责利统一的一级地方政权，就是为了使乡镇切实承担起服务乡村社会的功能，回归自己的执行与服务本色，通过全心全意服务基层各族人民群众的方式，夯实基层基础，大力争取人心，为西藏最终实现“四个确保”战略目标奠定坚实的基础。

（二）政府与市场关系构建

政府与市场是配置资源推动经济发展的两种基本力量，可是，关于政府与市场各自的作用方式、功能领域及其相互关系，一直是一个争论不休的问题。世界各国都会根据现实情况的需要，不断调整这两种力量的关系，并没有哪个国家为政府与市场的关系确定出固定的模式。众所周知，市场经济体制出现之初，学术领域特别是以亚当·斯密为代表的经济学家极力强调市场的作用，主张让市场“这只看不见的手”自动配置资源，实现资源配置的最优化和经济的协调发展。二战后，世界各国，尤其是广大发展中国家发展的主流思路是结构主义，即强调以政府干预市场来弥补市场失灵的缺陷，推动重工业优先发展。20 世纪 80 年代后，随着政府干预对资源配置的扭曲和腐败盛行，经济发展的绩效不佳，新自由主义开始盛行，强调市场的作用，强推私有化、市场化和自由化而弱化了政府的作用，结果是推行了新自由主义所倡导的“华盛顿共识”的国家经济普遍崩溃停滞，危机不断。同一时期，少数经济体取得了成功，它们都有一个共同的特点：“在经济发展和转型中既有‘有效的市场’，也有‘有为的政府’。”我国著名经济学家林毅夫认为，“为什么有效的市场很重要呢？按照要素禀赋结构所决定的比较优势来选择技术、发展产业是一个国家在国内、国际市场形成竞争优势的前提。企业追求的是利润，只有在充分竞争、完善有效的市场体系之下形成的价格信号，才能使企业家按照当时要素禀赋所决定的比较优势进行技术、产业的选择，从而使整个国家具有竞争优势。为什么有为的政府也同样重要？经济发展是一个技术、产业、基础设施和制度结构不断变迁的过程，随着技术不断创新、产业不断升级，基础设施和上层制度安排也必须随之不断完善。基础设施和上层制度的完善不是一个企业家单独所能推动的，必须要由政府发挥因势利导的作用，来组织协调相关企业的投资或由政府自己提供这方面的完善。另外政府还需补偿技术创新、产业升级过程中先行企业所面对的风险和不确定性，这样技术和产业才能根据比较优势的变化不断顺利进行创新和升级。所以，一个发展成功的国家必然是以市场经济为基础，再加上一个有为的政府。对于转型中的国家，有为的政府尤其重要。一方面，转型中的国家因为过去所采取的战略，遗留了一批违反比较优势、没有自生能力的资本密集型的大型企业。对这些企业的保护补贴不能一下完全取消，否则会带来大规模破产、失业，造成社会和政治不稳定，需要政府给予原有的产业一些转型期的保护补贴。另一方面，转型中的国家由于过去政府将有限的资金投入发展资本密集型产业，导致基础设施非常差，同时存在很多制度扭曲，需要政府解放思想、实事求是，务实地创造条件逐一去克服"①。正因为如此，《中共中央关于全面深化改革若干重大问题的决定》中，即强调了经济体制改革是全面深化改革的重点，核心问题是处理好政府和市场的关系，使市场在资源配置中起决定性作用，健全社会主义市场经济体制必须遵循这条规律，着力解决市场体系不完善、政府干预过多和监管不到位问题。同时，也强调政府的职责和作用主要是保持宏观经济稳定，加强和优化公共服务，保障公平竞争，加强市场监管，维护市场秩序，推动可持续发展，促进共同富裕，弥补市场失灵的问题。

对于西藏乡镇这样特殊的边疆民族省区的基层政权来说，在处理政府与市场的关系上，必须认真思考市场发挥作用的各种条件和其他组织提供公共服务的能力等现实情况。在西藏，尽管靠近地市的乡镇的市场化基础和条件较好，作用发挥的也比较充分，但总体来讲，有三个突出的特点需要我们在谋划乡镇改革发展过程中必须认真思考：一是市场发育很不健全。迄今为止，西藏绝大多数乡镇根本就没有企业或成规模的企业，也由于自然条件恶劣，人才外流严重，企业发展缺乏优秀经营管理者的人力资源支撑。同时，因基层各族群众的收入有限和特殊生产生活方式的制约，消费能力极其有限，这又进一步制约着当地企业的发展空间。二是市场发育程度很低。中国经济研究基金会国民经济研究所发布的中国各省区市市场化程度指数的排名中，西藏一直排在最后一位。在实地调研中可知，西藏乡镇还大量处于自然经济和半自然经济的状态中，在偏远的农牧区甚至还存在着物物交换的情况，不论是政府力量还是市场力量，都很薄弱。在靠近地市的乡镇，企业大都集中在资源开发型领域，资本化程度不高，环境友好化程度低，吸纳就业的能力弱，虽然在推动经济发展中有一定的作用，但其经济和政治的负面效应也是明显的。个别对地方市场环境有改善和民生状况有改良的企业，主要是国有企业或集体经济性质的企业，且这些企业并不完全按照市场经济的规律运行。三是支撑市场运行的社会基础

① 林毅夫：《政府与市场的关系》，《国家行政学院学报》2013 年第 6 期。

薄弱。西藏全区的社会基础建设虽然取得了举世瞩目的成就，但依旧是我国公共交通、通信、信息化等基础设施最薄弱的省区，人均受教育年限最低的省区。因此，由李建平等人主编的《中国省域竞争力蓝皮书：“十二五”中期中国省域经济综合竞争力发展报告（2014）》显示，西藏自治区的综合竞争力排名第31位。在此情况下，如果完全由市场进行资源配置的话，资源必然会大量外流，进一步伤害本就发展基础薄弱的地方经济。

正因为这一特殊的区情，中央民族大学的李俊清教授大胆地提出：“民族地区由于经济社会发展情况的特殊性，在当前可以采取一些‘非正常’的方式，允许政府在一定程度上介入、干预甚至替代市场机制的作用，但一定要防止把这种‘非常态’固化为‘常态’。民族地区在今后的发展过程中，应将政府与市场关系逐步调适到市场主导资源配置、政府辅助并服务市场的正常状态。”并据此提出了政府干预行为尽可能遵守市场规律、只要条件许可政府就应退出所干预的领域、干预市场需在法治的框架下开展和必须有清晰的目标原则四点建议①。

总之，在西藏乡镇政权改革发展过程中，在构建政府与市场的关系上，一方面，乡镇政府的核心经济职能是为当地经济社会的发展提供有效的公共服务，大力培育农（牧）会、商会和企业等市场组织，发挥自身在招商引资、提供组织协调等方面的作用。另一方面，在慎重、法治原则下的政府干预基础上，一定要退出那些市场机制可以发挥作用的领域，使市场机制在良好的环境下不断发育成熟。

（三）国家与社会的关系构建

国家与社会的关系是西藏乡镇政权改革发展的重要外围关系层。在马克思主义看来，自原始公有制社会解体以来，国家作为统治阶级意志和利益的集中代表，具有反映不同阶级社会阶级内容的鲜明的阶级属性。此外，国家还具有一切阶级社会所共有的一般属性，即国家本身同社会相互矛盾与对立的基本属性。国家的起源及其与社会的关系，国家自始至终都是社会的对立物。正如恩格斯所概括的，国家是“从社会中产生但又自

① 李俊清：《民族地区政府与市场关系的定位与调适》，《中国行政管理》2010年第11期。

居于社会之上并且日益同社会脱离的力量”①。在未来的共产主义社会，国家终将与社会统一。在我国，1978 年以前，国家通过建立高度集中的政治体制和计划经济体制，使国家政治权力与社会结构高度黏合在一起，国家与社会的关系处于一种同构一体的一元化关系。改革开放后，我国开始政治法治化、经济市场化和社会民主化的改革进程，国家与社会的关系开始向有限二元结构转变。的确，要克服乡镇政权中的消极因素，“不可能依靠国家自身的力量，必须依靠与其矛盾和对立的方面——社会的发展。无产阶级国家的任务不是将政府权力无限地扩大，将社会的权利和个人的权利无限地缩小，而是使前者逐步地缩小，后者逐步地扩大。社会历史进步的动力和源泉，始终蕴藏在社会之中，蕴藏在劳动者之中”②。正是因为如此，在全面深化改革的背景下，中央及时提出正确处理政府和社会关系，加快实施政社分开的问题，主张将适合由社会组织提供的公共服务和解决的事项，交由社会组织承担，坚持系统治理，加强党委领导，发挥政府主导作用，鼓励和支持社会各方面参与，实现政府治理和社会自我调节、居民自治良性互动。

笔者认为，西藏乡镇政权改革发展的重要目标即改变过去乡镇大包大揽一切社会事务的局面，不断培育社会的组织性，鼓励和支持社会各方面参与乡镇公共事务。从西藏乡镇的实际来看，我们可以通过坚持一个理念、构建三种参与机制，实现基层政权与社会的良性互动。

首先，坚持国家以社会为基础的理念。马克思主义认为，社会是国家的基础，国家要实现社会的公平正义，实现社会的普遍利益。从人类社会发展的历史经验观之，发展社会事业，借助社会力量，逐步使社会成为自我约束、自我管理、自我发展的自治组织，使全能主义国家、全能主义政治向有限国家、有限政治、有限政府转变是符合人类社会进步的一般规律的。

其次，建立畅通的民意表达机制，使社会各个阶层广泛参与到公共政策制定和执行的过程中。畅通的民意表达机制，可以使广大基层各族人民群众的利益和要求在法律框架内得以充分表达，这有利于密切乡镇政权与

---

① 中共中央马克思恩格斯列宁斯大林著作编译局编译：《马克思恩格斯选集（第 4 卷）》，人民出版社 1995 年版，第 170 页。

② 张丽曼：《国家与社会关系的基本原理是马克思主义国家学说的真髓》，《社会科学研究》2001 年第 3 期。

各族人民群众之间的关系，提高乡镇的效能，有利于乡镇通过法治化的渠道有效征集民意和提取信息反馈，提高决策的民主化、科学化水平，也有利于各族人民群众行使自己的民主权利，充分体现社会主义制度的优越性。

再次，通过权力下放，创建社会参与协作机制。将社会可以自我管理的事务交给社会，将权力回归社会，将乡镇部分职能向社会组织转移，同时扩大公民自治、基层民主、参与管理和社会监督，充分发挥各种社会组织、社区组织、社会团体的自我管理、自我约束、自我服务的功能作用；在公共事务管理上、公共问题决策上，建立制度化的社会参与，提高社会与政府双向互动的组织化程度，并间接地推进社会转型发展的历史进程。

最后，通过建立社会调节机制，提高维护稳定和构建和谐社会的能力。当前，西藏乡镇在自治区党委和政府“大事不出、中事不出、小事也不出”的严格要求下，面对基层社会的种种矛盾和问题，有惧怕犯错、息事宁人的情绪，缺乏应对社会矛盾的勇气和魄力。当矛盾和问题爆发时，处理方法和手段简单粗暴，一味强调维持稳定，缺乏处置矛盾的方法和手段创新。在特殊而敏感时期，这样做是可以的，对迅速稳定事态有帮助，但长此以往下去，这不仅不利于矛盾和问题的最终解决，而且当问题进一步发酵，特别是与民族和宗教问题交织在一起后，将会产生严重的政治后果。因此，西藏乡镇政权在改革发展过程中，应建立起科学有效的社会矛盾调节机制，对社会资源进行重新整合，建立具有系统化、组织化和民主化的新型社会矛盾调处机制，把矛盾化解在基层、解决在萌芽状态，并使广大基层民众有效参与到维护稳定和谐发展工作中去。

综上所述，西藏乡镇政权在改革发展中，在政府与市场、社会中进行选择是复杂的，因为它是在不完全政府与不完全市场、不完全社会之间的不完全选择。笔者认为，我们肯定通过理顺县乡关系将乡镇政权建设成为权、责、利统一的一级政权，并不意味着再次回到全能政府的老路上去，要充分肯定市场实现效率的基础地位和社会调节公平并体现民主的积极作用。同时，也不意味着乡镇的退出，相反，西藏基层经济社会的发展状况决定了在当前和今后一段时间内，乡镇仍然要发挥积极的主导性作用，特别是要注重市场及市场主体的培育，并积极构建社会参与乡镇公共事务的法治化渠道，建设并完善城乡基本公共服务体系，建立健全一个能够凝聚各族人民群众力量共同实现基层社会长治久安的管理主体结构。正如有学者所指出的那样：国家权力对乡村社会的介入程度决定了乡村内生力量的发展空间，也决定了乡村自生秩序作用的发挥。仅仅依靠村落自生的力量显然不能实现乡村的有效治理，仅仅依靠国家的力量也不能带来乡村的有效治理。国家权力与乡村内生力量、国家秩序与乡村自生秩序之间的内在张力，决定了政府行政控制与乡村自治的结构性紧张。国家权力的过度介入造成"自治行政化"，而国家权力的退出，现阶段的乡村社会又不具备实现有效治理的能力，出现"自治虚弱化"。转型期的乡村秩序重构已经不能单独依靠某一力量完成，而应该引入多种力量共同构建乡村治理秩序。除了国家与社会，市场同样也是乡村治理的重要力量。至此，问题已经不是国家权力是该增强还是该减弱，乡村自生秩序应重构还是遗弃，而是三种力量应该怎样介入乡村治理，发挥何种作用①。

五　西藏乡镇政权治理方式的改革发展：走出科层化

县乡关系、国家与社会的关系、政府和市场的关系构建为西藏乡镇政权的改革发展构筑了外围关系层，提供了必要的前提。在此基础上，应积极探索符合西藏乡镇实际的新的治理方式。笔者认为，西藏乡镇政权的科层化治理方式，不仅弊端频出，而且缺乏理性科层制赖以生长的社会环境和制度基础，西藏基层各族人民群众不习惯也不愿意按照科层制的要求办事。

所谓科层制（Bureaucracy）是一种行政和生产管理的组织形式。马克斯·韦伯在研究了古罗马、埃及和中国等国家古代集权行政管理的特征后提出了这种"高度行动一致性"的管理模式。韦伯认为，这种模式的主要特征有：一是根据法律或行政规则，组织内部的各单位和个人都有固定不变、明确规定的工作范围；二是存在一个等级制的权力体系，上级监督下级工作；三是通过书面文件来施行严格的现代化管理；四是组织雇佣经过专业培训的职员，这些人懂得规章制度并在工作中不掺杂个人感情因素；五是职员们的工作时间是有限定的，但工作要求他们贡献出全部力量；六是职员们的位置由上级官员任命，他们把组织内的工作看成自己的

① 熊烨、凌宁：《乡村治理秩序的困境与重构》，《重庆社会科学》2014年第6期。

终身事业，他们在工作中得到晋升，在退休后有可靠保障[①]。韦伯更认为科层制有着其他体制无法比拟的优越性，集中体现在效率、稳定、平等三大价值目标中，而资本主义制度则为科层制提供了赖以存在的最合理的经济基础和法治环境。同时，韦伯进一步把法治社会上升为合理的国家统治理论，认为，传统型统治和魅力型统治都属于非理性的统治，不适宜作为理性科层制的基础，只有法理型统治属于理性的统治，因为它建立在“通过协议的或强加的任何法都可能以理性为取向，即目的合乎理性或价值合乎理性为取向（或者两者兼而有之），并制定成章程”[②]。正是因为如此，17 世纪资产阶级革命后，在西方，不仅在国家层面陆续创建起了科层制，而且被大型企业和社会组织所广泛采用，并在实践中不断趋于完善。也正是因为如此，尽管马克思与列宁等革命导师痛恨科层制，采用贬义的称呼“官僚制”，把科层制与官僚主义联系起来，认为科层制仅仅适用于资产阶级的统治，社会主义应代之以完全的无产阶级的人民民主制[③]，但在实践中，社会主义国家无一例外地建立起了科层制。

同内地乡镇一样，在 20 世纪 80 年代以前，西藏乡镇并没有严格地按照科层制的要求设置并依据科层化的方式进行治理。撤社建乡后，在乡镇政权建设上，不论是县级政权还是乡镇政权自身都强调要对口设置机构，按照科层化的方式进行治理。但是，我国乡镇的科层制从其建立之日起就有自己的特点和运行中出现的种种不足：首先，我国的科层制从建立伊始就带有军队科层制的某些特征，而且过分依赖政治动员和强力控制来发挥作用。这必然会导致科层制的过度膨胀和内部结构失调。当机构臃肿、人浮于事、办事拖拉、不讲效率和相互推诿等官僚主义的种种病症越来越严重的时候，再次采用层层下达行政命令的非法治方式来精简机构。这不仅导致乡镇自身的官僚主义和形式主义问题不能从根本上解决，而且使得基

① ［德］马克斯·韦伯：《韦伯作品集 3——支配社会学》，康乐、简惠美译，广西师范大学出版社 2004 年版，第 22—31 页。

② ［德］马克斯·韦伯：《经济与社会（上）》，林荣远译，商务印书馆 1998 年版，第 241 页。

③ 马克思有关其官僚制的思想散见于《黑格尔法哲学批判》、《德意志意识形态》、《路易·波拿巴的雾月十八日》、《法兰西内战》等著作中。已有学者就韦伯和马克思的官僚制思想进行了详细的比较，详见唐爱军：《探析韦伯的官僚制思想——兼与马克思官僚制思想比较》，《天津行政学院学报》2011 年第 6 期。

层社会机体调控失措、结构混乱，抑制了社会建设的进程和积极性的发挥。其次，我国的科层制自设立之始就没有把它自身的价值结构当作一种不可替代的自为系统而具有独立功能，而其往往与党的组织系统，甚至军队控制系统联合起来相互作用，这是我国科层系统不同于西方国家也不同于其他任何一个国家科层组织的特别之处。再次，我国科层系统的运作方式一直就不是理性科层制度所界定的严格的法治形式，在相当长时间内我们是靠“红头文件”或者某些决议、纪要甚至个别领导人讲话作为办事规则，这既不符合法的一般性原则和理性科层制度的要求，与依法治国是不相符的，也脱离了法的制约和宪政制度的保证。最终，既不符合政治统治的目标追求，也与社会管理的基本理念相违背①。最后，科层制需要人民群众具有较好的知识素养和法治精神，而这恰恰是我国乡村社会特别是西藏农牧区各族人民群众中最缺乏的东西，农牧民习惯于按照乡村的习惯行动，而不太愿意遵守科层制的运作。正如吴理财教授所指出的那样，农民一般不愿意到卫生院去看病，除了交通、医疗费等大家常说的原因外，还有一个重要的原因就是他们对卫生院的科室设置和一套挂号、就诊、缴费、取药的程序非常不习惯。尤其是科室设置，农民更是弄不清楚自己要到哪个科室去看病。同样的，农民一旦有事找乡镇政府，他们一般也不是按图索骥地到民政办公室或是计划生育办公室这样的专门办公室去解决问题，而是直接找到乡镇的党委书记或乡镇长②。笔者在西藏阿里地区改则县从事强基惠民工作期间，对此情形深有体会，村长亲口告诉笔者：“这些繁杂的程序一点也没有必要。”

质言之，一方面，处于压力型体制下的乡镇政权始终处于两种运作逻辑之中：作为国家科层体制中的乡镇必须按照规章制度和组织程序进行专业化和非人格化的运作，同时自上而下的一层一层任务必须完成，一项一项指标必须达标，一批一批的检查组、考核组必须应对，乡镇处于重重压力之下。由此，乡镇必须处理压力体制与科层体制的关系，其方式便是将自身的文本职能置换成压力型体制的“目标责任制”，但乡镇的真正尴尬在于按照科层制的原则不可能完成压力型的目标任务。于是，乡镇政权不

① 李德全：《科层制及其官僚化过程研究》，浙江大学博士学位论文，2007 年，第 52—62 页。

② 吴理财：《科层化治理：乡村治理的一个误区》，《学习月刊》2005 年第 12 期。

得不进行非正式运作，借用各类非制度化的运作资源。另一方面，传统的“乡土中国”历经革命的洗礼、市场的侵蚀、思想的解放与观念的开放，构成“乡土性”的“长老统治”与“礼治秩序”早已消失，杜赞奇所言的“权力的文化网络”也已碎片化，既不是以一个传统规则为行为模式的乡村社会，也不是一个依据现代公共规则的“公民社会”，而是处于一种“非程式化”的状态。于是，“乡镇政权不得不面临这样一个悖论：程式化的科层组织与非程式化的乡村社会。为了应对这一悖论，乡镇政权不得不对科层制的运作逻辑进行非正式运作”①。更为重要的是，乡镇政权要很好地实现政策目标，就不能忽视国家的每项政策、制度安排以及实际的治理形式都要有特定的社会基础。尤其是乡镇政府，更需植入农村社会的“权力的文化网络”之中。科层化治理根本不可能在这个“文化网络”中立足、生存②。因此，西藏乡镇政权的改革发展，必须从根本上舍弃科层化治理形式，结合乡村社会的权力运作规则，实施有效的乡村治理方式。以西藏玉麦乡为代表的个别边境乡镇，至今没有实行或体现得不充分的科层化治理方式，同样实现了社会的和谐稳定和经济社会发展就是鲜活的例证。

六 西藏乡镇政权改革发展的职能界定

从世界范围看，乡镇作为国家依法设置的一种地方政权组织和行政建制，已经成为世界各国管理乡村事务和为基层民众提供公共服务的通行做法，并体现出管理体制的多样性、灵活性、有限性等特征。从其所承担的职能来讲，西方国家对于乡镇的职能划分不仅比较明确，而且更侧重公共服务，而淡化其政治职能，承担的经济职能也很少。在西藏乡镇政权改革发展过程中，虽然我们不可能照搬照抄西方国家的经验，但一些有益的经验还是值得我们借鉴的。

如前所述，笔者认为，西藏自治区应充分运用地方性立法的权力，制定相应的法律规范，不仅应明确乡镇的地位及县乡之间的关系，而且应明确规范乡镇的职能，以便于乡镇充分发挥“上联国家，下联乡村社会”

① 欧阳静：《运作于压力型科层制与乡土社会之间的乡镇政权》，《社会》2009年第5期。

② 吴理财：《改革与重建——中国乡镇制度研究》，高等教育出版社2010年版，第53页。

的纽带作用。主要包括以下几点。

首先，基层建设职能。在西藏基层，乡镇政权的首要职能应是抓好基层党组织的建设和村居领导班子建设，社会主义新农村建设，民主法治建设等。这些职能虽小且内含在乡村社会发展的点点滴滴中，但是，均具有特殊的政治意涵，对巩固和夯实党在西藏的执政基础、西藏实现“四个确保”战略目标、推进宗教与社会主义相适应及社会转型发展的历史进程等都具有重要的意义。

其次，发展经济职能。发展农村经济是西藏基层社会摆脱贫困、乡村走向和谐富裕的唯一途径。尽管西藏乡镇因各方面条件的限制，自身的发展能力薄弱，后劲不足，需要国家的大力支持和全国各省市及央企的大力援助，但乡镇政权绝不应当抱守农牧民一样的“等、靠、要”思想，诚如绪论中所指出的：一个被历史经验所反复证明了的不争的事实是，无论是多么优越的环境和优惠的条件，在政权的能力非常低下的情况下，地方社会也是不可能实现良性发展的。因为，发展的环境需要政权和人来改变和调适，发展的条件需要政权和人来有效利用和创造。在今后的改革发展中，一方面，西藏乡镇应充分利用国家的利好政策和全国对口支援西藏的大好机遇，制定切实符合当地实际的产业发展规划和经济发展政策，调整本地的产业结构，营造良好的政策环境、社会环境来加大招商引资力度，推动农村经济合作组织的发展，加强农产品信息服务，通过科学化和规模化的生产来壮大农村经济。另一方面，通过宣传、政策支持和实践示范等方式，积极引导农牧民转变思想观念，培养他们主要依靠自己的勤劳而致富的观念和能力。唯有如此，西藏乡镇才能逐步走出自然和社会环境的双重制约而开拓出经济社会发展的全新愿景，进而走出经济社会发展水平低与稳定和谐局面受阻的不利处境。

再次，社会管理职能。乡镇政权具有执行国家意志的义务和确保一方平安的责任。因此，西藏乡镇的重要职能即有效治理地域广阔的乡村社会，这既包括贯彻上级政府的各项方针政策，保障公民平等地享有法律规定的各项权利，也包括加强社会治安管理，妥善处理突发性、群体性事件，维护社会的和谐稳定和民族团结的大局，并根据本地需要拟定和完善经人民认同的乡规村约，构筑和谐文明的乡村社会。这都是《中共中央关于全面深化改革若干重大问题的决定》和《中共中央关于全面推进依法治国若干重大问题的决定》中明确要求的重要内容。

最后，公共服务职能。在建设党和人民满意的服务型政府的要求下，乡镇最重要的职能就是为农牧民提供服务，主要包括公共服务、文化建设、社会管理、保护公民和其他组织的合法权益等，通过良好的服务不断强化当地农牧民对伟大祖国的认同、对中华民族的认同、对中华文化的认同、对中国共产党的认同、对中国特色社会主义道路的认同。按照有所为有所不为的要求，把工作重点转变到对农牧户和各类经济主体进行示范引导、提供政策服务以及营造发展环境上来，不断提高公共服务水平；按照依法行政的要求，宣传、落实党和国家的法律、政策，规范政府的行为，保护农牧民的合法权益，维护农村社会稳定，巩固农村基层政权。

七 西藏乡镇政权改革发展的机构重置与权能配置

经历过2006年后的改革，如第六章所总结的那样，西藏乡镇政权的机构都统一整合为三个综合性的办公室。笔者认为，一方面，这样的机构整合在整体的县乡关系、国家与社会的关系、政府与市场的关系没有理顺的前提下，特别是在乡镇职能没有转变和科层化治理方式没有改变的情况下，成效是非常有限的。另一方面，这样的机构整合力度是远远不够的。西藏乡镇政权的改革发展仍需根据实际情况，继续深化乡镇的机构设置并重新配置各机构的权能。

首先，西藏乡镇地广人稀，绝大多数乡镇的人口在3000人以下，有的乡镇甚至在1000人以下，个别边境乡镇人口不足100人。人口稀少意味着乡镇的经济社会事务较为简单，公共服务的任务也相对较轻。正因为如此，山南地区的玉麦乡至今没有按照科层化的要求建立起繁杂的公共权力系统，乡镇党委书记和乡镇长由一人兼任。更为重要的是，在乡镇设立党委、政府、人大、纪委、武装部这“五大班子”不仅没有必要，更不可能达到发挥相互监督的作用。一是在我国党政有分工但要分开是不可能的，在乡镇层级，分工也是没有必要的，在乡镇党委的统一领导下充满信心地团结和带领当地各族人民群众走上富裕和谐之路，很好地完成国家目标、政党目标、政府目标即可。二是乡镇的主要功能是具体执行和落实党和国家与县级党委和政府的大政方针政策及决策决定，自身的决策很少且依法构建起基层民众可靠的利益表达与政治参与渠道的话，乡镇自身与决策过程中的民主性的发挥已经不存在任何问题，政治层面民主的体现完全可以通过县级人大和政协等法治化政治制度形式体现出来，实在没有必要通过建立和强化乡镇人大甚至是政协的渠道来实现。三是寄希望于乡镇党委、纪委和政府相互监督是一种空想，实践已经证明了这一点。因此，笔者建议，将西藏乡镇现有的党委、政府、人大、纪委、武装部这“五大班子”合一，推广一套人马、两块牌子的机构设置模式。即西藏乡镇撤销乡镇人大和乡镇纪委，只保留乡镇党委和乡镇政府，乡镇武装部并入乡镇政府系统，乡镇纪委的功能改为县级纪委派出的纪检巡视员承担。乡镇领导职数 3 至 4 人，乡镇书记兼任乡镇长，党政全权负责；1 名副书记兼任副乡镇长，负责日常的行政管理事务，另设 1 至 2 名副乡镇长，主管其他事务。

其次，越到基层，事务越综合，这是常识。作为直接服务乡村经济社会发展和农牧民的发挥“上联国家，下接乡村社会”的乡镇，其办事机构按照上下对口设置和科层化的运作方式，不仅弊端频出且不能发挥理性科层制应有的效能。因此，笔者建议，西藏乡镇政权的改革发展，应将目前的党政办公室、社会事务办公室、经济发展办公室进一步精简为乡镇综合办公室，有若干名干事具体负责党政日常事务即可，不仅使乡镇完全走出科层化的治理方式，而且使乡镇的制度设计与成长根植于农牧区的“文化网络”中，适应农牧民的办事需求。这也应是党全心全意为人民服务的宗旨和建立人民满意的服务型政府的应有之义。

再次，设立乡镇农牧业综合服务中心，将农牧业良种繁育推广、土壤肥料推广、病虫害防治、农业生态环境保护等农牧业经济发展服务功能，将信息、法律、政策等农牧业经济发展中的政策服务功能，将社会福利院、流浪乞讨人员救助、救灾物资储备、农村和社区设施建设等乡村社会服务功能等统一放在乡镇综合服务中心办理。从体制上来讲，实行以乡镇领导为主、县级业务部门指导为辅的领导体制，实行综合公共服务经费全额由县财政拨款的财务管理体制。

复次，因西藏乡镇地广人稀，司法事务较少，时至今日，一直没有设立法庭，但 2010 年后设置了乡镇司法助理员的岗位。笔者建议，强化目前已经运行的各县设立流动法庭的模式，将各乡镇的司法助理员统一纳入县级司法机构中，司法功能完全由县级政权承担。乡镇公安派出所，按照目前的双重领导体制运作即可。

最后，机构重置后，乡镇党委书记兼乡镇长由上级相关部门依法配备，所有副书记、副乡镇长由书记提名，上级组织任命；其内部各机构的正职领导干部（内部各机构统一不设副职）统一由书记挑选，乡镇党委任命。依此类推，各事务的具体负责人均由正职提名。这样改革的理由，一是中国共产党作为我国宪法规定的唯一执政党，执政的形式与内容必须统一起来，不要忌讳“以党代政”、“党政不分”的俗谈，在没有竞争性民主机制的情况下，党与政从根本上来说是分不开的，只能有分工，权为民所用、情为民所系、利为民所谋，执好政，用好权，让人民称心如意是最终目标；二是权、责、利应当是统一的。责、权、利的一体是充分调动组织积极性、主动性与创造性的关键之所在。过去，乡镇政权出现这样或那样的“缺位”、“越位”等问题，除制度方面的设置不合理外，权、责、利的脱节是重要原因之一。改革后的乡镇政权，看上去它的权力大极了，拥有了完整的一级地方政权所必需的权能，但相应地，它的责任与义务也随之增大。“一把手”不仅党政全权负责，而且拥有了配备副手及乡镇内部各部门领导的权力，但他的责任也是明确的，必须在领导、管理、用人等各方面全面担负起自己的职责，如果出现了各种问题，他不能以这样或那样的理由推卸自己的责任，也没有相应的机构或个人为他承担责任；三是改革后的乡镇政权机构是一个高效率的机构。由于拥有了广泛的权力、责任和利益，乡镇政权机构的积极性应会得到很大的激发，各个机构充分活动起来且避免了以往由上级选人而产生的不协调问题，以减少严重的内耗，也能够避免过去权责不明导致的拖沓，甚至是官僚主义的产生①。

诚然，这样的改革模式一定不是最好的，但是，我们必须明白，一方面，制度设计滞后性的特点决定了世界上本就不存在完美无缺的制度，制度的完善与好坏仅具有相对的意义且必须同本国本地的实际情况有机融合，必须嵌入符合本国和本地实际的“文化网络”之中。同时，完善的制度需要运用法治意识和手段来运作并用善良的态度对待之。另一方面，西藏乡镇政权自身存在的问题和基层社会的现实需要是稳定前提下的经济社会持续健康发展，这就决定了乡镇政权改革发展的根本性目的是使其成为权、责、利相统一的功能较为完整的一级地方政权。在此一级地方政权的团结和带领下，通过发展这一目的也是根本性的手段，不仅使西藏乡镇

① 刘新生、王彦智、王宏波：《基层地方政权机构改革的模式研究》，中国社会科学出版社2010年版，第92—93页。

尽快走出经济社会发展滞后与稳定和谐大局受困的被动局面，确保基层各族人民群众在2020年与全国人民一道步入小康社会的奋斗目标，而且能够为西藏基层社会的稳定发展奠定良好的政治基础、经济基础和社会文化心理基础，不断推进基层社会的转型发展，推进宗教与社会主义相适应的历史进程。

当然，这样的制度安排和权能配置并非忽略了基层政权建设的现代化和民主化要求，实事恰恰相反。众所周知，乡镇现代化的重要标志与衡量指标应该同中高层政府是有区别的，主要体现在乡镇自身职能的恰当界定、依法行政程度和运转的协调高效程度，以及在乡镇的领导下基层社会的发展状况与权威及合法性的塑造能力。同时，我国不可能也不能照搬西方式的政治体制，但我们完全可以借鉴它们行政首长负责制下由行政首长提名副手及其他工作人员，而通过构建切实能够操作的监督体制防范权力滥用的成熟做法，力争做到权、责、利的统一。至于民主性的发挥，通过建立起可靠的民众利益表达机制和公共事务参与机制，通过落实村民自治和居民自治这样的社会民主制度，通过强化县级人民代表大会制度和政协制度，完全可以体现社会主义民主的真实性和充分性，反而是在实践中，乡镇人大的功能常常被长官意志所左右而不能正常发挥，乡镇政协压根就不发挥作用，只是一些乡镇为了安排富余人员的空壳而已，是假民主罢了。更为重要的是，通过具体落实西藏基层民众的利益表达机制和公共事务参与机制、基层民主制度和县级规范的民主制度，能够逐步培养暂不具备民主意识和能力的农牧民的现代政治素养，逐步提高他们“五个认同”和“三个离不开”思想认知和自觉程度，从而为整个国家最终走向民主化打下牢固的基础，这才是乡镇应有的职责，才是我国实现富强、民主、文明、和谐的社会主义现代化及中华民族伟大复兴中国梦的积极而稳妥的方策。

八　西藏乡镇政权改革发展的其他问题

西藏乡镇政权的改革发展是一项系统性工程，涉及方方面面的事情。除了上述的外层关系构建、科层化治理方式的改变与自身机构的重置和职权的配置外，还需要其他改革的综合跟进，方可确保改革发展的成功。笔者认为，以下几个主要方面改革措施的跟进对确保西藏乡镇改革发展的成功是至关重要的。

（一）着眼乡镇的长远发展，强化对乡镇的财政支持

本书多次指出，西藏乡镇政权的改革建设具有重要的价值和特殊的政治意涵，因此，从政治上来讲，西藏乡镇的改革发展不能像内地乡镇那样只顾及其一般功能能否正常发挥，而应站在整个国家主权领土完整和国家安全的大局上，从政权建设和党的建设之高度出发统筹谋划之。从经济上来讲，必须考虑经济成本但绝不能唯经济成本是从，需要充分考虑到西藏乡镇地广人稀的行政空间半径和所承担职责的特殊性、多重性和复杂性的抽象行政半径之需要更多成本支撑的事实。同时，西藏绝大多数乡镇无任何财政收入，从其建立之日起也未像内地乡镇那样承担从基层社会汲取资源的功能，所有的财政支出依靠中央财政转移支付后由县级财政拨款，当然也有少量的对口支援资金，而乡镇自身的经济社会发展水平滞后，发展所需的资金缺口较大。因此，在今后的改革发展中仍需加大对乡镇的财政支持力度，以便强化和均衡地方公共服务能力，使西藏乡镇拥有较为充裕的财源满足地方经济社会发展各方面的需求，推进各地的协调发展，从而为西藏乡镇很好地完成其职责使命奠定基础。

当然，在西藏乡镇政权改革发展过程中，也需要加大乡镇基础设施建设的力度，为乡村经济社会的发展和各族人民群众生产生活方式的转变创造条件。基层基础设施建设情况既是一个乡镇发展水平的直接体现，又是乡镇经济社会发展的前提条件。西藏乡镇的基础设施建设虽历经努力取得了辉煌的成就，但是，迄今为止，囿于自然条件的强力限制，仍与“四个确保”战略目标的需求存在很大的差距，建设任务依旧繁重。同时，基础设施建设的稳步推进，也有利于世世代代从事传统生产生活方式的农牧民走出封闭的环境，广泛接触现代文明，不断推进基层社会的转型发展。

（二）依法定编，分流富余人员，加强少数民族干部队伍建设

西藏乡镇人员过去存在一定的超编但大幅度超编是2008年后的事情，与乡镇党政干部的超编形成鲜明对比的是事业单位和服务岗位的严重缺编。这既是西藏乡镇改革发展过程中一个重要的难点，也为人员的有序合理分流提供了较为广阔的空间。

1. 在思考西藏乡镇人员编制和富余人员分流及民族干部培养问题上，有几方面的实事需要认真思考和对待：一是西藏乡镇作为民族干部培养的基层阵地，承担着培养大量政治立场坚定、业务素质较好、具有基层工作经验及善于做群众工作的优秀少数民族干部的重任。同时，少数民族大学生的就业既是一个社会问题，也是一个政治问题。二是西藏乡镇地广人稀，服务半径是内地乡镇的几倍至上百倍，所需要的人手自然要多一些。三是西藏基层具有大学专科以上学历的人大都集中在乡镇机关和事业单位中，他们是乡镇党政干部和公务人员，也是基层社会的精英。如果不考虑他们的利益和就业问题，让这些精英游离在社会底层，必然对西藏的稳定与发展是非常不利的。有鉴于此，在西藏乡镇政权的改革发展中，既要充分发挥好现有人才的作用，合理有序分流富余人员，又要大力培养少数民族干部。

2. 要根据当地各方面的具体实际科学地核定西藏乡镇的编制，充分利用好现有的人才，不能按照内地乡镇的情况一味要求减员，节约成本，应以很好地完成国家目标、政党目标和政府目标为准则。笔者建议，一是西藏自治区会同国家相关部门，在充分考虑各方面条件和科学论证的基础上，明确西藏各类乡镇的人员编制。二是在定编定岗的基础上，通过自愿流动、考试录用、专业技术培训等多种方式将乡镇机关的超编人员分流到事业单位和综合服务岗位上，继续发挥他们的知识优势。三是考虑到长期在艰苦的环境下工作对身体的损害等因素，达到一定的年龄和工作年限的干部，愿意提前退休的可以按照特殊情况对待，办理提前退休手续。四是给予愿意离岗创业的人员，按照大学生创业的优惠政策提供创业资金和创业政策方面的照顾，并给予社会养老保险方面的优惠。

3. 加强对少数民族干部的培养。大力培养少数民族干部，发挥他们在党和政府密切联系少数民族群众中的桥梁和纽带作用，是我国一以贯之的政策。自 1950 年 11 月政务院颁布《培养少数民族干部试行方案》以来，党和国家即开始有计划、系统性地培养西藏民族干部，取得了巨大的成就。据统计，截至 2014 年年底，西藏全区民族干部达 10 万余人，占全区干部总数的 70% 以上①。当然，我们在看到实实在在的成就之时，也应

---

① 索朗德吉：《西藏少数民族干部 50 年增长 13 倍》，《新华每日电讯》2014 年 10 月 11 日第 1 版。

看到其中存在的诸多需要改进的地方，其集中体现在：一是西藏民族干部的数量与质量均有待提升，特别是妇女干部和藏族以外的其他少数民族干部的数量仍有不小的提高空间。二是专业技术干部的培养亟待加强。随着西藏的大发展，专业技术和经济管理干部的重要性更为凸显。尽管近年来，西藏专业技术干部的培养已取得了很大的成绩，达到了近5万人，但总体数量的稀缺是十分鲜明的，与西藏经济社会的发展需要之间仍有很大的差距。三是西藏民族干部培训的方式方法有待改进。通过与西藏一些民族干部的交谈及笔者自身的体会，目前，西藏民族干部的培训有“三多三少”的不平衡问题，即在培养对象上，党政干部多而专业技术干部少；在教学内容上，理论学习多而业务知识学习少；在培训方式上，学历教育和短期培训多而非学历培训和常规的岗位培训少。而且，西藏一些地方政府举办的培训活动甚至变味为过程化的、形式化的培训；四是西藏民族干部的监督考核必须强化。

笔者认为，为了更好地服务基层社会的发展进步，在考虑西藏乡镇基层少数民族干部队伍建设时，应注重以下几方面的事项：首先，实际发展需要是西藏基层少数民族干部按人口比例配备的核心。党和国家提出民族干部比例与民族人口比例大体相当的工作目标，这主要是出于我国民族平等和民族干部队伍建设的考虑，当然也是少数民族的政治要求之一，实践也证明了这一政策的初衷是善良的、正确的，对民族干部队伍建设与构建和谐的社会主义民族关系起到了积极的推动作用。但是，这一工作目标在实施过程中，西藏一些党政干部和相关部门将按民族人口比例配备民族干部的工作目标视为民族平等的绝对表征，没有达到这一比例要求的就认为是民族不平等①。事实上，民族之间的平等，一方面，不可能是绝对的；另一方面，持有这样认知的一些个人或部门，在思想意识上，往往是无意或有意地淡化和忽视民族平等作为我国宪法和自治法的基本原则及已经明确体现在各项法律和政策之中这一事实，在实践过程中，往往不能深刻体认到党和国家给予各少数民族大量的优惠政策，逐步消除各种原因而导致的民族间事实上的差别之巨大成就与不懈努力。一味地要求按照民族人口比例配备民族干部，与党和国家的干部选拔标准是存在一定冲突的，而

① 孙懿：《新世纪初的民族干部队伍建设》，载郝时远、王希恩主编：《中国民族发展报告》，社会科学文献出版社2006年版，第144页。

且，长此以往，必然会挫伤汉族及非西藏本地少数民族干部的积极性，难以形成一种宽松的用人环境，最终的结果也可能会与我国所追求的各民族间关系的平等、团结、和谐的目标不相符合。同时，西藏民族干部的整体素质还与实现“四个确保”战略目标有不小的差距，倘若我们不能将西藏民族干部培养的重心放在干部素质的提升和专业技术人才的培养上，而是集中在按人口比例配备上的话，最终受伤害的还是西藏自身持久的稳定与发展。从当前西藏民族干部队伍的现状来讲，更为紧迫的任务是，通过多种渠道和措施，尽快提高西藏民族干部的政治素质、国家利益意识及爱国情感和业务能力，大力促进专业技术干部的成长。

其次，西藏教育事业的发展是西藏民族干部成长的持久动力。只有西藏各层次教育的质量提高了，才能为西藏民族干部队伍的发展壮大提供自主动力，不断培养高素质的后备干部并创设干部培养新的平台。然而，不可否认的事实是，与内地相比，西藏各层次的教育质量尤其是基础教育的质量普遍不高。这就需要西藏基层政府更多的资源投入，需要大力解放思想，锐意改革进取，充分吸取国内外各种先进的教育管理理念与措施，积极探索民族教育的规律，更有效率地利用各种资源。

再次，优化西藏民族干部的培训是西藏民族干部培养的内在要求。根据当前西藏民族干部培养存在的问题，笔者认为，我们应当推广“二三四五”培训模式：一是国家举办的西藏干部培训与党校和行政院校所进行的培训，毕竟途径少且数量非常有限，这些院校的特点也决定了其培训对象以党政干部为主，以科学理论学习为主。这远不能满足西藏干部队伍建设和经济社会发展的需要。因此，在培训机构上，应将国家培训与西藏地方培训相结合，党校、行政院校培训和地方院校培训相结合。二是积极探索长期培训与短期培训相结合、定期培训与非定期培训相结合、学校培训与实践锻炼相结合的“三结合”培训方式，多渠道、多途径地促进西藏民族干部的成长，特别是民族干部素质的有效提升。三是在培训内容上要体现出“四结合”，即国家的历史教育与国情教育相结合、理论教育与业务知识教育相结合、学历教育和非学历教育与道德教育相结合、“成就教育”与“问题教育”相结合。四是在培养对象上，应体现出“五结合”，即从西藏民族干部的层次上来讲，既要注重培训高层领导，更要加强对中层干部和基层干部的培养，否则，再好的政策也不会得到顺利贯彻；从民族成分上来讲，要注意藏族与其他少数民族干部的培养，但绝不能忽视汉族干部的培养，注重调动各族干部的积极性及其关系的和谐；从职业分类上讲，应做到党政干部与专业技术干部的培养相结合，尤其是要加强专业技术干部与技术人才的培养，这对西藏未来的发展是至关重要的；从西藏民族干部未来的发展上来讲，现有干部的培养与后备干部的培养同样重要；从性别上来讲，男女民族干部同样重要，不可偏废。

最后，强化西藏民族干部的监督考核机制是西藏民族干部发展壮大的制度保证。笔者认为，迄今为止，我国已经形成了行之有效的西藏少数民族干部“培养措施”而不是“培养机制”，根本性的原因是，西藏民族干部培养的具体措施还有许多有待改进的地方，更为核心的问题是，我国还未形成科学合理的有关西藏民族干部的监督与考核机制，重点考核民族干部的理论学习和专业知识学习情况、外出考察与挂职锻炼情况、做出符合科学发展观要求及本地实际情况的决策水平、促进民族关系的和谐与代表和维护本民族利益的能力、思想道德修养等。

笔者建议，西藏乡镇应根据本单位的整体工作需要，在科学确定各单位的人员编制后，在此基础上再多出 20% 的机动编制，按照年度考核结果，每年从岗位上淘汰 20% 的干部出去待岗学习。第一次待岗学习的费用由单位支付，第二次学习的费用由单位和个人共同支付，第三次的学习费用则完全由个人支付。这样，既能解决目前许多西藏民族干部因工作繁忙而不能出去学习的实际困难，通过学习充实和提高自己，又能够渐进地培养民族干部的竞争意识及危机感，使在岗干部更加兢兢业业地投入工作，也能保证部门工作的连续性和稳定性。笔者深信，只有在刚性制度规范下，使干部队伍成为“一潭活水”，才能切切实实地培养出大批“靠得住、用得上、留得住、下得去”的民族干部，逐步接近按人口比例配备民族干部的工作目标，才能为西藏基层的发展进步作出有创见的决策，有创见的决策才能顺利贯彻下去，进而实现“四个确保”战略目标，并在二者间形成良性循环机制。

（三）规范乡镇与村居关系

乡镇与村居的关系是国家与社会关系的集中体现，规范西藏乡镇与村居的关系，事关国家与社会关系的构建及乡镇自身的持续发展，也直接影响到富含伟大历史意义的西藏村民自治实践的健康成长。西藏的村民自治发展比内地略有迟滞。当20世纪90年代初，村民自治已成为内地村庄主导性治理形式时，西藏还在为实行这一制度做准备，1992年年底在拉萨、昌都和日喀则三个地市的252个村居开始试点，1993年自治区人大通过了《西藏自治区实施〈中华人民共和国村民委员会组织法〉（试行）办法》，1999年自治区政府又发布了《西藏自治区村务公开民主管理实施办法》，2012年自治区人大正式通过《西藏自治区实施〈中华人民共和国村民委员会组织法〉办法》。这些法律和规定，西藏各级民政部门和乡镇政府都进行了广泛的宣传宣讲并对试点村居的换届选举工作进行了督查。到2000年年底，全区共有56个县市区、506个乡镇、4440个村居开展自治①，截至2008年年底，全区村居全部开展了自治工作②。

西藏的村民自治实践开展的较好，充分体现了社会主义民主等多重价值。当然也由于特殊生产生活方式的制约、农牧民文化素质较低、经济发展迟滞等原因，存在一些需要规范的地方。在笔者的调查和访谈中，当地不少的县乡干部，以农牧民“什么都不知道”为口实，提出了冠冕堂皇的加强乡镇对村民自治的“指导”之论调和在维护稳定安全的政治要求下一味地将党政权力介入村庄之情况。笔者认为，当前及今后一段时间，西藏乡村的村民自治出现这样那样的问题，本身并不可怕，恰恰是乡镇政权以各种理由强力介入村庄之中才是真正令人忧虑的重大问题。任何一个国家在民主实践初期出现不规范和应引起重视的问题都是无法规避的现实，村民自治中出现的问题只能由自治自身逐步去解决。正如于建嵘教授所指出的那样：“发生问题并不可怕，可怕的是不给自治制度留下发展的空间，是以草率地加强国家权力来缩小乡村自治权。”③ 因此，正确的做法应是乡镇政权认真贯彻执行《村民委员会组织法》和自治区人大通过的地方性法规，将自身和村民自治组织看作法律上平等的政治主体，在实践中不断强化村委会权力来源的充分民主性和村委会职权的刚性。另外，当地县乡基层政权应按照西藏自治区党委和政府的统一部署，在维护全区

① 《西藏自治区志·民政志》编纂委员会：《西藏自治区志·民政志》，中国藏学出版社2010年版，第215—226页。

② 《中国藏学》编辑部：《社会主义民主政治在西藏的建立与发展——纪念西藏和平解放60周年》，《中国藏学》2011年第2期。

③ 于建嵘：《底层立场》，上海三联书店2010年版，第61页。

基本稳定的前提下，充分利用国家的利好政策和对口支持的大好发展机遇，努力发展教育，提高农牧民的受教育水平，充分利用难得的发展机遇促进农牧民增收缩小与全国平均水平的差距，加大基础设施建设力度，提升公共服务水平不断推进西藏社会的转型发展等系列措施，为广大农牧区村民自治实践的顺利开展及农牧民自治知识的发育和公民性的成长创造良好的条件。这既是西藏实现确保国家安全和长治久安，确保经济社会持续健康发展，确保各族人民物质文化生活水平不断提高，确保生态环境良好的战略目标的必经途径与手段，更是从根本上实现西藏持续稳定、长期稳定和全面稳定的固本之举。

另外，乡镇政权也应按照自治区的统一安排，正确贯彻落实党和国家的民族宗教政策，依法加强对寺庙的管理和对信教群众的教育，积极引导宗教与社会主义相适应，不断推进西藏基层社会转型发展的历史进程。

主要参考文献

一　经典著作类文献

毛泽东：《毛泽东选集（1—4）》，人民出版社 1991 年版。

中共中央马克思恩格斯列宁斯大林著作编译局编：《马克斯恩格斯选集（1—4）》，人民出版社 1995 年版。

邓小平：《邓小平文选（1—3）》，人民出版社 1993 年、1994 年版。

西藏党史办公室编：《周恩来与西藏》，中国藏学出版社 1998 年版。

中共中央文献研究室等编：《毛泽东西藏工作文选》，中央文献出版社、中国藏学出版社 2001 年版。

二　西藏地方史研究类文献

王辅仁、索文清：《藏族史要》，四川民族出版社 1981 年版。

黄奋生：《藏族史略》，民族出版社 1985 年版。

邓锐龄：《元明两代中央与西藏地方的关系》，中国藏学出版社 1989 年版。

杨公素：《所谓“西藏独立”活动的由来》，中国藏学出版社 1990 年版。

[加拿大] 谭·戈伦夫：《现代西藏的诞生》，伍昆明、王宝玉译，中国藏学出版社 1990 年版。

祝启源、喜绕尼玛：《中华民国时期中央政府与西藏地方的关系》，中国藏学出版社 1991 年版。

法尊：《西藏民族政教史》，中国藏学出版社 1992 年版。

黄明信：《藏历漫谈》，中国藏学出版社 1994 年版。

西藏自治区党史资料征集委员会编：《和平解放西藏》，西藏人民出版社 1995 年版。

西藏自治区党史资料征集委员会编：《西藏的民主改革》，西藏人民出版社 1995 年版。

多杰才旦主编：《西藏封建农奴制社会形态》，中国藏学出版社 1995 年版。

白寿彝：《中国通史纲要》，上海人民出版社 1999 年版。

顾祖成：《明清治藏史要》，西藏人民出版社、齐鲁书社 1999 年版。

江村罗布主编：《辉煌的二十世纪新中国大记录·西藏卷》，红旗出版社 1999 年版。

景家栋等：《进军西藏日记》，新华出版社 1999 年版。

谭其骧：《长水粹编》，河北教育出版社 2000 年版。

马大正主编：《中国边疆经略史》，中州古籍出版社 2000 年版。

［意］伯戴克：《元代西藏史研究》，张云译，云南人民出版社 2002 年版。

张云：《元代中央政府治藏制度研究》，黑龙江教育出版社 2003 年版。

许广智主编：《西藏地方近代史》，西藏人民出版社 2003 年版。

唐家卫：《事实与真相——十四世达赖喇嘛丹增嘉措其人其事》，中国藏学出版社 2003 年版。

中共中央文献研究室、中共西藏自治区委员会编：《西藏工作文献选编》，中央文献出版社 2005 年版。

中共西藏自治区委员会党史研究室编著：《中国共产党西藏历史大事记》，中共党史出版社 2005 年版。

苗丕一：《苗丕一回忆录》，西藏人民出版社 2005 年版。

［美］梅·戈尔斯坦：《喇嘛王国的覆灭》，杜永彬译，中国藏学出版社 2005 年版。

伍昆明主编：《西藏近三百年政治史》，鹭江出版社 2006 年版。

罗广武、何宗英主编：《西藏地方史通述》，西藏人民出版社 2007 年版。

三　西藏地方志等工具书类文献

中国乡镇年鉴编辑委员会编：《中国乡镇年鉴》（2005—2006），中国文史出版社 2005 年、2006 年版。

西藏自治区江孜县地方志编纂领导小组编：《江孜县志》，中国藏学出版社 2004 年版。

昌都地区地方志编纂委员会编：《昌都地区志》，方志出版社 2005 年版。

西藏自治区乃东县地方志编纂委员会编：《乃东县志》，中国藏学出版社 2006 年版。

林芝地区地方志编纂委员会编：《林芝地区志》，中国藏学出版社 2006 年版。

拉萨市地方志编纂委员会编：《拉萨市志》，中国藏学出版社 2007 年版。

西藏自治区人民政府办公厅编：《西藏自治区志·政务志》，中国藏学出版社 2008 年版。

西藏自治区桑日县地方志编纂委员会编：《桑日县志》，中国藏学出版社 2008 年版。

西藏自治区工布江达县地方志编纂委员会编：《工布江达县志》，中国藏学出版社 2008 年版。

西藏自治区芒康县地方志编纂委员会编：《芒康县志》，巴蜀书社 2008 年版。

《西藏百科全书》编委会编：《西藏百科全书》，西藏人民出版社 2009 年版。

山南地区地方志编纂委员会编：《山南地区志》，中华书局 2009 年版。

阿里地区地方志编纂委员会编：《阿里地区志》，中国藏学出版社 2009 年版。

西藏自治区米林县地方志编纂委员会编：《米林县志》，中国藏学出版社 2009 年版。

西藏自治区谢通门县地方志编纂委员会编：《谢通门县志》，中国藏学出版社 2009 年版。

《西藏自治区志·民政志》编纂委员会编：《西藏自治区志·民政志》，中国藏学出版社 2010 年版。

西藏自治区堆龙德庆县地方志编纂委员会编：《堆龙德庆县志》，中国藏学出版社 2010 年版。

西藏自治区墨竹工卡县地方志编纂委员会编：《墨竹工卡县志》，中国藏学出版社 2010 年版。

西藏自治区琼结县地方志编纂委员会编：《琼结县志》，中国藏学出版社 2010 年版。

日喀则地区地方志编纂委员会编：《日喀则地区志》，中国藏学出版社 2011 年版。

西藏自治区普兰县地方志编纂委员会编：《普兰县志》，巴蜀书社 2011 年版。

那曲地区地方志编纂委员会编：《那曲地区志》，中国藏学出版社 2012 年版。

西藏自治区林周县地方志编纂委员会编：《林周县志》，中国藏学出版社 2012 年版。

西藏自治区达孜县地方志编纂委员会编：《达孜县志》，中国藏学出版社 2013 年版。

西藏自治区错那县地方志编纂委员会编：《错那县志》，中国藏学出版社 2013 年版。

西藏自治区加查县地方志编纂委员会编：《加查县志》，中国藏学出版社 2013 年版。

《西藏年鉴》编委会编：《西藏年鉴》（2000—2014），西藏人民出版社 2001 年至 2015 年版。

西藏自治区统计局、国家统计局西藏调查总队编：《西藏统计年鉴》（2000—2014），中国统计出版社 2001 年至 2015 年版。

民政部编：《中华人民共和国乡镇行政区划简册》（2000—2014），中国统计出版社 2001 年至 2015 年版。

国家统计局农村社会经济调查司编：《中国县（市）社会经济统计年鉴》（2000—2013），中国统计出版社 2001 年至 2014 年版。

四 民族与宗教问题研究类文献

［法］石泰安：《西藏文明》，沈卫荣、宋黎明译，中国藏学出版社 1990 年版。

江平等：《西藏的宗教和中国共产党的宗教政策》，中国藏学出版社 1996 年版。

陈奎元：《西藏的脚步》，中共中央党校出版社 1999 年版。

费孝通主编：《中华民族多元一体格局》，中央民族大学出版社 1999 年版。

戴小明：《中国民族区域自治的宪政分析》，北京大学出版社 2008 年版。

东嘎·洛桑赤列：《论西藏政教合一制度》，西藏人民出版社 2008 年版。

南文渊：《藏族传统文化与青藏高原环境保护和社会发展》，中国藏学出版社 2008 年版。

许广智主编：《西藏民族地区近（现）代化发展历程》，西藏人民出版社 2008 年版。

金炳镐主编：《新中国民族政策 60 年》，中央民族大学出版社 2009 年版。

王小彬：《经略西藏——新中国西藏工作 60 年》，人民出版社 2009 年版。

朱晓明等主编：《爱国宗教力量建设问题研究》，中国藏学出版社 2009 年版。

刘荣：《中国共产党民族干部政策研究》，社会科学文献出版社 2010 年版。

中共西藏自治区委员会党史研究室编著：《执政中国：西藏卷》，中共党史出版社 2011 年版。

马戎主编：《西藏社会发展研究》，民族出版社 2011 年版。

贾东海主编：《中国历代民族理论民族政策研究》，中央民族大学出版社 2011 年版。

陈烨：《转型与发展：民族问题与政治稳定》，中央民族大学出版社 2011 年版。

宋月红：《当代中国的西藏政策与治理》，人民出版社 2011 年版。

降边嘉措：《民族区域自治政策在西藏的成功实践》，社会科学文献出版社 2011 年版。

郝时远、王希恩主编：《中国民族区域自治发展报告（2010）》，社会科学文献出版社 2011 年版。

周平：《多民族国家的族际政治整合》，中央编译出版社 2012 年版。

五 政府白皮书类与新闻媒体类文献

国务院新闻办公室：《中国政府西藏白皮书汇编》，人民出版社 2010 年版。

《西藏的发展与进步》

《西藏和平解放 60 年》

《西藏民主改革 50 年》

《中国的民族政策与各民族共同繁荣发展》

《西藏发展道路的历史选择》

《民族区域自治制度在西藏的成功实践》

《西藏日报》2000 年至今的相关分析报道。

《西藏政报》2000 年至今的相关政府文件、工作报告和领导人讲话。

《人民日报》2005 年至今的相关分析报道。

《光明日报》2005 年至今的相关分析报道。

中国共产党新闻网：http：//cpc. people. com. cn/.

西藏政府门户网站：http：//www. xizang. gov. cn/.

国家民委门户网：http：//www. seac. gov. cn/.

中国西藏新闻网：http：//www. chinatibetnews. com/.

六 基层政权建设与发展研究类文献

彭文贤：《行政生态学》，三民书局 1988 年版。

塞缪尔·亨廷顿：《变化社会中的政治秩序》，上海三联书店 1989 年版。

白钢：《中国农民问题研究》，人民出版社 1993 年版。

陈瑞莲等：《乡镇行政管理》，中山大学出版社 1994 年版。

李守经、邱馨主编：《中国农村基层社会组织体系研究》，中国农业出版社 1994 年版。

赵辰昕：《乡镇府管理》，中国广播电视出版社 1998 年版。

张乐天：《告别理想——人民公社制度研究》，东方出版社 1998 年版。

费孝通：《乡土中国 生育制度》，北京大学出版社 1998 年版。

马戎等：《中国乡镇组织变迁研究》，华夏出版社 2000 年版。

沈林：《中国的民族乡》，民族出版社 2001 年版。

于建嵘：《岳村政治：转型时期中国乡村政治结构的变迁》，商务印书馆 2001 年版。

匡自明：《中国少数民族地区农村基层政权建设研究》，云南大学出版社 2002 年版。

金太军、施从美：《乡村关系与村民自治》，广东人民出版社 2002 年版。

张秀英、刘金玲：《中国西部地区乡镇负债问题研究》，人民出版社 2004 年版。

孙柏瑛：《当代地方治理——面向 21 世纪的挑战》，中国人民大学出版社 2004 年版。

贺雪峰：《乡村研究的国情意识》，湖北人民出版社 2004 年版。

金太军等：《乡镇机构改革挑战与对策》，广东人民出版社 2005 年版。

浦兴祖主编：《中华人民共和国政治制度》，上海人民出版社 2005 年版。

朱宇：《中国乡域治理结构：回顾与前瞻》，黑龙江人民出版社 2006 年版。

中国（海南）改革发展研究院：《新农村建设：乡村治理与乡镇政府改革》，中国经济出版社 2006 年版。

侯保疆：《中国乡镇管理研究》，中国社会科学出版社 2006 年版。

陆道平：《乡镇治理模式研究》，社会科学文献出版社 2006 年版。

朱光磊主编：《现代政府理论》，高等教育出版社 2006 年版。

周平、方盛举：《中国民族自治地方政府》，人民出版社 2007 年版。

樊宝洪：《乡镇财政与农村公共产品供给研究》，中国农业出版社 2007 年版。

方盛举：《中国民族自治地方政府发展论纲》，人民出版社 2007 年版。

董海军：《塘镇：乡镇社会的利益博弈与协调》，社会科学文献出版社 2008 年版。

祝灵君：《授权与治理——乡（镇）政治过程与政治秩序》，中国社会科学出版社 2008 年版。

周黎安：《转型中的地方政府：官员激励与治理》，上海人民出版社 2008 年版。

俞可平：《中国治理变迁 30 年》，社会科学文献出版社 2008 年版。

史卫民等：《乡镇改革：乡镇选举、体制创新与乡镇治理研究》，中国社会科学出版社 2008 年版。

金太军等：《乡村改革与发展》，广东人民出版社 2008 年版。

汪玉凯等：《中国行政体制改革 30 年回顾与展望》，人民出版社 2008 年版。

何翔舟：《政府管理半径与成本的研究》，中国社会科学出版社 2008 年版。

吴理财：《从“管治”到“服务”——乡镇政府职能转变研究》，中国社会科学出版社 2009 年版。

马斌：《政府间关系：权力配置与地方治理——基于省、市、县政府间关系的研究》，浙江大学出版社 2009 年版。

王恩奉：《县乡财政面临的问题及对策研究》，经济科学出版社 2009 年版。

赵新国：《西部民族地区政治文明建设研究》，中央民族大学出版社 2009 年版。

许才明：《乡镇政府管理改革研究》，江西人民出版社 2009 年版。

李俊清：《民族乡政府管理》，人民出版社 2009 年版。

杨雪冬等主编：《地方的复兴——地方治理改革 30 年》，社会科学文献出版社 2009 年版。

孙宏年、倪邦贵主编：《西藏基层政权建设研究》，中国藏学出版社 2010 年版。

于建嵘：《抗争性政治：中国政治社会学基本问题》，人民出版社 2010 年版。

董尚荣：《县政丛谈》，湖北人民出版社 2010 年版。

宋亚平：《出路——一个区委书记的县政考察笔记》，中国社会科学出版社 2010 年版。

剧锦文：《转轨过程中乡镇政府的角色与行为》，中国社会科学出版社 2010 年版。

吴理财：《改革与重建——中国乡镇制度研究》，高等教育出版社

2010 年版。

刘新生、王彦智、王宏波：《基层地方政权机构改革的模式研究》，中国社会科学出版社 2010 年版。

吴理财：《县乡关系：问题与调适》，中国社会科学出版社 2011 年版。

郑永年：《改革及其敌人》，浙江人民出版社 2011 年版。

应星：《“气”与抗争政治：当代中国乡村社会稳定问题研究》，社会科学文献出版社 2011 年版。

雷志宇：《中国县乡政府间关系研究》，上海人民出版社 2011 年版。

徐建牛：《基层政府行为演进的制度逻辑》，上海三联书店 2012 年版。

杨洪：《在县级工作实践中的思考》，山西人民出版社 2012 年版。

张信江：《芝麻官随想——一个县长的执政写真》，现代出版社 2013 年版。

娄树旺、张玉伟：《中国乡镇政府与村委会关系研究》，山东人民出版社 2014 年版。

贾晋：《乡镇政府经济职能与乡镇债务研究》，西南财经大学出版社 2014 年版。

饶静：《杨乡故事：国家与社会互动界面中的乡镇政权组织研究》，人民出版社 2014 年版。

易凤兰、姚锐敏：《和谐社会视角下乡镇政府行政法治化问题研究》，中国社会科学出版社 2014 年版。

邹建中：《2014 浙江乡镇发展报告》，浙江大学出版社 2015 年版。

后　记

2010年1月18日至20日，中共中央国务院在北京召开了第五次西藏工作座谈会。在这次事关西藏未来发展的重要会议上，中央正式提出了"中国特色、西藏特点"命题，深刻地阐述了当前西藏的社会主要矛盾和特殊矛盾，将西藏定位为重要的国家安全屏障、重要的生态安全屏障、重要的战略资源储备基地、重要的高原特色农产品基地、重要的中华民族特色文化保护地、重要的世界旅游目的地，指出了当前和今后一个时期西藏工作的主题是推进跨越式发展和长治久安。在党总支组织我们认真学习中央第五次西藏工作座谈会的讨论与思考中，结合自己在西藏基层的调研，笔者深深感受到西藏乡镇政权改革创新的紧迫性、必要性和特殊性。于是，5月份，与一位志同道合的青年学人和一位在西藏调研期间相识的县政府干部组成项目组，申报了题为"中国特色、西藏特点的乡镇政权管理体制创新研究"这一教育部人文社科基金青年项目，并于11月份正式批准立项，项目编号为10YJCZH166。

项目立项后，课题组即赴西藏拉萨、日喀则、山南、林芝等地的乡镇进行调研，获得了一些第一手资料和最直接的感受，但随之而来的问题一直困扰我们至今。首先，因为课题组的所有成员均为35岁以下的青年人，不仅科研经验需要进一步积累，更为重要的是他们面临着进一步深造以提高学历和科研能力，或是外出学习挂职等现实需要。时至今日，由三人组成的课题组，一人仍在厦门大学深造，在西藏工作的一名党政干部也几次调换岗位并外出学习一年。其次，作为项目主持人的笔者，整日像陀螺一样忙碌在教学和行政事务的最前线。2013年又被派往阿里地区改则县察布乡从事强基惠民工作一年。在那个海拔4935米的村庄，除了要照顾好自身及驻村队员的身体健康和安全外，还尽一切努力按照自治区党委制定的《中共西藏自治区委员会关于深入开展创先争优强基础惠民生活动的意见》之要求，围绕着强健基层组织、维护社会稳定、寻找致富门路、进行感恩教育、办实事解难事五项核心任务开展工作。年底驻村结束后，带着已有严重不适的身体毅然返回到教学与行政的第一线。在这几年中，笔者只能独自一人利用每天晚上、周末和寒暑假期夜以继日地完成该课题。其中的辛劳只有自己知道并慢慢体味！再次，除了项目主持人和课题组成员的忙碌外，调研过程中及笔者驻村期间亲身参与西藏乡镇部分党政事务过程中，切身感受到获取研究所必需的资料之困难。处于特殊行政环境之中和维稳压力下的乡镇，几乎将所有的材料视为国家机密而不能外传。这之中，一部分的确是国家规定的机密，如民族干部的数量与培养情况、维稳事项与实际支出、强力机构的设置与人员编制及分布等，而大部分是因乡镇党政干部担心透露国家机密而将乡镇的经济统计数据、工作总结等自行列入机密行列以为自我保护。这就使得该研究的绝大多数材料只能来自公开出版的《西藏政务志》、《西藏民政志》、各地区各县的志书与《西藏日报》的相关分析报道。最后，在本项研究完成了大部分撰写任务之时，《中共中央关于全面深化改革若干重大问题的决定》和《中共中央关于全面推进依法治国若干重大问题的决定》先后公布，提出了一系列新的治国理政新思想和新措施。2015 年 8 月 24 日至 25 日，中央第六次西藏工作座谈会召开，就当前和今后一段时间西藏工作的指导思想、目标要求和重大举措等有了新的提法、新的要求和新的布署。为此，笔者又大大调整了研究的框架结构和部分思路。

鉴于上述情况，按照项目立项书规定的本应在 2013 年 12 月 31 日前完成的项目一直拖延至 2015 年 5 月。同时，由于笔者能力所限、工作繁忙、资料不足等原因，关于西藏乡镇政权改革发展的研究仍然存在诸多不足，与自己的设想和学术前辈的期待之间有不小的差距。但是，笔者的确为此付出了大量艰辛的努力，也取得了一些成就。笔者自认为，这些努力和主要成绩包括：首先，本项研究较为全面梳理乡镇政权建立与发展的历史，特别是在新中国成立后乡镇政权改革创新的基础上，总结了我国乡镇政权改革建设的经验与启示，提出了一些新的观点；其次，第一次探索了“中国特色、西藏特点”命题的政治内涵，并以此为理论视角研究西藏乡镇政权的改革发展问题；再次，在认真研读和查阅《西藏政务志》、《西藏民政志》、各地区各县的志书与《西藏日报》的相关分析报道的基础上，第一次总结概括出西藏乡镇政权建立与发展的历史脉络，为今后相关问题的深入研究奠定了历史基础；复次，第一次较为全面地研究了西藏乡镇政权特殊的行政环境；最后，创造性地提出了西藏乡镇政权改革发展的县乡协同改革思维、特殊的价值取向、“三层次”改革目标论，并就改革指导思想、原则和具体措施等提出了自己的思考以供讨论。

或许更令笔者感到欣慰的是，一方面，迄今为止，本项研究已有9篇阶段性成果公开发表，研究成果为西藏乡镇政权改革发展的研究奠定了一定的基础，并及时将现有成果运用到行政管理专业本科生和民族地区公共管理硕士研究方向的教学之中。另一方面，笔者清楚地记得，2008年来西藏高校任教之前，从未接触过民族有关的问题，所言民族地区相关问题的研究只是学术交流中的谈资而已。因此，在项目申报书中诚恳地写道：“虽然当前，课题组成员没有任何与西藏直接相关的科研成果，但我们坚信，通过本课题的申请及自身不懈努力，不仅会有较高质量的成果面世，更希望通过该课题的申请，切实转变研究方向，投身藏学的研究中去，为实现西藏的跨越式发展和长治久安贡献力量！”从这一点上来讲，我们达到了投身藏学研究的目的并不断拓宽藏学研究领域这一基本目标。

笔者深信，该成果仅仅是我们年轻人进入藏学研究的入门之作，项目的完成仅仅是更深入地研究西藏地方政治发展和政府发展及公共管理问题的一个开端！